珍藏版

中华上下五千年

三读国学馆 编

3

西晋、东晋
南北朝
隋朝、唐朝

线装书局

第 8 章 西晋、东晋

266年,司马懿的孙子司马炎(晋武帝)废魏称帝,定都洛阳,史称西晋。280年,晋武帝统一全国。316年,刘曜率军攻破长安,愍帝献城投降,西晋结束。317年,司马睿在建康(今江苏南京)称帝,续建晋朝,史称东晋。东晋时期,在我国北方和巴蜀先后存在一些封建割据政权,其中有:汉(前赵)、成(成汉)、前凉、后赵(魏)、前燕、前秦、后燕、后秦、西秦、后凉、南凉、南燕、西凉、北凉、北燕、夏等国,历史上称为"十六国"。420年,刘裕废晋恭帝自立,东晋灭亡。

王濬楼船破东吴

蜀主刘禅投降于魏后不久,司马昭(211—265)还没来得及进攻东吴,就病死了。265年,他的儿子司马炎(236—290)废了魏主曹奂,自立为帝,建立了晋朝,司马炎就是晋武帝。从此,鼎立的魏、蜀、吴三国,只剩下东吴一国了。

此前的吴主孙休,料定司马氏必将伐吴,他整天忧心忡忡,得了一场大病死了。之后,孙皓(242—283)即了位。

孙皓性格粗暴,又好酒色,即位后没几个月便大兴土木,耗财耗力,同时又选宫女数千,终日荒淫无度。每次设酒宴,他就令大臣们各奏过失,有犯法的,就剥其脸皮,或戳瞎其双眼,手段狠辣,凶残无比。大臣们见孙皓如此无道,都苦苦相劝,结果都被孙皓一个个给杀了。前后十余年中,孙皓竟杀死忠臣数十人,群臣恐怖，只好任其所为。

晋益州刺史王濬见此情景，便上奏晋武帝司马炎，说："吴主孙皓凶残荒淫，国内人心惶惶，此时正是讨伐吴国的好时机。一旦孙皓死去，吴国另立新主，恐怕就要成为强敌。臣今年已经70岁了，造了7年战船，就盼望有个攻敌的机会，望陛下勿失时机。"

紧接着，大将军杜预也有奏章呈到，内容和王濬的相同，也是请求攻打吴国的。晋武帝看完二人的奏章后，于是下定决心攻打吴国。

279年，晋武帝司马炎派杜预等率领陆路大军，王濬等率领水路大军，水陆兵共二十余万，战船数万艘，浩浩荡荡向东吴进军了。

消息传到东吴，孙皓大惊，他连忙召集众官员商讨退兵大计。宰相张悌亲自出马，调配各路人马，孙皓才稍稍心安。

孙皓退入后宫以后，仍然脸有忧色。近臣岑昏问他为什么坐立不安，孙皓说："这次晋国军队前来攻打我国，足有几十万人，陆路上已有各位大将前去应战，唯有水路最令人担心，晋朝大将王濬造了好几年战船，经验丰富，恐怕不是我们的水军所能抵挡得住的，所以弄得朕甚为烦恼。"

岑昏说："江南铁量充足，可用铁打成连环锁，每条长几百丈，于沿江险要的地方横截战船，使之无法通过。再打造铁锥数万，尖头朝上安置在水中，晋国战船乘风顺水而来，遇锥则船破而沉，又怎能渡江呢？"

孙皓听了，连连夸奖岑昏办法想得好，马上传令让工匠在江边连夜打造铁锁和铁锥，越多越好，安置在江中，用以阻挡晋国的战船。

杜预率领着大队人马向东吴进军，一路上所向披靡，东吴城关守将大都不战而降。杜预大军，势不可挡。

王濬率领水军沿江东下，探子来报告说："吴人造了许多铁索，沿江横截，又在江底放置铁锥用来破船。"

王濬听罢，哈哈大笑，说："凭他们这点本事就想阻拦我军前进，真是愚不可及。"

王濬命人用粗木造了几十只大木筏，让木筏先行。那些大木筏顺流而下的时候，巨大的力量把那些放置在江中的铁锥撞得七歪八倒，有些横卧在江底，有些尖头扎在木筏底上，被木筏拖走了。他又命人造了粗几十围、长十几丈的火炬，里面灌满麻油,置于船前,遇到铁索就把火炬点燃,直到把铁索烧断。

扫清了一路上的障碍物后,王濬率领的水军,一路顺畅地沿江东下。吴将张象率水军迎敌,见寡不敌众,便请求投降。

王濬说:"你如果真投降,就在前面带路。"

于是,张象回到自己的船上,来到城下,叫开城门,引晋兵入城。

孙皓见大势已去,于是自己脱下上衣,让人反缚双手,率文武百官到王濬的军营前投降。

孙皓被押解到洛阳,晋武帝很想把对孙皓的接见仪式举办成一个庄重同时又具有亲和力的盛典,并尽可能扩大影响,所以当天出席这个盛典的,不但有文武官员和四方来使,还有热衷于对政治发表意见的太学生们。晋武帝对孙皓说:"朕设了这个座位等你,已经很久了。"

有点出乎意料的是,孙皓当即接口:"臣在南方,也设了这个座位等待陛下。"司马炎听到以后哈哈大笑,没有怪罪孙皓的无礼。这时他身边的宠臣贾充不怀好意地问孙皓道:"我听说你在南方,经常凿人眼目,剥人脸皮,这是什么酷刑啊?"孙皓说:"臣子犯上弑君,奸宄(guǐ)不忠,就用这个酷刑。"贾充听到以后感到非常惭愧。

原来,贾充当初是魏国的大臣,当司马炎有废帝之心时,他不但不阻止,反而鼓动司马炎效法曹丕篡汉,逼迫魏帝禅位。可以说贾充为司马炎登基做皇帝作出了重大的贡献。孙皓如此说,直接击中贾充的要害,所以他感到惭愧。

就这样,三国分立的时代结束,晋武帝司马炎统一了天下。

堕泪碑的故事

羊祜(221—278)是汉末大学问家蔡邕的外孙,他博学能文,清廉正直,是晋朝有名的儒将。

269年,羊祜坐镇襄阳,在荆州管理军务。荆州是晋朝与东吴争夺的战略要地。

272年，双方展开了一场决战，史称"西陵之战"。交战的双方是晋朝的羊祜和东吴的陆抗，陆抗是夷陵之战中火烧连营大败刘备的东吴名将陆逊的儿子。陆抗深得父亲用兵打仗的真谛，被称为东吴最后的名将。西陵之战历时四个月，以陆抗的胜利宣告结束。

西陵之战的失败使羊祜认识到，虽然东吴已经国势衰退，但东吴依然有像陆抗这样的名将，一时是难以被打败的。于是羊祜决定采取蚕食、怀柔的方法。

每次与吴军交战，羊祜都会和陆抗约定交战时间，从不搞突然袭击。对于主张偷袭的部将，羊祜就用酒将他们灌醉，不许他们再说。

羊祜的军队进入了吴国境内，割了农夫的稻谷，羊祜都赔偿了农夫的损失。羊祜的军队打猎都不过东吴边境；吴国兵士射中的猎物，跑过了边境，羊祜一定下令送回。

一次，羊祜手下的士兵在两国边界抓到两个小孩，结果这两个小孩是吴国将领的孩子，羊祜手下有人叫喊着要杀了这两个小孩为兄弟报仇。羊祜对手下说："杀了这两个小孩，他们的父亲一定会杀我们更多的兄弟。不如把这两个小孩送回去，下次双方对战的时候，说不定他们能少杀我们的兄弟。"虽然有些人想不透羊祜的想法，他们觉得吴国将领不可能不杀晋军士兵；但在羊祜的坚持下，他们还是把两个小孩送回了东吴境内。后来这两个小孩的父亲率领部属归降了羊祜。

东吴将领陈尚、潘景率兵攻打荆州，在与晋军的对战中战死，羊祜觉得二人誓死不屈，为国家战死沙场是忠义之士，于是派人收敛了二人的尸身，准备厚葬。后来二人的家人来迎取二人的骸骨，羊祜也以礼送还。

东吴将领邓香进攻夏口，羊祜悬赏将他活捉。邓香以为等待自己的一定是死路一条。不曾想，羊祜不仅没杀他，反而对他以礼相待。邓香很疑惑，问羊祜为什么不杀自己。羊祜郑重其事地说："将军您为了自己的国家出战，是忠义之士。虽然我们是交战的双方，但我很佩服你为国尽忠的品行。"在好吃好喝款待邓香之后，羊祜把他放回了吴国。邓香感谢羊祜赏识之恩，后率领他的部属归降了晋军。

羊祜在荆州兴办学校，发展农业，百姓的生活也安定富足。

278年冬天，羊祜去世，荆州边境的晋国和吴国的百姓都痛哭不止。为了纪念羊祜,襄阳百姓在他喜欢的岘山建造了一座庙宇,并立了一座石碑,记述羊祜的生平事迹。襄阳百姓每次登山见碑,无不哭得满脸是泪,杜预因此将它称为"堕泪碑"。

行赏争功

280年,晋朝一举灭了吴国,一统天下的晋武帝司马炎很是高兴,决定对有功之臣论功行赏。一时之间朝廷上下都议论了起来,觉着这次灭吴功劳最大的要数杜预、王濬、王浑三人。

晋武帝封杜预为当阳县侯,杜预深知功高盖主的道理,所以对名利并不看重,并屡次上书请求免去自己的军权,但晋武帝都没答应。于是杜预把全部精力放在了发展当地经济上。

不同于杜预,王濬和王浑两人在封赏上争得头破血流。王濬当初最先攻入建业,当是头功。而王浑在灭吴时也立下很大的功劳,而且因为他是晋武帝的儿女亲家,也认为自己当是头功。眼见王濬要和自己抢头功,王浑就上书告发王濬在进攻建业时,为抢头功,不听自己命令,应当治罪。

晋武帝收到王浑的告发后,就下诏批评了王濬。王濬接了诏书,心想自己七十多岁了还亲自带兵打仗,攻下建业,不仅没得到封赏,还被王浑告了一状,心有不甘。他上书晋武帝为自己辩白:"我之所以没听王浑的命令就攻入建业,是因为攻下建业在前,收到受王浑节制的诏书在后。"

不久王浑又告发王濬说:"王濬攻打建业后,放任士兵火烧吴国王宫,抢掠库房宝物。"王濬只好再次上书辩白:"我的士兵没有抢掠宝物,是孙皓的侍从抢夺的,也是他们放火烧了王宫。我一向治军严明,反而是王浑的部下周浚治军不严,反来诬告我,这一切都有孙皓的旧部做证。"

晋武帝看了王濬的上书,明白是王浑诬告王濬,便不再追究。但王浑一家还是四处散布王濬收买人心,想要造反的流言,晋武帝却不再相信这些流言了。两个月后,晋武帝给功臣评功行赏:王浑晋爵为公,拜征东大将军;王濬为侯,拜辅国大将军。

王濬对自己位居王浑官职之下很不满意,见人就发牢骚,见到晋武帝,也总是阴沉着脸,抱怨封赏不公。王濬的部下范通劝王濬说:"应该学习当年蔺相如感化廉颇的做法。"王濬听从了他的建议,从此以后,他不提自己的功劳了,反而老说皇上英明,将士勇敢。大臣们都开始为他鸣不平,认为晋武帝对王濬是功重报轻。晋武帝本就觉得对王濬封赏过轻,于是先升王濬为镇军大将军,后又升王濬为抚军大将军,王濬成了能参与朝政的人。这样,人心才平服了。王濬自然也心满意足,暗地里特别感谢范通。

经过这件事,王濬明白了,功名利禄都是皇帝说了算,根本没必要争抢。从此以后他安度余年,活到了80岁。

王恺与石崇斗富

晋武帝统一全国后,志得意满,整天沉湎在荒淫的生活里。一时之间,上行下效,朝臣都把摆阔气当作体面的事。

当时,在京都洛阳,有两个出名的大富豪,一个是晋武帝的舅舅王恺,一个是卫尉石崇(249—300)。石崇原来在荆州当刺史,在那里,他劫掠过往客商而致富,家里有无数的钱财、珍宝。石崇到了洛阳,得知有个叫王恺的富豪很有名,就有心跟他比一比。他听说王恺家洗锅用饴(yí)糖水,于是就命令自家厨房把蜡烛当柴烧。王恺为了讲排场,出门的时候,在道路两旁用紫丝布做成挡风墙,全长四十里,用了成千上万匹布。石崇听说了,出门的时候就用锦缎做成挡风墙,全长五十里,又压倒了王恺。之后,王恺又想出了新招,用赤石脂来抹墙,把家里的房屋弄得富丽堂皇。石崇也不认输,就用椒泥抹墙,把家里的房屋弄得芳香扑鼻,从而又胜过了王恺。

晋武帝看到舅舅王恺跟石崇斗富,不但不制止他们,居然还想法子帮舅舅赢石崇。于是他赐给舅舅一株二尺多高的珊瑚树。王恺得到了这株珊瑚树,高兴极了,得意扬扬地说:"这回世上再也没有人能比得过我了!"

他把石崇请到家里来,请他观赏这株珊瑚树。石崇看着这株珊瑚树,不露一点惊讶之色,只是冷笑一声,随手拿起一个铁如意,一下子就把珊瑚树给打碎了。王恺见石崇打碎了他的珊瑚树,以为这是石崇妒忌他,就跳起来一把揪住石崇,让他赔偿。石崇毫不在意,叫手下回家搬取他收藏的珊瑚树。搬来的珊瑚树中,一米多高的就有六七株,株株鲜艳夺目。石崇还叫人把珊瑚树摆开,任凭王恺挑选。这一次,王恺又输了。

王恺和石崇还常常大宴宾客,以显示自己的阔气。王恺请客人喝酒,要美女在席旁吹笛,如果稍有失韵走调,就把美女拉出去杀了。石崇则叫美女劝客饮酒,如果客人不喝或喝得不多,就杀掉劝酒的美女。在一次酒席上,石崇请一个叫王敦的官僚饮酒。王敦这个残忍的家伙故意不喝酒,石崇就一连杀了三个美女。这些剥削者真是残暴到了灭绝人性的地步。

王恺和石崇所做的事暴露出西晋统治阶级的贪得无厌、荒淫腐朽。正因为如此,西晋的阶级矛盾十分尖锐,统治集团内部争权夺利的斗争也愈发激烈。西晋的稳定局面没有维持多久,统治阶级内部就先乱起来了。

后来石崇因太富有而遭到其他贵族的嫉妒,于是他们就编造了一个罪名将他逮捕。石崇被捕之后,潘岳等好友也相继受到了牵连,都被押往东市执行腰斩。开始,石崇还以为对自己的惩罚最多只是流放,却万万没有料到会被处以极刑。当刑车载着他慢慢驶向刑场时,他才恍然大悟,长叹一声道:"这帮该死的家伙,他们是看中了我的家产哪!"一旁押送的兵丁不无惋惜地说道:"那你为什么不早点散掉家产,全身避祸呢?"石崇又叹一声:"是呀,我这是醒悟得太迟,悔之不及了呀!"

杨皇后与小杨皇后

晋武帝的皇后杨艳从小就聪明贤惠,她善于书法,天生丽质,熟谙女红。曾经有人给杨艳看相面,说她日后一定会非常尊贵。司马昭听说后就为世子司马炎求娶杨艳为妻。

晋武帝司马炎受禅登基后,立杨艳为皇后。杨艳深得晋武帝的宠幸,为晋武帝生下三子三女,长子2岁时夭折,次子司马衷(259—306)8岁时被立为皇太子。太子长大后,愚痴呆笨,晋武帝认为太子没有能力继承帝位,打算另立皇位继承人,于是就私下和杨艳商量。

杨艳说:"皇位继承人本来就应该是嫡长子,怎么可以改换呢?"不能更换太子,晋武帝就决定为太子提前完婚,选一位贤内助辅助太子。杨艳接受贾充妻子郭氏的请托,盛赞贾充的女儿贾南风有美德。于是,太子便迎娶了貌丑心恶的贾南风为妃。

后来杨艳病重,她担心自己死后,晋武帝立新宠胡夫人为皇后,司马衷的太子之位不保。因此,临终时,杨艳枕在晋武帝膝上,对晋武帝说:"我叔叔杨骏的女儿杨芷,德容兼备,希望我死后,陛下能够立她为后。"晋武帝流着眼泪答应了杨艳。274年,杨艳病逝,年仅37岁,谥号武元皇后。

276年,武帝迎娶杨芷为皇后,人称小杨皇后。小杨皇后美丽纯情,温顺有妇德,美名播于后宫,深得武帝的宠爱。小杨皇后育有一子,但夭折了。

杨芷的父亲杨骏素无才干,没有名望,因为是皇后的父亲而被晋武帝选中和汝南王共同辅助太子。武帝认为杨骏是太子的叔外公,杨骏无子,杨芷也无子,不会生出谋逆反叛之心。加之,杨骏平庸无能,不可能摆脱宗室的束缚。事实证明,武帝小看了杨骏。

武帝病重后,小杨皇后和杨骏隔绝了武帝与朝臣的联系。小杨皇后和杨骏害怕汝南王的资历,担心如果汝南王也辅政,杨骏会没有发言权。于是小杨皇后趁晋武帝神志不清时,让人拟旨封杨骏为太尉、太子太傅,主持朝中一切大事。

晋武帝驾崩后,愚笨的太子司马衷登基,史称晋惠帝。但是这个时候,朝廷的一切事务都被杨太后和辅政大臣杨骏掌握。

晋惠帝的皇后就是杨艳当初选择的太子妃贾南风。贾南风心狠手辣,野心勃勃。晋惠帝即位,贾皇后不满杨太后和杨骏把持朝政。291年,贾南风联络楚王入京,攻入杨骏府邸,将杨骏杀死在马厩。杨骏三族都被诛灭了。

贾皇后废杨太后为庶人,囚杨太后于金墉城(当时为洛阳城西北角的一个小城)。贾皇后先是当着杨太后的面砍杀其母庞氏,之后又遣散杨太后身边的侍从,不给她食物。292年,杨太后被活活饿死了。杨芷死时33岁,做皇后、皇太后共计十五年。

百日血灾

290年,一统天下的晋武帝驾崩,太子司马衷即位,史称晋惠帝。惠帝痴呆,不能处理朝政,杨太后与杨骏(？—291)独掌朝廷大权。杨骏为尽快获得百官支持,不等武帝发丧完,就在朝廷内大行封赏。一时间朝廷上下反对声一片,武帝同宗的藩王们更是愤慨,恨透了杨骏等人。

皇后贾南风权欲极强,本想自己能代替惠帝掌权,却没料到被杨太后和杨骏占了先,她处处受制,心有不甘。贾南风看准了杨骏不得人心的机会,便秘密传出旨意,召藩王入朝,除掉杨骏。

291年春,惠帝同父异母的兄弟楚王司马玮假意来都城朝拜,带兵进入都城,他声称按皇后旨意,要除掉阴谋篡位的杨骏,便带着人马冲杀进杨骏府邸。杨骏被杀死在马厩中。在大臣的阻拦下,贾皇后没杀杨太后,只是把她废为了平民,囚禁在宫中。杨氏三族被诛,受牵连而死的人数以千计。

杨骏被杀后,大臣们力主按先帝遗愿,让汝南王和老臣卫瓘一起辅政。汝南王辅政后,行事延续了杨骏的风格,同样大肆封赏官员,独断专行。汝南王自恃是皇帝的祖辈,对贾皇后等人毫不放在眼里。

在诛杀杨骏这件事上,楚王司马玮功劳最大,但汝南王只给了他几个虚职,就让他回自己的封地去了。楚王很是不满意,想要把权力夺过来。于是,楚王和未能掌握朝政的贾皇后再次联手。

贾皇后以皇帝的名义给楚王下了诏,称汝南王和卫瓘要废掉皇帝,因此派楚王诛杀汝南王和卫瓘。

楚王马上命人包围了汝南王的住所。在赏金的诱惑下,士兵们一拥而上,杀了汝南王一家。卫瓘全家也几乎被全部诛灭。

汝南王和卫瓘突然被杀,这件事惊动了全城,文武百官都闹了起来。汝南王好歹是皇上的叔祖,怎能说杀就杀了?卫瓘是先帝的老臣,治国有功,无故被杀,更让人觉得可惜。于是,满朝百官上书,要求治楚王的罪。贾皇后见此情景就害怕了,把责任全推给了楚王。太子少傅张华说:"楚王擅杀汝南王和卫公,如果让他掌握大权,皇上就没好日子了,应该把他处死,才能平民愤。"贾皇后马上答应了,于是索性让张华去办这件事。

张华带领禁军,到楚王府把楚王绑了。接着晋惠帝下旨,判楚王死罪。司马玮和他的亲信都被灭族,受司马玮牵连的有好几百人,刑场上杀人杀了好几天。

从杨骏被杀,到汝南王司马亮、卫瓘被杀,再到楚王司马玮被杀,前后不过百日,许多人也受到牵连被杀,洛阳城里的血腥味很久才散去。

狗尾续貂

晋武帝在世的时候,为了使晋朝的统治稳固,把皇族子弟都封了王,而且允许每个诸侯王都有自己的军队。他万万没有想到,这样做不但没有使晋朝的统治得到巩固,反而种下了祸根。

晋惠帝的叔叔司马伦(生卒年不详)被封为赵王。"八王之乱"中,他首先找到机会,发动了政变,掌握了朝政大权。301年,他把晋惠帝软禁起来,自己当上了皇帝。司马伦当上皇帝以后，就把他的同党全部封了官，就连以前的侍从、士兵也都给了大大小小的官职。

那时候，当官的帽子上都要用貂的尾巴做装饰，每当上朝的时候，宫殿上到处都是戴着貂尾帽子的官员。因为司马伦封的官实在太多了，官库里收藏的貂尾巴全部都用了还不够，司马伦只好让他们去找些狗尾巴来代替貂尾巴。

老百姓们知道这件事以后，就编了个"貂不足，狗尾续"的俗语来讽刺司马伦封官太多太滥。

可惜好景不长。没过多久，司马伦就被齐王司马冏、成都王司马颖起兵杀死。"狗尾续貂"便也续不成了。

除害英雄周处

西晋的官僚贵族大多穷奢极欲，不干正经事，整天争权夺利、钩心斗角，致使社会风气极其腐败。但是官员中也有性情刚直、不畏强暴的人，周处（约236—297）就是其中的一个。

周处的父亲名叫周鲂，曾任吴国的鄱阳（今属江西）太守。周处很小的时候，父亲就去世了。因为没有人管教，年幼的周处就整天四处闲逛，也不去读书学习。周处平时最喜欢和人打架斗殴，因为他身高力大，一般人都打不过他。周围的人都对他痛恨不已，但又无可奈何。

随着年龄的增长，周处渐渐地长成一个强壮的小伙子，可脾气却一点也没改。乡亲们都怕他，把他和南山上的猛虎、长桥下的恶蛟并称为当地的"三害"，可周处自己却不知道。

一天，周处在乡里闲逛，看见几个老人闷闷不乐。

周处问："老人家，今年的收成不错呀，你们怎么好像很忧愁哇？"

老人说："'三害'没除，有什么可高兴的？"

周处问："哪'三害'呢？"

老人气愤地说:"第一害是南山上有一只白额猛虎,经常出来伤人,许多猎人去围猎都没打到它,其中有好几个人反而被它咬伤了;第二害是长桥下有一条恶蛟,神出鬼没,也经常吃人。第三害是……"

旁人机巧地对周处说:"看你平日里勇猛无比,想那猛虎与恶蛟都不是你的对手,不如你去除掉它们吧!"

周处听完便答应了。他不知道那第三害就是自己,乡里人实际上是希望当地的三个祸害互相残杀,一个不剩。

周处回到家里,拿着宝剑,背上弓箭,进了南山,果然碰到了一只猛虎。周处连射两箭,都射中了猛虎的要害,没费多大力气就杀掉了猛虎。

杀了猛虎后,周处又到长桥下面等待恶蛟出来(蛟是古代传说中的水中动物,带有一种神话色彩,这里指鳄鱼一类的动物)。等恶蛟出来了,周处和恶蛟搏斗了三天三夜才把恶蛟杀死。

乡里的邻居们以为周处和恶蛟拼了个两败俱伤。"三害"都除掉了,大家都很高兴,于是相互庆祝起来。

第四天,周处拖着疲倦的身子回到了乡里。当他听说乡里人以为自己已死,而为此相互庆贺的事情后,才知道自己就是乡人说的"三害"中的第三害。周处感慨地对大家说:"'两害'都除了,我周处从今天起,改过从善,决不让乡亲们失望!"

周处下定决心要改过,他想拜个名师去学习。当时吴国的陆机和陆云弟兄俩名气很大,于是他决定去找陆机、陆云。

在陆机的家里,周处只碰到了陆机的弟弟陆云。周处很难过地对陆云说:"过去,我只顾自己痛快,做了不少坏事,现在要改恶从善,只怕是年纪太大了吧!"

陆云鼓励他说:"一点也不晚,你正当壮年,还可以从头学起。只要你有志,完全来得及!"

从此,周处严格要求自己,认真地读书,很快便被征召出来做官。

吴国灭亡后,周处担任西晋的官吏。做官期间,他执法公正,不怕权贵,以正直出名,为人称道,一路被提拔至御史中丞。

周处能够知错就改,勤勉做人,为国家和百姓做了不少好事。周处的故事,千百年来广为流传;周处的为人,也为后世的人们所敬佩。

周处赴难

太子少傅张华(232—300)出谋诛杀了楚王司马玮,被百官推举为新的辅政大臣。一日,士兵报告说西北匈奴、氐、羌各族民众正在反抗官府。原来是因为晋惠帝的叔祖赵王搜刮钱粮,欺压百姓,并且还杀了好多部族的头领。赵王的这些做法激怒了当地民众,赵王抵挡不住,只好向朝廷求救。朝廷派梁王到西北平民愤,解民怨。梁王到了西北不但没能平民愤,解民怨,反而变本加厉残酷镇压反抗活动,使矛盾愈演愈烈。

当地民众推举一个叫齐万年的氐族人当皇帝,跟朝廷对抗,两边一开打,梁王就吃了败仗。

消息传到洛阳,有人提议:"建威将军周处有勇有谋,应该派他去帮梁王!"中书令陈准认为:"周处虽能胜任此职,但他与梁王有仇怨,有人怨恨而无人援助,必将送命。应该让孟观领一万精兵,作为周处的先锋,这样就能荡平贼寇。"但是没人听陈准的意见,周处就出征了。

周处武艺高强,原是乡里一霸,后来改过自新,成为一个能文能武、一身正气的人。周处以东吴旧臣的身份,任职于晋朝。前任官员拖了三十年没弄清楚的案子,周处到任后,经过详细了解,很快就把那些案子处理完了,之后周处受到朝廷的重用。

在洛阳和楚地间,周处选择先到偏远的楚地任职。楚地经过多年战乱,民不聊生,民风彪悍。周处到了楚地,实行礼教感化,帮助当地人民恢复生产,楚地安定后,他才到洛阳任职。

在洛阳任职时,周处碰巧发现梁王干了犯法的事情,便如实报告给了朝廷。虽然朝廷没有处置梁王,但梁王因此就记恨上了周处。这一次,梁王在前方吃了败仗,周处去支援,而且还要听梁王的指派。

周处心里很清楚,此去凶多吉少。有人给他出主意,说可以以家中有老母需要奉养为借口,不去西北增援梁王。周处摇摇头说:"自古忠孝难以两全,我既然辞别了老母来为国家办事,就顾不得那么多了。我也是快60岁的人了,这次去也算是死得其所吧!"

果不其然,周处刚向梁王报到,梁王马上就命令他出战。周处以五千人对战敌方七万人,结果是显而易见的,周处的人马被团团围住,后援无望,人困马乏的周处就这样战死于疆场。

周处死后,朝廷又派大军增援。最后,终于把这场暴乱镇压下去了。

二十四友

贾谧是皇后贾南风的亲外甥,承袭了其外祖贾充的爵位,是惠帝身边的红人。一次,贾谧和太子下棋,为了点小事拌了嘴。成都王司马颖听到了,斥责贾谧说:"太子是将来的国主,你不得无理!"没过几天,成都王就被调到外地去了。

贾谧有才学,能写诗作文,喜欢结交名士。贾谧得势后,一些清谈雅士渐渐依附在他周围,这些人一时之间声名鹊起,人称"二十四友"。二十四友中才学突出的有:潘岳、陆机、陆云、左思、刘琨,还有爱比富的石崇(249—300)和石崇的外甥欧阳建等。

这二十四人,论年龄都比贾谧大,但他们都对贾谧阿谀奉迎。潘岳和石崇每次见到贾谧的车队,都会在车队后望尘而拜。

潘岳的才学、面容为人称道,但其人品令人不齿。他不仅为贾谧代笔,还参与谋害太子事件,助纣为虐,不知悔改。贾谧因与皇后谋害太子被杀后,潘岳一家也受到牵连,被灭了族。

石崇、欧阳建的下场和潘岳一样。贾谧被诛后,石崇赋闲在家,后赵王亲信为夺取石崇宠妓绿珠及家财,将石崇全族诛杀,石崇的外甥欧阳建也被杀了。绿珠为报石崇宠爱之情,跳楼身亡。

陆机和陆云是在夷陵之战中大败刘备的吴国大将陆逊的孙子。吴国灭亡后,两人入洛阳,得到太常张华的赏识。后来,二人与贾谧常有往来,也成了二十四友的成员。

"八王之乱"时,各派势力混战,陆机依附于赵王。赵王倒台后,幸亏成都王司马颖等人为他求情,他才躲过一劫。后成都王起事,陆机任河北大都督,率军攻打洛阳,与长沙王交战,结果战败。成都王下令处死陆机、陆云兄弟二人。

左思是二十四友中最早退出权力之争的一人。左思家境贫寒,读书刻苦,十年磨一剑,写成《三都赋》,一时洛阳纸贵,声名鹊起,结识了贾谧等人。后因出身门第差异,离开二十四友,躲过了"八王之乱"。

二十四友中变化最大的是刘琨。刘琨出身贵族世家,早年沉溺于权势享乐。"八王之乱"时,他看到民生凋敝,才决心安民救国,后任并州刺史,承担保卫并州的重任。

白痴皇帝晋惠帝

晋惠帝司马衷生性愚钝,不懂世事,他从师数年,竟识不得几个字。

司马衷痴呆如初,除了寻欢作乐之外,其他事一概不懂,也不过问。一次,他在华林园游玩,听到一片蛙声,觉得有趣,就问内侍道:"这呱呱乱叫的声音,到底是为官事还是为私事?"侍者巧妙地回答:"在官田里叫的为官,在私田里叫的为私。"还有一次,各地闹饥荒,老百姓没有饭吃。司马衷对此大惑不解,说:"没有饭吃,为什么不吃肉粥?"弄得人们啼笑皆非。然而就是这样一个愚昧到极点的人,却掌握着西晋的朝政,由此可以想象国家的前途将会如何了。

司马衷在位十几年,只不过是个象征性的皇帝,谁控制他,谁便可以掌握朝政大权,成为事实上的皇帝。这十几年里,他的皇后贾南风和他的弟兄们为了权力展开了一场你死我活的混战,史称"八王之乱"。"八王之乱"给人民带来了深重的灾难。

司马衷在这场战乱中完全是一个傀儡,被诸王辗转抢夺、扶持,忽而被废,忽而被立,受尽凌辱。战乱结束,东海王司马越操纵了朝廷大权。他想尽快除掉惠帝,立司马炎幼子司马炽为帝。

306年,司马越派人给司马衷送去有毒的饼,司马衷吃了几块后,觉得腹中绞痛,便倒在床上,没等人叫来御医,他就一命呜呼了。

青衣行酒

306年,东海王司马越毒杀了晋惠帝,改立皇太弟司马炽(284—313)为皇帝,自己则当了太傅、丞相,独掌大权。

晋怀帝司马炽厌倦了诸侯王之间的互相杀戮,登基后决心励精图治,选用贤良,一时朝政清明。司马炽在选任贤良时,东海王的亲信向东海王进言:"司马炽重用了王廷等人,瞒了您许多事,您应该先下手为强。"东海王司马越怕步之前被皇帝诛杀的藩王的后尘,便带着三千精兵连夜赶回洛阳,直入皇宫。东海王当着晋怀帝的面,宣称之前皇帝选用的贤良谋反,当场诛杀了王廷等人。

东海王还把禁军头领换成自己的人,后来晋怀帝就成了摆设。

东海王无故杀戮朝臣,这事惊动了朝野上下,一时人心惶惶,文武百官纷纷另寻出路,其中将军朱诞改投汉国。

匈奴人刘渊建立汉国后,国力日盛。刘渊召见了前来投靠的朱诞,询问攻打晋国有几成胜算。朱诞说:"晋怀帝软弱无能,东海王乱杀大臣,人心尽失,汉军所到,定能所向披靡。"刘渊大喜,当下就决定,让将军刘景任大都督,朱诞为前锋都督,率军攻打晋朝。

征战中,刘渊吸取晋失民心的教训,对自己的军队要求军纪严明,还惩治了滥杀无辜的刘景,改任四子楚王刘聪和王弥率军,石勒为先锋,攻打洛阳。

刘聪大军一路南下,在长平(治今河南西华县东北)和晋军相遇。晋军假投降,使汉军受到重创,刘聪休整后,直驱洛阳。凉州的援军突袭,这时候刘渊又突然去世,致使汉王室发生内乱,为洛阳争取了一定的防御时间。

但东海王的出走,折断了晋国的最后一根救命稻草。弃晋怀帝出走的东海王,受到各军讨伐,最后病死在项城。洛阳也被汉军趁机攻破。

311年,汉军进入洛阳,晋怀帝被押送到平阳。刘聪早年就与怀帝相识,并且互相赏识。不久刘聪宣布,封司马炽为平阿公,后进封为会稽郡公。

晋怀帝司马炽对刘聪的安排一直很满意,想就此安度余生,不想313年春刘聪宴请群臣,敲响了他的丧钟。原来刘聪为彰显大汉国威,宴席上让司马炽穿上奴仆的青衣,拿着酒壶,挨个给大臣们斟酒。看到本朝皇帝受到侮辱,宴席上几个晋朝旧臣当场大哭起来。接着刘聪又听到消息,有晋朝旧臣密谋里应外合,想要救出司马炽。

刘聪对司马炽越来越不放心,最终下令毒死了司马炽。

王与马,共天下

司马睿(276—323)是司马懿的曾孙,他的父亲司马觐曾被封为琅琊王,死后由司马睿继承王位。307年,司马睿被封为安东将军,坐镇建康(今江苏南京,原名建邺,313年因避愍帝司马邺的讳,改为建康)。

司马睿当时非常年轻,在王公贵族中没有多少声望,因此拥戴他的文官武将不多,这使司马睿感到势单力薄,忧心忡忡。司马睿有一个亲信叫王导(276—339),王导出身于世家大族,在上层社会名气很大,而且王导非常有胆识,能准确地判断天下大势,所以,司马睿非常尊重王导。当司马睿从下邳(治今江苏睢宁县北)到江南任职时,他请王导与自己同行,让王导做自己的司马,军政大事都向王导请教。

王导认为,江东一带经济、文化都很发达,人们比较讲究出身、门第和名望。琅琊王司马睿资历太浅,很难服人,必须有上层社会的大官僚、大贵族、大名人支持,他的身份才能显现出来,于是王导便为司马睿想出了一个计谋。

当地有一个风俗,每年三月初三是禊(xì)节,人们都到江边去修禊,求神保佑，以消祸免灾。这一天，江边、集市上人山人海，所有的官僚、贵族都去了，王导便陪着司马睿也到江边去看热闹。

王导让司马睿坐着华丽的轿子在前面走，王导则率领着高级官员，骑着马，神情很恭敬地跟在左右，随行的兵士们个个仪表庄严，非常有气魄。当地的官僚、贵族等都知道王导是大家族中的名流，他们看他对司马睿这么尊敬，都认为这个司马睿肯定有来头。在江边修禊的人中，江东的大贵族顾荣、纪瞻也在，他俩看到王导和司马睿的风采，心里也很佩服，便主动地在道路旁边向司马睿下跪行礼。司马睿马上让队伍停下来，走下车，向顾荣、纪瞻还礼，非常谦虚，这使顾荣和纪瞻都深受感动。

回城后，王导对司马睿说："今天外出，效果已经很好了，下一步应该将顾荣、纪瞻、贺循等人请出来做官，他们在江东一带深受地方人民的拥戴，只要顾荣等人愿来，其他人将会一个个地跟着来求您收纳了。"司马睿便写了几封信，让王导拿着去请贺循、顾荣等人。这些人都很乐意出来做官，便跟着王导来见司马睿，司马睿将他们一一封官，收在自己的门下。

后来西晋灭亡，愍帝投降后，弘农太守宋哲带着愍帝的诏书，来到建康见司马睿。诏书中说："朕被困长安，若有不测，你可继承帝位。"

司马睿即刻召集文武大臣商议此事。会稽内史纪瞻首先发言支持司马睿继承帝位。但大臣周嵩却极力反对，认为现在不是称帝的时候，等到荡平贼寇、收复长安后再称帝也不晚。周嵩的话，使司马睿很不高兴。

许多大臣也反对周嵩，右将军王导提高嗓音，大声说："大王万勿推辞。大王若继位，臣民有主，才好征讨外患，恢复先帝大业。请大王登基吧！"众大臣听罢，忙跪倒在地，请求司马睿即位。司马睿便不再推辞，他换上朝服，走上宝殿，接受朝贺，正式当了皇帝，改元建武，建立东晋，历史上称司马睿为晋元帝。

元帝立司马绍为太子，封王导为骠骑大将军，纪瞻为侍中。所有大臣都被赐封了官职，唯有提出反对意见的周嵩被排斥在朝廷之外，只当了新安太守这个地方小官。

司马睿当上皇帝不久，便召集大臣们商议治国大计。他说："朕闻民以食为天，民安才能国泰。朕要倡导农桑兴农业，众爱卿以为如何？"应詹赞成元帝的意见，并且建议在没有战事的情况下，军队也应该开荒种地，以减轻国家和人民的负担。

元帝完全同意应詹的建议,并让应詹制定奖励农耕的政策。

元帝乘兴向大臣们征求治国安邦的良策,骠骑大将军王导说:"曹魏以来,官宦贵族挥霍、奢侈之风盛行,致使国家经济困难,百业衰败。只有倡导勤俭风气,国库才能充裕,百姓方能安宁。"元帝听罢很高兴,当即让王导负责此事。

王导领了皇帝的旨意,决心以身作则,改变腐化的歪风。

禊节又到了,大臣们像往年一样,带着家眷、随从来新亭游玩。他们在风景秀美的新亭事先搭建好漂亮的临时官邸,清明节时在官邸里饮酒作乐。此间还有一项内容,就是大臣们互相到他人的临时官邸去敬酒。

这一天来的人中,王导的官位最高,所以大臣们首先到王导的家里敬酒。王导穿着粗布衣衫,桌上仅有几盘小菜、两壶浊酒,大臣们见状惊呆了,这与他们自己华丽的衣服、丰盛的宴席形成鲜明的对比。王导的粗衣浊酒,令大臣们思念起江北苦难深重的百姓,有的人竟失声痛哭。王导觉得火候到了,就语重心长地说:"现在朝廷无奈屈居江东,要恢复中原,又苦于国库空虚。如果文武百官能节俭办事,与朝廷分忧,那么收复中原就有希望!"

大臣们深受触动,纷纷表示,一定齐心协力,为国排忧解难。果然,王公贵族们也穿起了粗衣布衫,平时注意节俭,江东的社会风气大大好转。这样一来,东晋初期,国泰民安,社会经济得到了极大的恢复。

东晋初年,重大决策都出自于王导,甚至在议论朝政时,元帝竟然招呼王导共坐"龙床",于是,当时就有了"王与马,共天下"的说法。

中流击楫

祖逖(生卒年不详)出身于北方大族,祖上世代都出高官。祖逖少年时就慷慨大方,很关心乡里贫苦的邻居,因此深得乡党同族的敬重。长大以后,祖逖博览书籍,时常往来于家乡和京师之间,看到他的人都说他英气勃勃,日后当有一番作为。

祖逖和刘琨都是司州主簿，两人很谈得来。他们二人志同道合，意气相投，都希望为国家出力，干出一番事业，还与当时的很多年轻人在一起讨论国事。他们白天一起在衙门里供职，晚上则合盖一床被子睡觉。

当时西晋朝廷内部尔虞我诈、争权夺利，致使国势衰败，各少数民族首领乘机起兵作乱，朝廷安全受到严重威胁。祖逖和刘琨对此都很焦虑。

一次，祖逖半夜听到鸡叫声，便把刘琨叫醒，说："你听到鸡叫了吗？"刘琨侧耳细听了一会儿，说："是呀，是鸡在啼叫。"祖逖一边起身，一边说："这是催促我们赶快起床锻炼的叫声，还是起床吧！"

他们二人起床后便来到院中，在皎洁的月光下开始舞剑，一直练得汗流浃背，天光微露时才回去。从此以后，他们半夜一听到鸡叫声就披衣起床，刻苦练武。祖逖获得朝廷任用后，刘琨对别人说："我日日枕戈待旦，想要收复失地，常担心祖逖先于我挥动马鞭出征北伐。"

后来，在收复北方失地的过程中，祖逖和刘琨都立下了汗马功劳。

311年，洛阳被匈奴攻陷，京师大乱，祖逖率领了数百家亲戚朋友往淮泗避难。路上，祖逖把车马都让给同行的老弱，自己则徒步而行；他也毫不吝啬地与众人分享药材、衣物、粮草等，大家都感激得说不出话来。逃难途中，大家多次遇到土匪，祖逖都能挺身应付，后被同行的人推举为"行主"，负责南下渡江的事情。

317年，司马睿即位，史称晋元帝，他根本无心北伐。祖逖满腔热忱地对司马睿说："西晋的灭亡，并不是君主暴虐引起人民反叛，而是因为诸王彼此相斗，使得戎狄乘虚而入。现在北方人民都不满胡人的统治，如果您让我为统帅，率兵北伐，我相信一定可以一雪国耻！"

司马睿虽不愿北伐，但为了拉拢众多南渡的北方士族，于是任命祖逖为奋威将军、豫州刺史。但晋元帝却只拨给祖逖一千人的粮饷、三千匹布，不给铠甲兵仗，让他自己招募士兵，自己制造兵器。

司马睿的消极态度，并未动摇祖逖北伐的决心。祖逖率领跟随自己南下的部属一百余户，毅然渡江北上，船行至江中，祖逖用力拍击船楫，发誓说："祖逖要是不能肃清中原得到胜利，那我便如江水，一去不返。"他的军队在渡江后，驻扎在淮阴。祖逖带领着手下在淮阴建起了炉灶，炼铁铸造兵器，并且在当地又招募到了两千多名士兵。

祖逖渡过长江,在黄河以南与羯族领袖石勒发生激烈战争,在当地留守汉人的支持下,祖逖攻占了谯城,在豫州站住脚跟,打通了北伐的通道。

祖逖打通北伐通道后,继续北伐后赵,两军对峙四十多天后,祖逖让人在布囊里装满沙土,使布囊看起来像是装了大米,又派一千多人将其运送到对战前线,让担夫挑着布囊,假装累坏了躺在路边休息。当后赵军派精兵来攻打"运粮队"的时候,担夫们就丢掉"米袋",四散而逃。后赵军一看被丢下的都是"米袋",就误以为晋军运送的都是粮食。当时后赵军已经没有粮草了,他们一看晋军粮草充足,于是士气大挫,最终连夜撤军。

祖逖用计使后赵军撤退后,又多次出兵拦截后赵军,使后赵军在黄河以南的力量迅速萎缩,成功收复了黄河以南的大部分土地。

正在祖逖准备挥兵渡过黄河继续北伐时,晋元帝派遣戴渊为都督,坐镇淮阴,祖逖受其管辖。戴渊和晋元帝一样根本没有北伐的打算,只是忙于朝廷内部的争权夺利。祖逖在对国事的焦虑中,身患重病,不治身亡,享年55岁。黄河以南地区的人专门建了一座祠堂来纪念祖逖。

大将温峤

温峤(288—329),家学深厚。他的曾祖父是曹魏名臣温恢,叔父温羡是西晋司徒,父亲温憺(dàn)是河东太守。温羡兄弟六人都知名于世,被称为"六龙"。温峤从小深受家学影响,举止文雅。17岁被举荐为秀才,进入仕途。在与后赵的战争中,因功升任司空刘琨的右司马。东晋建立后,温峤随刘琨入东晋。

温峤颇有政治远见,很受司马睿和王导的重视。他先是任王导的长史,之后更是担任太子中庶子,曾多次劝谏太子,深得太子器重。王敦谋逆攻入皇宫后,见太子果敢勇毅,深得拥戴,便想要以不孝之名废除太子,温峤在大殿上与王敦据理力争,质问王敦太子有何不孝。王敦无言以对,只好放弃废除太子的打算。

司马睿病逝后,太子司马绍继位,即晋明帝。温峤深得明帝倚重,经常参与国家机要。王敦对此大为不满,于是要求温峤担任自己的左司马。温峤假意归顺王敦,并渐渐得到了王敦的信任。之后,他将获悉的王敦谋反计划秘密告诉了明帝。

王敦知道温峤假意归附后,便以诛杀温峤为名,再次起兵谋反。温峤亲率大军迎战,在朱雀桥打败王敦大军。后王敦病逝,温峤等人率军剿灭了王敦残余部队。王敦之乱被平定后,温峤因功进封建宁县公。

明帝病重时,下遗诏命温峤同庾亮、王导等人一起辅佐年仅4岁的晋成帝。庾亮为独揽朝政,让温峤出镇武昌,以防范征西将军陶侃。温峤在武昌任职后,政绩卓著。后庾亮为削夺坐镇江北的大将苏峻的兵权,便想要征召苏峻入朝,苏峻拒绝后,温峤上书庾亮说,如果执意宣苏峻入朝削夺其兵权,那么,他请求提前入京做好防备,预防苏峻谋反。

庾亮对温峤的劝解不以为意,并再次以加封大司农为名征召苏峻入朝。不久,果然如温峤所言,苏峻勾结大将祖约起兵谋反。温峤赶到建康时,苏峻大军已经破城,并且俘虏了成帝。庾亮只带了数人逃到了温峤处。

温峤、庾亮势单力薄,想要战胜苏峻,他们必须联络其他军事将领共同讨伐苏峻。温峤写信请求陶侃出兵平叛。陶侃记恨庾亮在辅政大臣人选上排挤自己,不愿出兵平叛。温峤再次修书给陶侃,痛陈利弊,并推陶侃为联军盟主,终于说服陶侃起兵。

温峤于是发布檄文传告天下,宣告苏峻罪状,正式起兵平叛。温峤宣布平叛后不久,陶侃就引兵赶赴建康。庾亮听信传言,误以为陶侃引兵入京是为了诛杀自己以谢天下,于是再次和陶侃生出嫌隙。温峤只得再次出面调停,说服庾亮亲自到陶侃大营谢罪。庾亮和陶侃才冰释前嫌,继续商谈讨伐苏峻之计。

联军和苏峻交手之初,联军败多胜少,很快温峤粮草短缺,于是向陶侃借粮。陶侃认为联军准备不足,无法和苏峻对抗,便要退出联军。温峤得知后,再次派使者说服陶侃,以共同讨伐苏峻。不久,苏峻醉酒后单枪匹马出战,被挑落马下,遭乱刃砍死。不久,祖约败逃后赵,苏峻、祖约反叛得以平定。

战后,温峤拒绝了庾亮让他留下辅政的建议,重新返回军事重镇武昌,不久中风病逝,终年41岁。成帝追赠温峤为侍中、大将军,谥号忠武。

书圣王羲之

在"王与马,共天下"的东晋时期,王导、王敦家族的子弟,都当上了大大小小的官员。他们中大多数是庸庸碌碌的官僚,但也出了一位有名的书法家,他就是王羲之。

王羲之(303—361,一作307—365,又作321—379),字逸少,东晋琅琊临沂(今属山东)人。因为他做官曾做到右军将军,所以被人称作王右军。王羲之从小喜爱书法,他7岁那年,拜女书法家卫铄为师学习书法。王羲之临摹卫书,已经很不错了,但他自己却总是觉得不满意。

为了练好书法,他每到一个地方,总是跋山涉水,四下临拓历代碑刻,就这样积累了大量的书法资料。他在书房内、院子里、大门边,甚至在厕所的外面,都摆上凳子,安放好笔、墨、纸、砚,他每想到一个结构好的字,就马上写到纸上。据说他平时走路的时候,也随时用手指比画着练字。经过勤学苦练,王羲之的书法水平达到了很高的境界。

王羲之出身士族,才华出众,朝廷中的公卿大臣都推荐他做官。他做过刺史,也当过右军将军。后来又在会稽郡做官。他不爱住在繁华的京城,他见到会稽的风景秀丽,非常喜爱,一有空,他就和朋友们一起游览周边山水。有一次,王羲之和他的朋友在会稽郡山阴的兰亭举行宴会。王羲之当场挥笔,写了一篇文章纪念这次宴会,这就是有名的《兰亭集序》。由他亲笔书写的《兰亭集序》,历来被认为是我国书法艺术的珍品,可惜真迹已经失传了。

王羲之的书法越来越有名。当时的人都把他写的字当宝贝看待。据说有一次,他到他门生家里去,门生很热情地接待了他。他坐在一个新的几案旁,几案的面又光滑又干净,这激起了他写字的兴趣,于是叫门生拿笔墨来。那个门生马上把笔墨拿来给王羲之。王羲之在几案上写了几行字留做纪念,就回去了。

过了几天,那个门生有事出门去了。他的父亲进书房收拾,一看新几案给墨迹弄脏了,就用刀把字刮掉了。等门生回来,几案上的字迹已经不见了。门生为这件事懊恼了好几天。

又有一次,王羲之到一个村子去。有个老婆婆拎了一篮子六角形的竹扇在集上叫卖。那种竹扇没有什么装饰,引不起过路人的兴趣,看样子是卖不出去了,老婆婆十分着急。王羲之很同情那老婆婆,就上前跟她说:"你这竹扇上没画没字,当然卖不出去。我给你题上字,怎么样?"

老婆婆不认识王羲之,但见他这样热心,也就把竹扇交给他写了。他提起笔来,在每把扇面上都龙飞凤舞地写了五个字就还给了老婆婆。他安慰老婆婆说:"别急,你只告诉买扇的人,说上面的字是王右军写的就行了。"

王羲之一离开,老婆婆就照他的话做了。集上的人一看真是王右军的书法,都抢着买。不一会儿,一篮竹扇就卖完了。

许多艺术家都有各自的爱好,有的爱种花,有的爱养鸟,王羲之却有他特殊的癖好,不管哪里有好鹅,他都有兴趣去看,或者把它买回来玩赏。

山阴有一个道士,他想要王羲之给他抄写一卷《道德经》,可是他知道王羲之是不肯轻易替人抄写经书的。后来,他打听到王羲之喜欢白鹅,就特地养了一群品种好的鹅。

王羲之听说道士家有好鹅,真的跑去看了。当他走近那道士屋旁时,正见到河里有一群鹅在水面上悠闲地浮游着。这群鹅一身雪白的羽毛,映衬着高高的红顶,实在惹人喜爱。他在河边看着看着,舍不得离开,就要求那道士把这群鹅卖给他。那道士笑着说:"既然王公这样喜爱,就用不着破费,我把这群鹅全部送给您好了。不过我有一个要求,就是请您替我抄写一卷经书。"王羲之毫不犹豫地给道士抄写了一卷经书,那群鹅就被他带回去了。

王羲之精心钻研书法的体式,对古代书法进行革新与改造,博采众家之长而熔于一炉,创造出属于自己的妍媚流丽的独特书体。他在我国书法史上有"书圣"的美称。

磊落丈夫

后赵开国皇帝石勒(274—333)是匈奴别部羌羯族人,他出身贫寒,小时候连名字都没有。早年石勒曾被贩卖做奴隶,被释放后就在牧场给人相马,后来认识了牧帅汲桑,后来汲桑让他以石为姓,以勒为名。

因生活艰难,石勒和汲桑起兵反抗官府,接连攻破了好几座城。二人攻下邺城后,被官府大军镇压,汲桑被杀,石勒则投奔了汉国。汉王刘渊封石勒为平晋王,命令他招兵买马和刘聪一同去进攻洛阳,没过不久,石勒便集合了十几万兵力。

有一次,石勒带人打到了常山郡(今河北石家庄一带),他们刚扎下营盘,就有一个书生模样的人闯了进来,说要找石勒。石勒和他见面一问,才知道他叫张宾。张宾读过很多书,自比汉朝谋士张良,他总想找个刘邦那样能任用人才的帝王。他看中了石勒,就对朋友们说:"乱世出英雄,可让我瞧得起的实在不多,能共事的人就是这位胡将军。"当时汉人管北方的少数民族叫胡人,所以张宾就叫石勒为胡将军。石勒见张宾这么看得起自己,就把他留在身边,经常和他聊天。日子一长,石勒感觉读过书的人就是有见识,所以石勒遇事就喜欢听张宾的主意。

311年初,晋朝东海王司马越带着大队人马和王公大臣出走洛阳,石勒领兵围堵,俘虏了很多晋朝高官。石勒虽然很痛恨这些作威作福的王公贵族,但还是给他们留了全尸。

石勒四处出击,打了很多胜仗,他们在渡江攻打琅琊王时遇到大雨,军队被困,粮草不济,饿死、病死的士兵甚多。在谋士张宾的建议下,石勒在襄国城建立了自己的第一个粮草补给基地。之后,石勒先后打败了并州刺史刘琨和幽州刺史王浚,占领了洛阳以东的大片土地。后来,石勒的地盘不断扩大,汉国皇帝刘聪为安抚石勒,便封他为大都督、大将军。

318年,刘聪病死,新皇帝即位没几天就被外戚杀了,刘曜联络石勒诛杀外戚,他则自立为帝,迁都长安,改国号为赵,史称"前赵"。石勒不愿屈居刘曜之下,便于319年自称赵王,建立政权,史称"后赵"。

石勒为人义气,知恩图报。一次,在抓获的俘虏中发现早年接济过自己的恩人,便马上封了这位恩人为将军,并将俘虏都拨给他统管。此事传出去后,有好几千敌兵投降了石勒。石勒建立后赵之后,把家乡父老都接到了襄国,同享荣华富贵。只有一个小时候和石勒打过架的邻居,怕石勒记仇不敢来。石勒知道后,亲自派人把他接了过来,还给他造了一所房子。

石勒知道"马上得天下,不能马上治天下"。他识字不多,就让人给自己读书,听书能长见识,慢慢地石勒治国的办法也就多了起来。他重用汉人,遵汉法管理国家,恢复先朝旧制,奖励农桑,兴办学校,鼓励依法办事。一次夜里,石勒穿上百姓的衣裳,用金银丝绸贿赂守城卫兵王假,想要出城,王假就把他抓了起来。第二天早上,石勒就宣布,王假能依法办事,将他升为都尉。

在石勒的治理下,后赵很快强盛起来。石勒趁机出兵,灭了鲜卑段氏,占领了河南,还夺取了青州。328年,前赵和后赵在洛阳附近决战,刘曜和石勒展开了最后的决战。因刘曜饮酒过量,兵败被擒,前赵主力被消灭。329年,前赵灭亡,后赵几乎占据整个北方。

331年,石勒正式称帝,仍沿用赵国的名号。后赵的国势在五胡十六国中是最强盛的。有一次,石勒在宴请自己臣僚的酒会上,曾经自我夸耀说:"假如我和汉高祖生在同一个时代,我自认不如他,但我一定会和韩信、彭越一样做他的部下,为他奋战疆场;但如果和东汉光武帝刘秀生在一个时代,我一定要和他在中原一带一比高下,到那时,不知道鹿究竟会死在谁手上呢!"在场的群臣听了,都高呼万岁。

333年,石勒病逝,这位奴隶出身的皇帝享年59岁。

桓温北伐

桓温(312—373)是个很有军事才能的人,他在当荆州刺史的时候,曾经进兵蜀地,灭掉了成汉,给东晋王朝立了大功。

陶侃平定了苏峻的叛乱以后,东晋王朝暂时获得了安定的局面。不料,没过几年平稳日子,北边却又乱了起来。

后赵国主石虎死了以后,后赵国内大乱,后赵大将冉闵称帝,建立了魏国,历史上称为冉魏。之后,鲜卑族贵族慕容皝(huàng)建立的前燕又灭了冉魏。351年,氐族贵族苻健也乘机占领了关中,建都长安,国号秦,建元皇始。次年称帝。

后赵灭亡的时候,东晋的将军桓温向晋穆帝(东晋的第五个皇帝)上书,要求带兵北伐。当时东晋王朝内部矛盾很大。晋穆帝表面上提升了桓温的职位,实际上对他又有所猜忌。因此,桓温要求北伐,晋穆帝同意了,却另派了殷浩带兵北伐。

殷浩是个只有虚名而没有军事才能的文人。他出兵到洛阳,屡战屡败,死伤了一万多人马。桓温又上了道奏章,要求朝廷把殷浩撤职办罪。晋穆帝这才将殷浩撤了职,同意桓温带兵北伐。

354年,桓温统率晋军四万,从江陵出发,分兵三路,进攻长安。前秦国主苻健派兵五万抵抗,结果被晋军打得落花流水。苻健只好带了五千名老弱残兵,逃回长安,挖了深沟继续坚守。桓温胜利进军,到了灞上。长安附近的郡县官员纷纷向晋军投降。桓温发出告示,要百姓安居乐业。百姓们欢天喜地,都牵了牛,备了酒,到军营慰劳。

桓温驻兵灞上,想等到关中麦子熟了的时候,派兵士抢收麦子,以补充军粮。可前秦料到了桓温的打算,把没有成熟的麦子全部割光了。桓温看军粮断了,只好退兵回来。但是这次北伐毕竟打了一个大胜仗,晋穆帝把他提升为征讨大都督。

之后,桓温又进行了两次北伐。369年,桓温带兵进攻前燕,一直打到枋头(今河南浚县西),后来,因为被前燕切断粮道,桓温的第三次北伐失败。

桓温长期掌握东晋的军事大权,野心越来越大。有个心腹官员知道他的野心,向他献计,说是要提高自己的威信,就先得学西汉霍光的办法,把现在的皇帝废了,自己另立一个皇帝。

那时候,晋穆帝已经死去,在位的皇帝是海西公司马奕。371年,桓温带兵到建康,把司马奕废了,另立司马昱当皇帝,这就是晋简文帝。桓温以大司马镇姑孰(今安徽当涂县)。过了两年,晋简文帝病重,留下遗诏由太子司马曜继承皇位。这就是晋孝武帝。桓温本来以为简文帝会把皇位让给他,所以听到这个消息后十分失望,就带兵进了建康。

桓温到达建康那天,随从的将士都身穿盔甲,手里拿着明晃晃的武器。朝廷官员到路边去迎接时,看到这个情景,都吓得变了脸色。桓温请两个最有名望的士族大臣王坦之、谢安到他的府邸去,王、谢两人早已听说桓温事先在客厅埋伏了一批武士,想杀掉他们。所以,王坦之到了桓温的府邸后,被吓得浑身直出冷汗,连衣服都湿透了。而谢安却十分镇静,进了厅堂坐定之后,沉着冷静地应付着桓温。

桓温看到建康的士族中反对他的势力还很强,所以不敢轻易动手。不久后,他就病死了。

桓温死后,谢安担任了宰相,桓温的弟弟桓冲担任中军将军、扬豫二州刺史,两人同心协力辅佐晋孝武帝,东晋王朝出现了团结的局面。

东晋名相谢安

谢安(320—385),东晋的宰相,陈郡阳夏(治今河南太康县)人。谢安是东晋王朝继王导之后又一个较有作为的士族人物。

谢安年轻时很有名气,但他拒绝做官,而是隐居在东山。但从那时起,谢安的家族一度衰落，为了重振家风，他才有出山做官的意向。恰巧此时征西大将军桓温掌握了军事大权，他要谢安做他的部下，并且多次派人去请谢安，谢安这才出山担任了桓温的司马（后来人们把谢安重新出来做官这件事称为"东山再起"）。

　　桓温死后，东晋孝武帝把谢安升为尚书仆射，领吏部。谢安上任以后，全力稳固东晋王朝的统治。他一面尊重早已在长江上游形成势力的桓氏家族，一面又命侄子谢玄在长江下游的京口（在今江苏镇江）招募士兵，以加强长江下游的军事力量，牵制上游的桓氏家族。谢玄所训练的新兵中的主要成员是北方流民或流民的后代，他们被称为"北府兵"。这支军队非常有战斗力，后来成为东晋对北方作战的一支生力军。在谢安当政时，东晋的经济实力雄厚，朝廷内部相对稳定，军事力量也比较强大。

　　但这时的东晋也面临着北方前秦的威胁。383年，前秦皇帝苻坚率军南下攻打东晋，企图统一全国。面对前秦强大的军事力量，东晋朝野上下一片惊慌。许多百姓准备外逃避难，大臣们也议论纷纷，不知所措。谢安的侄子谢玄从外地急速还朝，向谢安询问对策。谢安一副平静的样子，回答说："我已经有打算了。"接着就不说话了。谢玄不敢再问，就让部将张玄前去，重新请求指令。谢安仍然不回答，反而令家人备好车马，带领亲戚朋友出去赏景，并与张玄在山间别墅下棋取乐。

　　谢安的棋术本不如张玄，可是这天，张玄由于没有心思下棋，因此输了，谢安望着张玄说："大将身在阵中，要面对变乱而不惊，这样才能打败敌人。"

　　说罢，谢安又带领众人游山玩水，直到太阳落山才回府。这时候，谢安才把自己早已想好的作战计划一步一步交代清楚。大家看到谢安这样镇定自若，也就增强了打败前秦军的信心。

　　战争期间，谢安一直坐镇建康进行指挥，镇定自若。战争胜利后，谢玄派人送捷报时，谢安正在家中与客人下棋。看完捷报后，他随意地把它放在床上，继续低头与客人下棋。客人想了解一下前方战况，谢安却轻松地说敌人被打败了。直到下完了棋，客人告辞后，谢安才按捺不住心里的喜悦，舞跃入室，过门槛时，高兴得连脚上穿的木屐的齿被折断了都没有发觉。

　　淝水之战的胜利，为陈郡谢氏家族增添了不少光彩，谢氏家族声名大振，开始与王氏家族并驾齐驱。自此以后,"王""谢"两族在长江一带长期居于显赫地位。

谢安化解危机

谢安出身于名门世家,谢家是与王家齐名的江南士族。谢安年少时,便神态沉着,思维敏捷。

一天,谢安和几个朋友乘船外出游玩,船行到江中,赶上风浪,同船的人都大惊失色,大声叫嚷着要赶紧回去。划桨的船夫见状,也慌了神,因此船左右摇摆得更厉害了。谢安大声对众人说:"安静,要想回去就不要吵。"众人这才安静下来,船夫集中精力划船,船才安全到了岸边。

上岸以后,众人直夸谢安遇事不惊慌,有安邦定国的才能。

372年,东晋简文帝驾崩,司马曜即位,史称晋孝武帝。桓温(312—373)辅政,手握重兵,有谋帝位的心思。晋孝武帝即位的第二年2月,桓温入朝,京师盛传桓温入京是准备来篡位的,一时之间人心惶惶。

桓温其实早想取代晋孝武帝,自立为帝。当时颇有名望的吏部尚书谢安和侍中王坦之是桓温称帝最大的阻碍。桓温入京后马上就设宴宴请了谢安和王坦之。桓温事先在客厅后面埋伏下了一批武士,如果二人归顺,就共享天下;如果二人不归顺,就以摔杯子为暗号,武士们便除掉二人。

前去应召的二人对桓温的野心早就心知肚明。王坦之与谢安同乘一辆车赴宴,王坦之很害怕,问谢安:"桓温准备在宴会上杀了我们,我们怎么办呢?"谢安面不改色,对王坦之说:"东晋王室的存亡,全看我俩此行了。"于是,二人视死如归地一起前去赴宴。

到了宴席上,谢安、王坦之二人分别落座,王坦之非常紧张,手里拿着的上朝用的笏板都拿倒了,衣服也被冷汗浸透了。而谢安神色镇静,和平常没什么不一样。桓温见谢安丝毫没有慌乱之色,便盯着谢安看,谢安就和桓温对视。看到谢安不惧怕自己,桓温就放声大笑说:"安石,别来无恙吧?
"谢安最早出山做的官就是桓温的司马,二人相识多年。如今二十年过去了,桓温两鬓已经有了斑斑白发,二人再见面却是这样一种生死对决的状况,谢安也感慨万千。谢安略带伤感地问:"您最近身体还好吧?"桓温看到谢安动情,自己也想起了当初一起共事,抵御外族的岁月,眼窝也湿润了,桓温说:"这些年,你在朝廷为官,我依旧征战于外,各自做着分内之事罢了,说不上好不好。"桓温说完,谢安缓缓说道:"是呀,各自做着分内之事,我听说武将的分内之事是带兵守卫国家边境,可为什么您却派人守在我们周围呢?"

桓温一愣,随即放声大笑,让埋伏在四周的武士都撤了出去。谢安也笑,但意味深长。随后,谢安站起身来,一边眺望着远处的山河,一边徐徐吟诵着嵇康的《赠秀才入军》:"浩浩洪流,带我邦畿……"

桓温见谢安如此淡定从容,杀意全无,便与谢安酣畅一饮。这时候,王坦之也把倒执的笏板拿正了。一场杀机就在谈笑间被化解了。

王猛扪虱而谈

王猛(325—375)是十六国时期前秦的著名政治家。那时,前秦建国不久,王猛在华阴隐居,听说东晋大将桓温率军攻打前秦,并在灞上驻守,于是他只身披了一件粗麻衣就去见桓温。

王猛见了桓温,一面谈论天下形势,一面用手捉着身上的虱子,旁若无人。

桓温问他:"我奉朝廷之命,带领十万精兵北伐,为民除害,可是关中豪杰至今却没有一个人前来见我,这是什么原因?"王猛道:"将军不远千里而来,大军深入敌境,长安已近在眼前,可是却不渡过灞水去攻打长安。百姓都摸不透你的心,自然没有人前来欢迎啦。"

原来,桓温并没有收复失地的诚意,他不过是想利用北伐树立自己的威望而已。王猛这几句话,触及了桓温内心的秘密。

桓温为王猛敏锐的洞察力而震惊，心里对他很是钦佩。他在大军撤离之前赐给王猛车马并许以官职，还要带王猛回去，却被王猛婉言谢绝。王猛虽然没有在桓温那里施展才华，但却在苻坚那里得到重用。

车胤囊萤

车胤（生卒年不详。胤，音 yìn），东晋南平郡（今湖南安乡、湖北公安一带）人。他小时候十分勤奋好学，读起书来不知疲倦，但因为家里条件不好，穷得连买灯油的钱都没有，所以车胤没法在晚上读书，为此他感到很无奈。到了晚上他只能背诵白天读过的诗文。

一个夏天的晚上，车胤正坐在院子里默诵白天读过的诗文，突然发现院子里有许多萤火虫飞来飞去，发出点点亮光。他很好奇，就站起来伸手捉住了一只，放在手心里。见萤火虫发出微弱的亮光，他顿时高兴起来，因为他想到了一个办法：要是把这些萤火虫收集起来，不就是一束明亮的光吗？

于是，车胤捉了几十只萤火虫，装在用白纱布做的口袋里，挂在案头，屋里果然有了光亮。他拿来书一照，太好了，终于能看清书上的字了。

从此，每年夏天的晚上，他就借着萤火虫的光发奋苦读。由于学习刻苦，他变得知识渊博，长大后受到朝廷的重用，干出了一番大事业。

苻坚一意孤行

前秦的苻坚（338—385）即位后，任用王猛为相。王猛在前秦实施了一系列的改革，使得前秦国力大大增强。后来，王猛因病去世，临死前他嘱咐苻坚，不要去攻打东晋。

前几年,苻坚还能记起王猛的话,时间一长,他就将王猛的话抛到九霄云外去了。看到天下只剩东南一块还未统一,苻坚总也安不下心来。几年间,他不断地向东晋发动试探性攻击。

382年,苻坚再也忍耐不住了,他决定攻打东晋。这一年10月的一天,他在皇宫召集大臣商量此事,他说:"我打了一辈子仗,只想在自己有生之年能够统一天下。现在只有东南部的晋国还不肯向我们臣服,我打算率领全国兵马讨伐晋国,你们认为怎么样?"

大臣们一听,纷纷表示反对。有个叫权翼的大臣说:"晋国虽然弱小,但现在有谢安、桓冲等大臣掌权,内部团结。我们要攻晋,恐怕还不是时候。"

苻坚听了权翼的话,一脸不高兴。武将石越又说:"晋国有长江天险做屏障,再加上老百姓都向着晋国,只怕我们打不赢。"

苻坚没想到身为武将的石越竟会说出这样气馁的话,非常生气,他大声说:"哼,长江天险有什么了不起?我有百万大军,士兵把马鞭投到江里,就可以把长江的水堵住,看他们还能拿什么来做屏障?"

众人你一言我一语,议论了半天,始终没有结果。苻坚不耐烦了,他让大臣们都散去,只留下他的弟弟苻融。

苻坚把苻融拉到自己的身边,说:"自古成就大事业,总是由一两个人决定的。你对这件事怎么看?"

苻融满怀忧虑地回答:"我看攻打晋国的确有许多困难。再说,我军连年打仗,士兵们也都筋疲力尽,极需休整,还是缓缓吧。"

苻坚一看连自己的弟弟也反对出兵,他很是失望,不解地说:"我们秦国现在这么强大,兵精粮足,对付弱小的晋国,哪有不胜的道理?你们怎么都这样,真叫我失望。"

苻融看苻坚这样一意孤行,急得束手无策。他忽然想起王猛的话,就说:"陛下难道忘记了王猛临终前讲的一番话了吗?我们现在最要紧的事是铲除对我们怀有二心的投降贵族。现在京城里有这么多鲜卑人、羌人、羯人,他们要是乘着陛下远征发动叛乱,那就坏了。"

提起王猛,苻坚一时没了话,但他并没有真正听进去。这以后的几天里,不断有大臣劝苻坚不要攻打晋国,而苻坚一概不予理睬。

有一次,鲜卑贵族慕容垂进宫求见,慕容垂曾是前燕的大臣。苻坚要他谈谈对此事的看法。慕容垂说:"强国吃掉弱国,大国吞并小国,这是自然的道理。现在,我们秦国君明臣贤,又有雄兵百万,要灭掉小小的晋国,根本不成问题。陛下只要自己拿定主意就好,何必去问他人呢?"

苻坚听了慕容垂的话,眉开眼笑,说:"看来,也只有你能和我一起平定天下啦!"于是,他吩咐左右拿五百匹绸缎赏给慕容垂。

伐晋的事在紧锣密鼓地筹备着,连后宫也惊动了。苻坚的妃子张夫人听说朝中很多大臣都不赞成出兵,也耐心地劝苻坚。苻坚说:"打仗是男人的事,你们女人不要多嘴。"

苻坚的小儿子苻诜看到父亲要亲征,也劝他说:"苻融皇叔是最忠于父皇的,父皇为什么不听他的话?"

苻坚说:"国家大事,小孩子懂什么?"

苻坚拒绝了大臣和亲人的劝说,决心孤注一掷,进攻东晋。

383年,苻坚亲自率领近九十万大军伐晋。他派苻融、慕容垂充当先锋,封姚苌为龙骧将军,指挥益州、梁州的兵马,准备攻晋。

淝水之战

383年,前秦苻坚亲自率领近九十万大军,大举南下,并且很快攻占了寿阳(治今安徽寿县)。东晋得知前秦军队来犯,宰相谢安(320—385)就派谢石(327—389)、谢玄(343—388)、谢琰(生卒年不详)等带领八万兵马去迎敌。

由于兵力悬殊,谢石他们就商议说:"苻坚有近九十万大军,而我们只有八万人,我们不能等他们的大军都到齐,那样我们一定会失败。我们必须在他们大部队到齐前,趁其不备去攻击他们的前锋部队,重挫他们的士气,这样才能彻底打败他们。"

于是,谢玄派刘牢之带领五千精兵,先对洛涧(今安徽淮南市东淮河支流洛河)的前秦军发动突然袭击。前秦军被打了个措手不及,损失惨重。晋军取得这一仗的胜利后,士气大振,谢石他们又指挥大军继续向寿阳反攻,直抵淝水东岸,把人马驻扎在八公山边。

这时苻坚已带了八千前秦军赶到寿阳。他听说晋军消灭了他的洛涧守军,大吃一惊,不由得倒吸一口凉气,打了一个冷战,先前的骄横之气也退了许多。这一天,他登上寿阳城楼去察看对岸的形势,只见晋军的阵营威严整齐,巡逻的巡逻,操练的操练,显得训练有素。苻坚又把目光移向远处的八公山,突然觉得山上的草木晃动,好像埋伏了无数的晋军。

其实,八公山上并没有晋兵,只是苻坚见到晋军的威严整齐,一时心虚眼花,把山上的草木都当作晋兵了。苻坚看罢,感叹道:"晋军确实很强大呀,怎么能说他们弱小呢?"不久,晋军渡过淝水,大败前秦军队,这就是历史上有名的以少胜多的"淝水之战"。

顾恺之

顾恺之(约345—409)是我国东晋时期的大画家,他一生多才多艺,以"才绝、画绝、痴绝"而驰名于世。

顾恺之出生在晋陵无锡(今属江苏)。他生得虎头虎脑,父亲就给他起了个名字叫"虎头"。小虎头聪明好学,不但爱写诗作文,而且画也画得很好。

有一天,顾恺之的父亲在家里宴请几位客人。一位客人带来一件华美的乐器——筝,并借着酒兴弹奏起来。曲子奏完后,有位客人提议说:"这筝真是太妙了!要是写一篇文章来赞颂它,那才好呢!"

在一旁陪客的顾恺之听了客人的话,略为思索了一下,就提笔写了起来,不一会儿,一篇题为《筝赋》的文章就写完了。然后,他大声地读了起来:

其器也,则端方修直,天隆地平,华文素质,烂蔚波成,君子嘉其斌丽,知音伟其含清,磬虚中以扬德,正律度而仪形,良工加妙,轻缛璘彬。率漆缄响,庆云被身。

客人们听后连声称赞起来:"好! 太好了! 这篇赋真可以和嵇康写的《琴赋》媲美呀!"

顾恺之听了大家的夸赞并没有沾沾自喜,而是爽快地说:"为什么要拿我的文章和嵇康的相比? 不知道我的人,会因为我生得比他晚而看不起我;如果是赏识我文章的人,是会认真评价我的文章的,用不着和前人相比。"

听了顾恺之的这番话,大家连连点头,都觉得这个小孩子的确文思敏捷,气概不凡,是个很有抱负的少年才子。

后来,顾恺之拜名画家卫协为师,勤学苦练。到了十几岁时,他的画就十分出色了,很多人都知道这个青年画家。

据《京师寺记》记载,东晋兴宁年间,江宁(今南京)有一座瓦官寺刚刚修好,寺里的僧众请当时的社会各界布施。士大夫们纷纷慷慨解囊,但最多的一笔布施也没有超过十万钱。

顾恺之也出来布施,他准备捐赠一百万钱。大家知道顾恺之一向清贫,根本不可能拿出这么大一笔钱,就都以为他在说大话,寺院里的僧众也请他收回自己的承诺。顾恺之对寺僧说:"给我准备一面墙壁。"他从此就住到寺里,在那间屋子里闭门不出,在墙壁上作画,一直画了一个月有余,才完成了一幅维摩诘的画像。但是这幅画唯独没有画上眼睛。顾恺之对寺僧们说:"等画作好后,第一天到这里来参观此画的人,请他们布施十万钱,第二天来的人请他们布施五万钱,第三天来的,就按照惯例收取吧。"

等顾恺之打开门,为维摩诘像点上了眼睛,顿时,整幅画如神灵显现,光照一寺。前来观看、布施的人如潮水般涌来,人们很快就布施了一百万钱。

顾恺之的三绝当中还有一个是"痴绝"。

他乐观单纯、诙谐幽默,很有魏晋名士的风度。

顾恺之每次吃甘蔗,总是从尾部吃到头,有人就很奇怪,问他为什么这样吃,他回答说:"渐入佳境。"

有一次,他把自己的一些画装在一个柜子里,在柜子的前面贴了一道封条,然后把柜子寄存在将军桓温之子桓玄那儿。这些画都是顾恺之的精妙之作,也是他最珍惜的。桓玄悄悄地打开了柜子的背面,偷取了这些画,然后又把柜子装好,恢复原样,并且说自己从来没有打开过。顾恺之见柜子的封条如旧,而画已不在,他一点儿都没有怀疑是有人窃取了,也都没有怪谁的意思,而是不停地说:"真是妙画通灵啊,变化而去,就像是人羽化登仙。"

顾恺之当散骑常侍时,曾和谢瞻在一起当差。他常在夜里长声歌咏,谢瞻每次都在远处赞美他,他听到赞美,就更加努力地歌咏,不知疲惫。后来,谢瞻困了,要去睡觉了,就叫了另外一个人代替自己继续站在那儿称赞顾恺之。而顾恺之毫无察觉,一直歌咏到快天亮。

法显西天取经

提起西天取经,人们马上就会想到唐朝的僧人玄奘,也就是《西游记》里描写的那个唐僧。其实,在玄奘去"西天取经"之前,我国就有一位僧人到过印度,他就是东晋的法显。

法显(约337—约422)俗姓龚,他3岁就到寺庙当了小沙弥,20岁时正式受戒做了和尚。随着佛教在我国的传播,许多僧人都希望到印度去拜访著名的佛学大师,瞻仰佛祖释迦牟尼出生和成佛的圣地,以寻求佛经原本,传播佛教的教义。法显和尚就是其中之一。

399年,六十多岁的法显和另外四名僧人开始了西天取经之行。他们横穿塔克拉玛干大沙漠,翻越帕米尔高原,跋涉万里,终于在两年后,到达了奔腾咆哮的印度河边。这以后的十余年时间里,他又不知疲倦地旅行在南亚次大陆的土地上,足迹遍及今天的巴基斯坦、阿富汗、印度以及印度洋上美丽的岛国——斯里兰卡。

法显是我国古代从陆路到印度,又绕道斯里兰卡,穿过印度洋和南海、东海、黄海,取道海路返回祖国的第一人。在一千六百多年前交通极为不便的条件下,法显从海陆两道,往返于中国和印度等国之间,这是很了不起的创举。他不畏劳苦,奔波于中印之间的探险生涯,鼓舞了后人。人们沿着法显的足迹,向西域挺进,玄奘就是一个最典型的例子。

陶渊明淡泊名利

东晋末年出现了一位在中国诗歌史上占据崇高地位的诗人。他以平淡、朴素而又富有情趣的笔墨,多角度地描写田园风光,抒发他在农村隐居的真切感受。以前诗人忽视的田园景物,第一次被他描绘得那样美妙动人、情味隽永,因此后人称他为"田园诗人"。他就是陶渊明。

陶渊明(365或372或376—427),一名潜,字元亮,私谥靖节,浔阳柴桑(今江西九江西南)人。他的曾祖父陶侃战功赫赫,做过大将军等职。陶渊明的祖父虽然做过太守一类的官,但到了陶渊明的时候,家境早已破败。少年时,陶渊明不仅像一般士大夫那样学习《老子》《庄子》,还喜好"六经",有大济苍生的宏愿。但他也受道教"无为"思想的影响,厌恶世俗,热爱田园生活。

陶渊明20岁时,为了谋得生路,便开始了他的游宦生涯。29岁时,他出任江州祭酒,但没多久就主动辞官归田。州官召他为主簿,他不接受,宁愿躬耕自资。此后,他做过镇军参军一类的小官,还被人举荐去做彭泽县(今属江西九江)的县令。

有一次,郡里派督邮来彭泽,手下告诉陶渊明,那是上面派下来的人,他应当穿戴齐整,恭恭敬敬地去迎接。陶渊明听后,叹了一口气,说:"我不能为五斗米向乡里小人折腰!"言下之意是他不愿为了小县令的五斗米薪俸,低声下气地向鄙俗之人献殷勤。于是他就辞掉官职回家去了。这个彭泽县令,他才当了八十多天,便决定从此不再踏入黑暗丑恶的官场。为表明这一次是永远的辞仕归隐,他写了一篇《归去来兮辞》,表达自己的生活态度和人生理想。在文章中,他以无限喜悦的心情,想象了归家后田园躬耕生活的无穷乐趣。

回家之后,陶渊明因自家门前有五棵柳树,便自称"五柳先生",他还写了《五柳先生传》，寥寥百余字之间，一位贫苦而有操守、不拘礼法而自得其乐的知识分子的典型形象呼之欲出。《五柳先生传》和《归去来兮辞》成为千百年来传诵不绝的名作。北宋文豪欧阳修甚至说："晋无文章，惟（同'唯'，只）陶渊明《归去来》一篇而已。"

《桃花源记》是陶渊明著名的作品之一，文中描绘了一个叫"桃花源"的理想社会。这里是避秦时乱的人们开辟出来的一个新世界，他们与世隔绝，并不知道有汉朝，更不用提魏晋了，人人平等地参加劳动，享受自己的劳动果实，家家户户过着富裕、安宁的生活。全文所展现的生活场景，令人悠然神往。

陶渊明的《桃花源记》，是一部引起历代争议的奇文。关于它的取材与主题，有人认为写的是实地实事，有人认为是愤世之作，有人认为其中寄寓着作者的人生理想和社会理想。这也是它拥有经久不衰的艺术魅力的根源。但无论如何，它充满了对污浊社会的憎恶和对淡泊生活的热爱。

陶渊明归隐田园后，亲自耕作，不仅体察了劳动的艰辛，而且还获得了收获的快乐，这在士大夫"耻涉农商"的时代，确实难能可贵。虽然生活窘困，但他耕读自娱，以诗酒为伴，直至终老。

陶渊明所处的晋宋之际，诗歌文风已经开始慢慢趋向浮靡，而他的平淡醇美、质朴深邃的田园诗，无疑是这一时期诗歌中的奇葩。也正因为如此，陶渊明诗的价值并未为当时人所重视，到了唐代，其诗的光芒才被人发现。从唐代以后，陶渊明的地位渐渐上升，甚至有人将陶渊明与杜甫并列为"诗圣"。

东晋灭亡

东晋王朝从建立之初就依赖士族的支持，而到东晋末年时，士族已逐渐形成地方割据，东晋王朝无力控制这些地方割据力量，实际能控制的地域只有三吴地区。三吴地区的人民承担了东晋王朝大部分的赋税和徭役，百姓苦不堪言，有的沦为士族的奴隶，有的逃亡至东南沿海。

399年,司马元显颁发征兵令,要求出身奴隶但已经被免为佃户的奴客必须应征入伍。这部分奴客虽然已为佃户,但依然是士族的家奴。因此,不仅佃户不愿应征,士族们为了自身利益,也极力反对征兵令。一时间,佃户和士族反对东晋朝廷之声群起。这时,逃亡士族孙恩借机起事,以天师道为号召,聚集逃亡农民掀起了反对东晋王朝的浪潮。

孙恩(生卒年不详),琅琊孙氏人,属于低级士族。孙恩的叔父孙泰因以天师道结聚统众被东晋政府杀害,孙恩逃亡到东南沿海舟山一带。

399年10月,孙恩聚集起在舟山避祸的农民,从海上登陆,攻下了会稽郡。起义军受到了广大农民和奴客的拥护,江南八郡的农民、奴客及部分不满朝廷的地主纷纷斩杀本地的郡长吏,以响应起义军。短短十日之间,起义军就壮大到数十万人,他们势如破竹,一度兵临建康城下。东晋朝廷北府名将刘牢之率北府兵镇压,双方互有伤亡。后因朝廷派来增兵,孙恩又与刘牢之手下大将刘裕交战,屡次失利后不得不退守到海岛。402年3月,孙恩战败,投海身亡,起义军推举孙恩妹夫卢循为首领,继续战斗。

403年,卢循败于刘裕后,表面上接受了朝廷封赏;实则是假意归附,暗中积蓄力量。410年,卢循趁刘裕北伐南燕,由番禺出发,沿海路北上,直逼建康城,朝廷一片慌乱,刘裕星夜赶回应战。卢循为人多疑而少果断,贻误了战机,刘裕得以集中兵力,重创了起义军。起义军不断败退,411年4月,卢循兵败自杀。

孙恩起义,历时十二年才得以平定。起义虽然被平定了,但各地武装将领在镇压起义中,趁机壮大了自己的实力,其中桓玄、刘牢之的实力最强。后来桓玄趁刘牢之意欲反叛之机,吞并了刘牢之的兵力。桓玄控制了东晋三分之二的土地,东晋王朝成为仅有空名的朝廷,桓玄控制了东晋政局。

桓玄,大司马桓温之子,5岁嗣位,承袭桓温南郡公的爵位。桓玄入世之初,受其父晚年专权谋逆的影响,不被重用。桓玄抓住平定王恭叛乱和孙恩起义的机会,壮大了自身实力,成为权倾朝野的一方诸侯。402年,司马元显下诏讨伐桓玄,桓玄攻入建康城,控制政权。403年12月,桓玄废晋安帝,自立为皇帝,国号楚。桓玄篡位后,骄奢荒侈,横征暴敛。于是东晋旧部推举大将刘裕为盟主,讨伐桓玄。

404年,刘裕等人在广陵、历阳、京口、建康四处同时举事,讨伐桓玄,各地纷起响应。桓玄军士多为北府兵出身,他们面对常年征战沙场的刘裕军队时,都斗志不高。刘裕很快就攻入了桓玄的都城。6月,弃城西逃的桓玄被讨伐将领诛杀。桓玄的帝王梦仅仅持续了六个月就破灭了,晋安帝司马德宗复位。

406年,刘裕因功受封为豫章郡公。408年正月,刘裕身兼车骑将军、开府仪同三司、扬州刺史、录尚书事、徐兖二州刺史等职,掌握了朝政大权。刘裕吸取桓玄失败的教训,先北伐平定南燕、后秦,后又迅速消灭了国内地方割据势力,统一了东晋。很快刘裕就凭借战功,在军中树立起很高的威望,为将来的登基称帝做好了准备。

420年,刘裕废晋恭帝自立,东晋灭亡。

第 9 章　南北朝

420年,刘裕建立南朝宋,东晋灭亡。424年,刘义隆改年号为元嘉,延续其父亲刘裕在政治、经济等各领域的改革风格,出现了"元嘉之治"盛景。439年,北魏太武帝拓跋焘灭掉了十六国中的最后一个小国北凉,统一了北方。在东晋灭亡后的一百七十年时间里,中国历史上出现了南北两个政权对峙的局面。南朝先后经历了宋、齐、梁、陈四个王朝;北朝的北魏后来分裂为东魏、西魏,东魏、西魏又分别被北齐、北周所取代。历史上把这段时期称为南北朝。一直到589年,隋朝一统天下,结束了自317年西晋灭亡后二百七十多年的分裂局面。

刘裕建国

晋安帝复位后,掌握东晋朝政大权的是北府兵将领刘裕(363—422)。

刘裕的曾祖父就是与祖逖一起闻鸡起舞、苦练本领的刘琨。但刘裕小时候,家里非常贫穷。父亲是官府的小吏,微薄的薪俸根本养不活全家。刘裕家人口又多,不得已,他很早就挑起了养家的重担。农忙时种地,农闲时也不闲着,上山砍柴,下河捕鱼;他还做过卖鞋一类的小生意。他尝尽了生活的艰辛,但也磨炼出了他坚韧、强悍的个性。

刘裕知道自己出身贫寒,被士族看不起。为了提高自己的威望,他决定率军北伐。409年,刘裕从建康出发,去讨伐南燕(十六国之一),期间没费多大力气,就于410年把南燕灭了。

过了几年,刘裕在平定了南方的割据势力后,再一次北伐,攻击后秦。他让尚书左仆射刘穆之管理朝政,并负责部队的粮草供应;接着,命大将王镇恶、檀道济带领步兵,从淮河一带出发,向洛阳方向进攻;自己亲自率领水军沿着黄河北上。

后秦军在东晋军的猛烈进攻下,连连败退。后秦国主姚泓没有办法,只好派人向北魏皇帝拓跋嗣求救。那时,北方鲜卑族建立的北魏政权开始崛起,势力已经扩展到黄河北岸。见后秦来讨救兵,拓跋嗣就集中了十万大军驻守黄河北岸,监视东晋军的行动。

刘裕的水军沿着黄河进军,魏军也有几千骑兵在岸上跟着,不断地骚扰他们。黄河风急浪高,晋军士兵掉进水里,被冲到岸上,魏军一抓住就将其杀掉,等晋军上岸追击时,魏骑兵又一溜烟地跑了。这使晋军非常疲惫,行军很不顺利。

刘裕非常恼火。他苦苦思索了半天,终于想出了一条计策。

他派一个部将挑选了七百名勇士,并带着一百辆战车登上北岸,沿着河岸摆了一个半圆形的阵势,其阵两头紧紧靠着河岸,中间向外突出,阵中间又埋伏了两千名士兵,最中间的一辆兵车上高高地插着一根白羽毛。由于这种布阵像一弯新月,刘裕给它起了个名字叫"却月阵"。

魏军远远地看着晋军布下了这种从未见过的阵势,一时猜不透刘裕的葫芦里卖的什么药,不禁有些害怕,一动也不敢动。

忽然,晋军中间车上的白羽毛晃动了几下,两千名士兵呼啦啦地拥出,带着一百张大弓登上了兵车。那白羽毛又摇了几下,晋军一百辆战车上的弓箭一齐发射,魏兵一排排地倒下了,但是,魏军仗着人多势众,还是不断地向前冲锋。

魏军万万没有想到,晋军在"却月阵"后面还布置了一千多支长矛,装在大弓上。这种长矛有三四尺长,矛头非常锋利。趁魏军正在一个劲地猛攻,晋军士兵用大铁锤敲动大弓,一支支长矛便向魏兵飞去。魏兵被吓得魂飞魄散,赶紧逃命。晋军乘胜追击,又消灭了大量魏兵。

刘裕巧摆"却月阵",大败魏军,打开了沿黄河西进的通道。这时,王镇恶、檀道济率领的步兵已经攻克了洛阳,在潼关和刘裕的水军会合。417年,刘裕命王镇恶攻下长安,灭了后秦。

刘裕接着进驻长安,住了两个月。后建康传来消息,尚书左仆射刘穆之死了。刘裕一听十分担心,怕自己离开朝廷时间太长,大权会被别人夺走。于是,他留下12岁的儿子镇守长安,并派王镇恶辅佐自己的儿子,然后就带兵回建康去了。

419年初,晋安帝去世,刘裕再也控制不住自己的野心,就派人逼迫刚刚即位的晋恭帝退位。420年,刘裕即位称帝,定国号为宋,历史上称他为宋武帝。东晋王朝在南方一百零三年的统治,就这样结束了。

刘裕当了皇帝后,并没有忘记自己的穷苦出身,仍然过着十分俭朴的生活。他平时的穿着非常朴素,卧室的屏风都是用泥土做的。他还把自己小时候用过的农具、补了又补的破棉袄悬挂在宫中,让后辈们能经常看见它们,以提醒他们祖上的艰辛和江山的来之不易。

元嘉之治

420年,刘裕废晋恭帝,自立为帝,国号宋,定都建康,改年号为永初,史称宋武帝。刘裕出身寒门,凭借军功从底层一步步登上帝王的宝座,因此他深知东晋王朝各阶层存在的积弊。刘裕登基后,吸取东晋灭亡的教训,重用寒门士子,压制豪门世族对皇权的控制。为此,刘裕在政治、经济等领域进行了一系列的改革和整顿。

新朝建立伊始,吏治整顿是刘裕的重中之重。他罢免了朝中大量"骄纵贪侈,不恤政事"的士族官员、皇族官员,甚至还处死了某些人。即使是他的功臣、亲信犯了法,刘裕也没有饶过他们。按照"九品中正制"初置时的精神,刘裕提拔了大量寒门子弟入朝理事,这种做法一改东晋时"下品无高门,上品无贱族",官员皆出于"王、谢、庾、桓"四大家的局面。通过此次吏治改革,刘裕集中了皇权,世族对朝政的影响力也大大减弱,世族再不能如东晋时挟君王以制天下了。

除在吏治上压制世族发展外,在经济领域,刘裕也制定了一系列政策,防止世族势力蔓延。东晋时,门阀士族大肆兼并土地,百姓流离失所,流民起义成为社会的不稳定因素。刘裕一改东晋时对土地兼并的宽松态度,严格执行"土断法",大力抑制门阀豪强对土地的兼并行为。

所谓"土断法"是东晋的一种依据人口现居住地管理人口户籍的一种方法,户籍上不再分土著和侨人,取消侨人之说,多数侨置郡、县被合并或取消。这一政策的实施使得豪门世族隐藏户口的行为得到了有效遏制。虞亮藏匿了一千多名脱离户籍逃亡的人,被刘裕处死。桓玄兵败后,刘裕将其家中资产都分发给桓家的奴客。刘裕整顿户籍后,以现存户籍为准,规定了租税、徭役,凡是州、郡、县的官吏利用官府之名屯田、占园地的,一律被废官职。豪门世族依据田产、奴客数量承担赋税和徭役,减轻了百姓的负担。

刘裕病逝后,长子刘义符继位两年就被大臣废弃。刘裕的第三子刘义隆代兄登基,史称宋文帝,改年号为元嘉。

宋文帝延续了刘裕在政治、经济等各领域的改革风格。在"土断法"的基础上,刘义隆进一步清理户籍,先后两次下令减轻或免除百姓积欠政府的各项债务。宋文帝又实施劝学、兴农、招贤等一系列措施,使百姓得以休养生息,社会生产有所发展;加之南朝宋前期二三十年间,战争较少,南朝宋获得了一段难得的稳定时期,出现了"民有所系,吏无苟得。家给人足,即事虽难,转死沟渠,于时可免。凡百户之乡,有市之邑,歌谣舞蹈,触处成群"的盛况。所以,人们称宋文帝治理国家时出现的这一局面为"元嘉之治"。

元嘉之治时,南朝宋不只政治、经济取得发展,文化上也有很大进步。刘义隆亲自召雷次宗在京城开设"儒学馆"讲儒学,并诏令裴松之注《三国志》,以弥补《三国志》记载太过简略的不足,"前四史"之一的《后汉书》也在元嘉年间完成。谢灵运、刘义庆、鲍照、陶渊明等文学大家更是闪耀在"元嘉文学"的星空中。

元嘉末年,刘义隆北伐北魏太武帝,北魏军队反攻,直抵长江北岸,北魏军队所到之处烧杀抢掠,南朝宋经济遭受重创,不复往昔繁荣,"元嘉之治"不复存在。

檀道济以沙代粮

420年,刘裕在南方建立了宋朝,他就是宋武帝。两年后,宋武帝的儿子即位,就是宋少帝。后宋少帝被杀,刘义隆为帝,即宋文帝。北魏趁着宋朝政局变动之际,派大军渡过黄河,进攻宋朝,占领了黄河以南的大片土地。宋文帝便派檀道济率军抵抗。

在宋朝的众多将领中,檀道济(?—436)是最出色的一个。晋安帝末年,檀道济跟随刘裕加入了北府军名将刘牢之的军队。他作战勇猛,机智灵活,在平定桓玄叛乱等一系列战斗中立下赫赫战功,是东晋后期的重要将领。

这一次,檀道济奉宋文帝之命,去抗击魏军。在二十几天里,宋军连打三十多仗,节节胜利,一路打到了历城(今山东济南)。这时,檀道济骄傲起来,防备也有点松懈了。魏军抓住这个机会,派骑兵绕到宋军后方,烧了宋军的粮草,宋军如今的形势非常危急。檀道济明白,如果这时匆忙撤退,魏军就会怀疑宋军已无军粮而大举进攻,宋军很可能全军覆没。檀道济觉得,目前最紧要的就是要让魏军相信宋军还有充足的粮草。

一天晚上,宋军军营里灯火通明,檀道济亲自带领一批管粮的士兵在一个营寨里查点粮食。士兵们一边用斗子量米,一边拿着竹筹高声地计数。有人偷偷地向营里望了一下,只见一个个米袋里都是雪白的大米。许多宋军将士也以为是后方送来了军粮,因而军心大振。

魏军的探子把这个消息告诉了魏将,魏将信以为真,果然不敢贸然追击宋军了。檀道济就这样率领宋军安全撤退。其实檀道济在军营里量的并不是白米,而是一斗斗的沙土,只不过是在沙土表层覆盖了少量白米罢了。

檀道济是宋武帝、宋少帝、宋文帝三朝时的名将,他战功赫赫,威望越来越高,这引起了朝廷的猜疑。当时,宋文帝生了一场大病,掌管朝政的彭城王刘义康及将军刘湛担心文帝死后,难以控制檀道济,便在文帝面前说了他很多坏话,劝文帝尽早除掉檀道济，以免留下后患。

436年，檀道济奉诏回京。刘湛与刘义康认为时机来了，便以宋文帝的名义下了一道诏书，以收买人心、图谋不轨的罪名将檀道济杀害，同时被杀害的还有他的八个儿子及薛彤、高进之等大将。临刑前，檀道济愤怒地将头巾扔在地上，喊道："你们这是在自毁长城啊！"

450年，刘宋王朝再次北伐，却连吃了好几个败仗，结果魏军一路南下，攻到了长江边上的瓜步（今江苏南京市六合区东南）。宋文帝登上石头城，望着远处的敌军，长叹一声："檀道济如果还活着，怎么会让魏军攻到这里！"

可这时檀道济已屈死十四年了。

拓跋焘执政

拓跋焘（408—452），一名佛狸，鲜卑族，是北魏的第三位皇帝，史称北魏太武帝。拓跋焘打仗讲求战法，指挥灵活，为南北朝时期杰出的骑兵统帅。

拓跋焘是一位非常有才能的皇帝，他继位后，继承了祖父、父亲未完成的事业——统一北方。淝水之战后，前秦政权瓦解，拓跋焘的祖父拓跋珪趁机建国。这时，北魏前两代皇帝经过征战，北方只剩下北凉、北燕、夏和西秦割据政权没有归附。拓跋焘先后灭掉了夏、北燕、北凉。北方地区从西晋永嘉之乱后，再次复归统一，北魏的统治区域北至蒙古高原，西至新疆东部，东北至辽西，南大致以淮河、秦岭为界，与南方的南朝宋形成了对峙局面。

拓跋焘在位期间还重创了柔然。从北魏建立之初，柔然就是北魏最大的敌人。北魏和柔然一直征战不断，互有胜负。拓跋焘在位时，对柔然实行了大举反攻。拓跋焘继位二十五年间，十三次率军进攻柔然，击溃柔然的附属部落高句丽等，将柔然向北驱赶了千里，并专门设下六镇抵御柔然入侵。从此之后，柔然一蹶不振，数百年都没有南下进扰中原。这是继汉武帝重创匈奴之后，中原王朝对北方游牧民族的又一次重大胜利。

拓跋焘两次同南朝宋交战。430年,宋帝刘义隆北伐,北魏反击,宋军毫无还手之力,反被北魏攻占了多座城池。450年,拓跋焘亲率大军,兵分四路,南征刘义隆。拓跋焘长驱直入,一度到达长江岸边,与南朝宋都城建康隔江相望。后因北魏士卒不习水战,拓跋焘撤军北归。这次南征,南朝宋受损严重,北魏军队一路烧杀抢掠,所到之处往往化为一片灰烬,淮南一带几乎成了无人区。宋国力大大减弱,再无力北伐。而北魏也损失了大量的士兵马匹,很多年都无法发动大规模的南征。于是,南北朝在一段时间内呈现出相对平稳的景象。

拓跋焘对外征战,统一北方,国内局势却处在水深火热之中,为了筹集大量军费,北魏民众赋税沉重,民不聊生。加之拓跋焘在政治上,一味任用鲜卑族官员,放纵鲜卑贵族欺压百姓,因而民怨深重。拓跋焘在位期间,国内民族矛盾和阶级矛盾十分尖锐。

445年,北魏国内爆发了两起大规模的武装起义。先是卢水胡族不堪忍受鲜卑族的压榨,于是在卢水胡人盖吴的领导下,在关中地区揭竿起义。起义得到了关中各族人民的响应,起义军很快发展到十万余人。盖吴兵分三路,向长安进逼。同时,蜀族首领薛永宗,在汾曲起义响应盖吴。薛永宗的队伍很快也发展到五万余人,薛永宗与盖吴互相策应,从东西不同方向同时进攻北魏朝廷,两军形成掎角之势,占领了大半个北魏。盖吴甚至派出使者联合南朝宋,希望形成对北魏南北夹击的态势。

北魏朝廷多次派重兵出击,都没能平定起义军,眼看关中摇摇欲坠,于是拓跋焘亲自率兵平叛。拓跋焘对起义军采取"分兵牵制,各个击破"的策略,他利用当地豪强势力建立壁垒,打破了薛永宗和盖吴互为掎角的态势。薛永宗和盖吴断绝联系后,势单力薄,很快就被拓跋焘镇压。平定起义军后,拓跋焘对响应起义的各族人民进行了残酷的杀戮,试图利用民族高压政策来扼杀反抗斗争,这一系列措施进一步加深了民族矛盾。

拓跋焘脾气暴躁,为政简单粗暴。司徒崔浩历仕拓跋珪至拓跋焘三朝,善于运用谋略,为拓跋焘平定北方、西域诸国以及对南朝作战都起到了很大的作用。但崔浩因讽谏拓跋焘,受到了鲜卑贵族的诋毁。拓跋焘一怒之下,不仅诛杀了崔浩全族,连与崔浩有姻亲关系的范阳卢氏、河东柳氏以及太原郭氏都尽数诛杀。因此,北魏汉人士族受到了沉重打击。

拓跋焘晚年宠信中常侍宗爱,在宗爱的煽动下,拓跋焘逼死了太子拓跋晃,最后自己也被宗爱密谋杀害。

前废帝刘子业

宋武帝出身贫寒,深知百姓的生活不易。宋武帝取得天下后,兢兢业业,励精图治;可惜的是南朝宋的继任者就没有他的雄心大志了,反而荒淫无度,凶残暴虐。

464年,孝武帝死后,15岁的刘子业(449—466)继位,史称前废帝。刘子业是南朝宋王朝的第五位皇帝。

刘子业自知自己荒淫残暴,反对自己的人很多,他很怕叔叔们取代自己称帝。刘子业的叔父中建安王刘休仁、山阳王刘休祐、湘东王刘彧三人的势力最大,刘子业对他们有所忌惮,就派人把他们抓到建康,囚禁在自己身边,并对他们百般侮辱殴打。

三位叔父都很胖,有一天,刘子业来了兴趣,想知道三位叔父到底有多重,就命人用竹笼把他们装起来,让人抬着,用称大牲畜的秤测量他们的体重。刘彧最肥,被称为"猪王",刘休仁被称为"杀王",刘休祐被称为"贼王"。因为东海王刘祎平庸低劣,所以刘子业并没有囚禁他,但他也被赐名"驴王"。

刘子业曾经命人在地上挖了个坑,灌满泥水,让"猪王"刘彧赤身裸体趴在泥水中,再命人在刘彧面前放上一个装满各种杂食的大木槽,让刘彧像猪一样进食。刘子业看了,乐得哈哈大笑。刘子业前前后后有十几次萌生出杀了这三位叔父的想法,亏得"杀王"刘休仁很有计谋,常常把刘子业哄得很高兴,推延了他们被杀之事。

一天,刘彧一不小心惹怒了刘子业,刘子业便让人剥光他的衣服,捆住他的手脚,抬着交给杀猪的人,下旨说今日要杀猪。当时,延尉刘蒙的侍妾怀孕,临产之时,刘子业把她接进了后宫,若她产下男孩就将这个男孩立为太子。"杀王"

刘休仁借着此事,赶紧笑着说:"今天不应该杀这'猪',等太子生下来,正好可以再杀'猪'庆贺。"刘子业这才打消了当天"杀猪"的打算,刘彧也因此捡回了性命。

刘子业不仅忤逆叔父,对自己的父母也是极尽侮辱。孝武帝去世的时候,刘子业不仅大声叫好,还直埋怨孝武帝死得太晚。每次生气,刘子业都说要去挖孝武帝的墓穴,虽然在大臣的劝阻下,刘子业没有挖成,但却让人往孝武帝墓穴上浇了很多粪便。

刘子业母亲病危时,想见刘子业最后一面,但刘子业死活不去,说病人的房间里有鬼,不能去。

刘子业狂悖无道,他的叔祖江夏王刘义恭和尚书令柳元景等人商量着想废除刘子业另立新帝。还没等到二人行事,这个消息就被刘子业派去监视他们的人探听到了。于是刘子业率领羽林军到刘义恭府中,将刘义恭肢解,挖出其眼珠,剖开其肠胃,最后把刘义恭这些器官投放到蜜水中,称之为"鬼目粽"。

刘子业日益凶残暴虐,杀人不断,百官随时性命不保。民间渐渐有传言说,将有新天子取代刘子业。刘子业为绝后患,决定杀死各位叔叔。百般受辱的"猪王"刘彧与亲信阮佃夫、王道隆、李道儿,暗地与刘子业的亲信寿寂之、姜产之等十一人,共同谋划废掉刘子业的计策。于是寿寂之、姜产之借刘子业到竹林堂捉鬼的机会,杀死了刘子业。刘子业荒唐的皇帝生涯就此结束,时年16岁,在位时间仅有一年多。

北魏孝文帝改革

北魏历经几代人数十年的努力后,于439年统一了中国北方,结束了北方一百多年分裂割据的局面。

471年,只有4岁的拓跋宏即北魏帝位,是为孝文帝。孝文帝成年后积极推行改革,使衰弱的北魏又逐渐强盛起来。

孝文帝的改革,包括实行俸禄制、均田制、三长制以及迁都和汉化。其中,迁都和汉化的作用巨大,影响深远。

孝文帝以前,北魏的官吏是一律不给俸禄的。中央官吏可以按等级分享缴获的战利品,或是受到额外的赏赐;地方官吏只要上缴规定的租税赋役,就可以在其管辖的范围内任意搜刮,而不受限制。

有一次,太武帝拓跋焘要出征,向老百姓征调毛驴驮运军粮。这件事由公孙轨负责。公孙轨下令,老百姓交上来的毛驴,必须每一头驴加上一匹绢,否则,便是不合格。这种官员公然向百姓索要贿赂的事情,以致当时的人们都说:"驴子没有好坏,背着绢的就是壮驴。"官吏如此贪赃枉法,怎能不激起人民的反抗?

针对这种情况,孝文帝在484年下决心实行"俸禄制"。他规定每户征收三匹绢、两斛九斗谷,作为百官的俸禄;同时,还制定了严惩贪官污吏的法律。法律规定,官吏贪污一匹以上的绢就要被处以死刑。俸禄制实行以后,虽然增加了人民的赋税,但与以前放纵官吏们贪污掠夺相比,对人民还是有利的。正因为如此,俸禄制遭到一部分惯于贪赃枉法的官吏们的反对。但孝文帝改革意图坚决,他对这些人进行了严厉打击,先后处死了地方刺史以下的贪官污吏四十多人,使北魏的吏治出现了崭新的局面。

485年,孝文帝和冯太后采纳给事中李安世的建议,实行"均田制"。均田制的主要内容是:男子15岁以上,给露田(不栽树而只种谷物的土地)四十亩,女子二十亩,一夫一妻六十亩;初受田男子还给桑田(已种或允许种桑、榆、枣等果木的土地)二十亩;露田不得买卖;奴婢也一样给露田,有一头牛可给田三十亩。此外,新定居的户主,还给少量的宅基田。

均田制不是平分土地。对于地主来说,朝廷承认他们的土地占有权,但又限制他们兼并土地;对于农民来说,朝廷既承认他们已有的小块土地,又鼓励他们开荒;对于那些流浪者来说,这给他们自立门户提供了条件。

490年,冯太后驾崩,23岁的孝文帝亲掌朝政。他为了加强中央集权,决心进一步改革。他认为改革的重点在于汉化。孝文帝很聪明,在他的祖母冯太后的影响下,读了不少书,对汉族文化也有较深的了解。他知道,要使北魏富强,必须抛弃民族偏见,接受汉族的先进文化。当时,北魏的都城在平城(今山西大同东北),地处边塞,这样既不便于加强同汉族的联系,又不便于进攻南朝,对控制中原和推行改革都是障碍,于是,孝文帝决定迁都洛阳。

迁都是件大事,关系到许多鲜卑贵族的切身利益,所以许多鲜卑贵族强烈反对迁都。孝文帝为了达到迁都的目的,定下了一条妙计。

493年8月,孝文帝亲自率领步兵、骑兵共计三十万南征,当年9月进驻洛阳。孝文帝带领大臣们参观洛阳西晋宫殿的遗址。面对这满目荒凉的景象,他对大臣们说:"西晋的皇帝没有管理好国家,致使国家灭亡,宫殿荒芜,看了真让人伤感。"他触景生情,朗诵起《诗经》中《黍离》这首诗来。"黍"指谷子,"离"指植物长得很茂盛的样子。据说,当年东周大夫回到西周的镐(hào)京(在今陕西西安市长安区西北),看到旧日宫殿的遗址上满是茂盛的谷子,感到十分哀伤,就写下了这首诗。

此时,洛阳秋雨连绵。文武百官本来就不愿南征,现在,他们面对着连绵惨淡的秋雨和残败破落的宫殿,心情都十分沉重。原来,几十年前,北魏太武帝曾以十万大军南征,结果被南朝宋军打得大败而逃,伤亡大半,从此,南征成了北魏百官最害怕的事情。其实,孝文帝南征是假,迁都是真。他针对大臣们不愿继续前进的畏难情绪,下令三军,继续往南进发。

大臣们听了,纷纷跪倒在马前叩头,请求皇帝不要再继续南征了。孝文帝乘机说道:"这次南征,兴师动众,不可无功而返。不南征,就迁都。"然后下令:愿意迁都的站在左边,不愿迁都的站在右边。文武百官听了,权衡了一下南征与迁都的利弊,觉得还是迁都为好。于是,所有随军贵族和官吏都站到左边去了。一时间,停止南征的消息传遍了全军,大家都高呼万岁。迁都洛阳之事,就这样定下来了。

迁都洛阳后,孝文帝就开始大力推行汉化政策。首先,他改鲜卑姓为汉姓,如把拓跋氏改成元氏;禁止鲜卑族同姓结婚,鼓励鲜卑人与汉人通婚。孝文帝还带头娶汉族大姓女子为妃子,并且给自己的弟弟们娶汉族大姓女儿为妻室,还把公主们嫁给了汉族大姓。范阳卢氏一家就娶了三个公主。

孝文帝还下令,鲜卑族一律改穿汉人服装。孝文帝亲自在光极堂给群臣颁赐了汉族的"冠服",让他们穿戴。他还要求族人改说汉语。他规定,30岁以上的人,由于说话的习惯已久,可以慢慢改;30岁以下的人,要立即改说汉语;在朝廷当官的人再说鲜卑语,就要被降爵罢官。

对于这些改革,顽固守旧的鲜卑贵族当然不满意。他们暗中勾结起来,煽动皇太子元恂发动叛乱。孝文帝在去嵩山的路上得知这个消息后,立即派人逮捕元恂,并把他废为平民,最后又将他处死。正是因为平定了这场武装叛乱,孝文帝的改革才得以推广。

北魏孝文帝在位期间,对北魏的政治、经济、军事和民族旧习,都进行了一系列大胆而多方面的改革。在他的带动下,北方各族人民在相互交往中渐渐融合,北方少数民族逐渐接受了汉族的先进生产方式以及与这种生产方式相联系的文化。北魏孝文帝的迁都和汉化政策,促进了北方各民族的融合,为我国多民族国家的发展作出了贡献。

萧道成除暴君建齐

自南朝宋文帝"元嘉之治"以来,刘宋的社会经济得到发展,国力也有了提高。刘彧登上皇位,为宋明帝,国家出现了衰退迹象。

几年的帝王生活使刘彧的身体由强变弱。472年夏天某夜,刘彧突然驾崩,太子刘昱继承皇位。但是民间传说刘昱不是刘彧的亲生儿子,因为刘彧没有生育能力。为了能有人继位,刘彧让侍女陈妙登与近臣李道儿秘密同居,生下男孩,作为自己的儿子,取名刘昱,立为太子。

刘昱继位,实际上皇权已不在刘氏家族之手。江州刺史、桂阳王刘休范带头起兵,想逼刘昱下台,叛军打到宫外。小皇帝刘昱吓得直哭,皇太后王氏准备悬梁自杀。在这千钧一发之际,右卫将军萧道成(427—482)率军平息了叛乱,使刘昱转危为安。萧道成因功被封为中领军。

刘昱在登基之后,便逐渐暴露出放荡不羁、为所欲为的性格。刘昱在后宫准备了各种刑具,只要侍臣和姬妾、宫女稍不顺其心,他便亲自用刑。有一回,侍者斟酒时将酒溢出杯外,刘昱当即命人用锯将这个侍者拉(lá)成了两截!

有一年夏天,刘昱来到萧道成府邸。他直接跑到卧室内,见萧道成祖胸露腹地躺在床上睡觉,就在萧道成的肚子上拍了一掌,大笑起来:"哈!好一个箭靶子呀!"

萧道成被惊醒,见皇帝来了,忙穿衣服。刘昱却说:"不用穿了,朕要用卿的肚子试试箭法。"

刘昱用毛笔在萧道成的肚子上画了一个圆圈,然后取来弓箭,后退十步,拉弓搭箭欲射。刘昱的随从王天恩劝谏说:"启奏陛下,中领军肚子大,确实是好箭靶,但一箭便死,以后便不能再射,不如用雹箭(以骨为镞的箭,不易伤人),日后还可再射。"

刘昱一听,觉得这个主意不错,便让人取来雹箭,搭箭张弓,瞄准萧道成的大肚子,大喊一声"着",话音刚落,箭射中肚脐。刘昱大笑,问道:"朕的箭法如何?"王天恩忙说:"陛下真乃神箭,一箭便中,无须再射。"刘昱听罢,一边笑着一边离去。

萧道成双手捂着肚子,又痛又恨,暗暗打定主意:这样荒唐的昏君,应该除掉!

萧道成找来直阁将军王敬则,让他收买皇帝身边的卫士杨玉夫、杨万年,让他俩连夜诛杀刘昱。刘昱在宫中残忍无道,人人憎恨,所以两人没有推辞。半夜后,等刘昱睡熟了,杨玉夫、杨万年就潜入后宫,杨万年抓起刘昱枕边的一把短刀,仅一刀,便切断了刘昱的喉咙,刘昱就这样结束了生命。

第二天,萧道成拥立安成王刘準为新帝。刘準在位两年,被萧道成逼迫退位。479年,萧道成登基称帝,改宋为齐。

荒唐皇帝萧昭业

齐武帝在位十一年,齐武帝的太子先于齐武帝去世,萧昭业是齐武帝的太子的儿子,是他的皇太孙。

萧昭业自小由二叔竟陵王萧子良抚养,很是娇惯。竟陵王镇守西州,少年时代的萧昭业也随行到西州。由于无人管教,他常与二十几个无赖在一起,天天嬉乐无度。后来,竟陵王萧子良被调入京城,萧昭业一个人留在西州,于是更加胆大妄为,天天到各个营署淫宴。因为父亲管得严,没钱玩乐,他就暗地里找当地的富人索要钱财,富人们见是皇太孙要钱,没人敢说个"不"字。萧昭业为了犒赏无赖们,他都以黄纸预先写上爵号官位,许诺自己当皇帝后会立刻任命他们为官。

父亲去世时,萧昭业在人前哭得死去活来,恨不得随父亲一起去了。在别人看不到的地方,他就又花天酒地去了。齐武帝见皇太孙如此孝顺,品格纯良,就没有另立太子。

武帝病重期间,萧昭业一面让巫婆诅咒武帝早死,自己好早日登基即位,一面又日日到武帝床边尽孝,亲自侍奉武帝饮食汤药。他暗中给妻子写了一封信,信中间一个大大的"喜"字,周围环绕着三十六个小"喜"字。病中的武帝见皇太孙如此孝顺,更坚定了传位给他的决定,文武百官也被皇太孙的孝顺感动,于是对皇太孙百般维护。

武帝刚刚咽气,萧昭业就把武帝的乐工演员们召来奏乐献舞。乐工演员们怀念老皇帝,边献艺,边流泪,萧昭业却在龙椅上看得手舞足蹈。

武帝发丧的时候,棺木还没出端门,萧昭业就说身体不舒服,不能前往墓地。回宫后,他就马上召集乐工奏乐献舞,歌舞管弦之声,响彻宫内外。

萧昭业登基后,大肆封赏了一起玩乐的狐朋狗友,许诺的爵号官位全部兑现,给他们的赏钱更是不计其数。萧昭业每次一看见金银珠宝,就想起自己被父亲严管时没钱的窘迫,心有不平,于是更加大肆挥霍起来,金银珠宝让宫女侍卫们随意丢着玩。萧昭业继位不到一年,内务府的金银珠宝就赏出去了一大半。

即位后的萧昭业完全撕下了之前的伪装,天天沉迷于赌博、歌舞、斗鸡和与女子鬼混中,不理会朝政。

禁卫军首领萧谌、萧坦之见小皇帝日益狂纵,害怕日后有人谋反,自己受到牵连,于是都暗中归顺了西昌侯萧鸾。494年,萧鸾引兵入宫,萧昭业正在和宠姬饮酒,他远远看见萧谌手握宝剑领兵走来,只得举刀自杀,却因酒喝多了再加上胆力不够,手哆嗦着未能自尽。

萧昭业最后被萧鸾一刀砍死,时年21岁,在位仅1年。

范缜不信鬼神

范缜（约450—约510）是南朝齐梁之际著名的哲学家，是杰出的无神论者。在他生活的那个时代，佛教盛行。在当时的都城建康，上自皇帝及文武官员、大小贵族，下到平民百姓、贩夫走卒，都非常信奉佛教，朝廷也因此修建了大量寺院、佛塔。

南齐竟陵王萧子良是齐武帝萧赜（zé）的第二个儿子，地位十分显赫。他喜欢广交朋友，经常在郊外鸡笼山的别庄里与当时的社会名流聚首谈天。他笃信佛教，因此他的宾客中也有和尚，他将他们奉为上宾，盛情款待。

但是，范缜却不相信佛教。他公开宣扬无神论，惹得萧子良非常恼火。

有一次，萧子良质问范缜："你不相信因果报应，又怎么解释人生来有富贵贫贱之分呢？"

范缜从容不迫地回答："人的一生好比树上盛开的花朵，当一阵风吹来，花瓣自然会随风纷纷飘落。有的穿过窗户飘落在座席上，而有的则被篱笆遮挡落到了粪坑里。落在座席上的是像您一样的王公贵族，而掉在粪坑里的就是像我一样的平民百姓。人的贫穷贵贱虽然不相同，但因果又在哪里呢？"

这一番话让萧子良在众多宾客面前哑口无言。

范缜还以笔为枪进行反击，写出了著名的唯物主义杰作《神灭论》。他针对佛教所宣扬的人的灵魂可以脱离形体独立存在，人死之后形体灭亡但精神可以依附于其他形体的论点，指出：人的精神和形体是互相结合的统一体，精神必须依附于形体而存在，必然随形体灭亡而灭亡。他形象地把人的形体与精神的关系比作刀刃与锋利的关系，没有刀刃，锋利又从何谈起？同样，形体不存在了，精神又从哪里来呢？

范缜的《神灭论》发表之后，朝野上下一片哗然，萧子良更是找来许多高僧与范缜辩论，然而谁也驳不倒他。笃信佛法的学者王琰讥笑范缜："范先生啊，您不信神灵,那您连祖先的神灵在哪里恐怕也不知道了。"

范缜冷笑一声,回敬道:"真是可惜呀,王先生。您既然知道您的祖先的神灵在哪里,干吗不早点儿去找他们呢?"

萧子良见围攻的办法没用,又想出了用高官厚禄收买范缜的计策。一天,萧子良的亲信来到范缜家中,劝诱范缜说:"像你这样有才华的人,何必写什么文章跟宰相作对呢?倒不如把文章收回去,再弄个中书郎当当。"

范缜哈哈大笑,说道:"我范缜如果是个卖文求官的人,那我早就当了尚书令这样的大官了,又怎么会在乎一个小小的中书郎呢?"

亲信把范缜的一席话说给萧子良听后,萧子良气得只能干瞪眼,却一点办法也没有。

南齐是个短命的王朝,只存在了二十几年就爆发了内乱。501年,雍州刺史萧衍带兵攻进建康。502年,萧衍灭掉南齐,建立梁朝,萧衍称帝,也就是梁武帝。

"菩萨皇帝"梁武帝

479年,萧道成灭南朝宋建立南齐政权。502年,曾任齐雍州刺史的萧衍,乘齐内乱时起兵夺取了帝位,建立梁朝。

梁武帝萧衍(464—549),是一个残暴、伪善而又善于玩弄政治手腕的人。他做了皇帝以后,一心盘算着建立万世基业,所以,他一方面用严刑峻法镇压老百姓,一方面又把自己打扮成信佛的善人。

梁武帝制定的法律规定,一人逃亡,全家都要被判刑,罚做苦工。结果,老百姓每年因犯法而被判刑的就有五千人之多。监狱里的人总是满满的,到处都可以见到穿着囚衣、被士兵押着做苦工的人。每年被判处死刑的罪犯,人数也很多。但是梁武帝每逢杀人的时候,又总是假惺惺地掉几滴眼泪,念几声"阿弥陀佛"。

梁武帝大力提倡佛教,规定佛教是梁朝的国教。佛教宣扬人们只要规规矩矩,虔诚地吃斋念佛,死后就可以进"天堂";如果不遵守皇家的法律,犯上作乱,死后就要下"地狱"，遭受种种痛苦。这种说教实际上是叫人们忍受现实世界的痛苦。梁武帝既然叫别人信仰佛教，那自己也得做出十分虔诚的样子。他经常手里拿着一串念珠，嘴里诵经念佛。有时候，他还斋戒，不吃荤腥，光吃素食。其实他吃的素食也是十分讲究的，一顿饭花费的钱，足够几家老百姓吃上一年。

梁武帝下令修建了一座同泰寺，他每天早晚都到寺里拜佛念经。在他的提倡下，梁朝境内到处都建起了佛寺，许多人都出家当和尚、尼姑，光是国都建康一地，就有几百所佛寺，十多万的和尚、尼姑。这些和尚、尼姑都是不参加生产劳动，光靠别人养活的寄生虫。寺院还拥有许多朝廷给的和自己霸占的土地，他们强迫农民耕种，慢慢形成了寺院地主群体。

萧衍不是一般地信仰佛教，他甚至还表示不愿意做皇帝，想出家去当和尚。他先后四次斋戒沐浴，到同泰寺去"舍身"，就是把身体施舍给佛祖。其实这不过是一种骗人的把戏。在他的授意下，他每次"舍身"以后，大臣们就拿一大笔钱把他赎回。他"舍身"四次，大臣们就把他赎回了四次，花了很多钱。这些钱都是从老百姓身上榨取来的。

在他最后被赎身回宫的那一天晚上，同泰寺突然发生火灾，佛塔被烧毁了。梁武帝假说这是魔鬼干的坏事，应该做法事来镇压魔鬼。他下诏说，道愈高，魔也愈盛，行善事一定会有障碍，所以应该重建佛塔，把新塔修得比旧塔高一倍，这样才能镇得住魔鬼。他召了大批和尚、尼姑做法事，给他们吃上等的素斋，消耗了上万斤香烛，念了好几天经，又叫大臣们跟他一起烧香磕头。他还派出大批工匠，上山采石砍树，花了无数的钱财，建造起了一座十二层的高塔。

梁武帝兴佛教愈来愈厉害，剥削压迫老百姓的罪孽也愈来愈大。有人说，宋明帝的罪比塔高，梁武帝的罪比宋明帝的罪还大。人们形容那些表面上信佛、内心却十分凶残的人是"口念弥陀，心如毒蛇"。梁武帝正是这样的人，无论他怎样"舍身"，把佛塔修得再怎么高，都难以掩盖他的罪恶，也保不住他的皇位。

祖冲之

祖冲之(429—500)是我国南北朝时期的一位著名的科学家。他不但在数学方面,而且在天文历法、机械制造等方面也都有卓越的成就。

429年,祖冲之出生于范阳郡遒县(治今河北涞水县)的一个科学世家,生活条件优越。他自幼就特别喜欢数学,而不喜欢读那些枯燥的经书,也不喜欢背那些难懂的诗词,并且对仕途也毫无兴趣。为此,父亲经常责骂他。祖父祖昌任大匠卿,主管土木建筑。他常为祖冲之辩护说:"只会死记硬背,不肯动脑筋,又不会动手的人才是真的没有出息。"因此,祖冲之特别喜欢和祖父在一起。祖父经常给他讲一些建筑知识,这对祖冲之影响很大。无论去哪儿,祖父总把祖冲之带在身边,以增加他对社会的了解,开阔他的视野,扩大知识面。工地上有许多能工巧匠,他们个个能画会算,祖冲之对他们打心眼儿里敬佩。

平时,祖冲之就和工地附近村里的小孩儿们一起玩。这些小孩子会爬树,认识很多的花、草、树木、鸟儿和虫子,还会游泳。和他们在一起,祖冲之也学到了许多知识。晚上,他们在院子里看星星,祖冲之会告诉那些孩子们:"那是织女星,那是牛郎星,这两颗星中间隔着的是银河……你们瞧,那七颗星是北斗星,北斗星的把儿,是会随着天气的变化而改变方向的……"这些孩子们也很喜欢祖冲之,他们在一起玩得非常开心。

祖冲之是个爱动脑的孩子,他经常向祖父提出一些问题,为了解答祖冲之的问题,祖父就找来一些文章,让他自己看,并说:"这是汉朝天文学家张衡的文章,你认真看看,会得到一些答案。"

祖冲之如饥似渴地读着这些文章。过了一段时间,祖父问他:"你现在知道月亮为什么会有时圆有时缺了吗?"祖冲之说:"啊,我懂了。月亮本身是不会发光的,朝着太阳的一面有光亮,背着太阳的一面就没有光亮。"他又接着说:"人站在地球上看月亮,正对着阳光照射的一面时,看到的就是满月;侧对着阳光照射的一面时,看到的就是半月;由于角度不同,所以月亮有时看起来像镰刀……"祖父听了很高兴,就继续问他:"你说得对,如果日月相对,地球在中间,太阳光被地球遮住了,照不到月亮上时,会发生什么情况呢?"祖冲之立刻回答说:"发生月食!"祖父听后,鼓励了他一番。从此,祖冲之对有关天文学的文章和书籍产生了浓厚的兴趣。他看书时,还把祖父给他的小木球(类似今天的地球仪)摆在面前,转来转去,进行研究。

对于农业生产而言,天文历法至关重要。为促进农业发展,祖冲之以满腔热情投入到对天文历法的研究中。他一面熟读先辈科学家的论著,汲取营养,丰富自己;一面亲自操作天文仪器观测天象,从实践中检验前人天文历法理论正确与否。他发现当时实行的《元嘉历》存在不少问题。主要缺陷在于《元嘉历》推算的日月星辰的位置有偏差,所以推算出的节气和所设的闰月均欠精确。农民按《元嘉历》生产,必然造成不应有的损失。于是,祖冲之决意改革旧历。

462 年,祖冲之把他编制的新历法献给了皇帝,即《大明历》。通过编制《大明历》,祖冲之测得地球绕太阳一周的时间为 365.2428 日,月球自转一周的时间为 27.21223 日,其精确程度在当时世界上是最先进的。为了能替代当时采用的旧历,颁行新历,祖冲之与宋孝武帝的宠臣——懂得天文历法的戴法兴进行了面对面的辩论。

戴法兴是一个保守主义者,在辩论中提出了很多问题来为难祖冲之,企图把祖冲之驳倒。戴法兴认为太阳的运动没有一定的规律,日月星辰运动的快慢,凡人是不可知的,而且历法是古代留传下来的,不应随便更改。他的这些保守的理论,都被祖冲之用事实一一驳回。辩论到最后,在场的多数大臣都认为祖冲之是正确的,而宋孝武帝通过双方的辩论也知道了《大明历》的优点,就决定在 465 年改用新历。这场辩论也成为中国历法史上著名的论战之一。

祖冲之在数学领域也取得了突出的成就,在世界数学史上他第一次把圆周率推算精确到小数点后第七位。祖冲之还明确指出了圆周率的上限和下限,用两个高准确度的固定数做界限,精确地说明了圆周率的大小范围。在欧洲,德国人奥托和荷兰人安托尼兹得到这一结果,是在 16 世纪。

479 年,在齐统治前期,祖冲之发明了机械船,制造了水碓(duì)磨(利用水利旋动进行舂米的设备)等粮食加工工具。494 年到 498 年之间,他又担任长水校尉的官职，写了一篇《安边论》，很受齐明帝的欣赏。

500年，祖冲之去世。

祖冲之量车轮

祖冲之小时候不喜欢读书，可是非常喜欢数学和天文。

一天晚上，祖冲之躺在床上想白天老师说的"圆周是直径的3倍"，总觉得不太对。第二天一早，他就拿了一段妈妈做鞋子的绳子，跑到村头的路旁，等待过往的车辆。一会，来了一辆马车，祖冲之叫住马车，对驾车的老人说："我想用绳子量量您的车轮，可以吗？"老人面露疑惑，但还是点了点头。

祖冲之赶紧用绳子把车轮量了一下，又把绳子折成同样大小的3段，再去量车轮的直径。量来量去，他总觉得车轮的直径没有圆周长的三分之一长。这是怎么回事呢？祖冲之决定多量几辆车的车轮，看看圆周和直径的关系到底是怎么样的。

于是，祖冲之站在路旁，一连量了好几辆马车车轮的直径和周长，得出的结论还是和之前一样，车轮的直径没有圆周的三分之一长。这究竟是为什么？这个问题一直在他的脑海里萦绕。他决心要解开这个谜。

努力学习多年后，祖冲之又研究了刘徽的"割圆术"。所谓"割圆术"就是在圆内画个正六边形，其边长正好等于半径，再分十二边形，用勾股定理求出每边的长，然后再分二十四、四十八边形，一直分下去，所得多边形各边长之和就是圆的周长。

祖冲之非常佩服刘徽这个方法，但刘徽只分到九十六边形，得出3.14的结果后就没有再算下去，祖冲之决心按刘徽开创的路子继续走下去，一步一步地分到一百九十二边形、三百八十四边形，以求得更精确的结果。

当时，数字运算还不像今天利用纸、笔和数码进行演算，而是通过纵横相间地罗列小竹棍，然后按类似珠算的方法进行计算。

祖冲之认真地、耐心地计算着，从一万二千二百八十八边形，算到了二万四千五百七十六边形，两者相差仅 0.0000001。祖冲之知道从理论上讲，还可以继续算下去，但实际上已经无法计算了，只好就此停止，从而得出了圆周率必然大于 3.1415926，而小于 3.1415927 的结论，领先世界。

河阴之变

515 年，5 岁的北魏孝明帝即位，由母亲胡太后（？—528）主持朝政。执政之初，胡太后兢兢业业，亲理政务，她也听得进去大臣进谏，常召见贤臣听取朝政得失，并造"申讼车"，定时定路线，出皇宫接见上访群众。但随着政局稳定，胡太后开始专权弄政，骄奢淫逸之事不断。

孝明帝亲政后，胡太后不甘权力落空，便联合高阳王元雍兵变，再度临朝。胡太后再次听政后，为防止孝明帝夺权，大肆剪除孝明帝羽翼。孝明帝眼见忠君之臣一个个都被胡太后杀掉，便偷偷写了一封密诏给尔朱荣，希望尔朱荣率兵进京勤王。不料密诏被胡太后查出，胡氏大怒，索性一不做二不休，毒杀了年仅 18 岁的孝明帝元诩。

孝明帝被毒死的时候，孝明帝的潘妃生了个女儿，太后谎称是男孩，让她即位。等时局稳定了，胡太后才说是女孩，要改立皇帝，并立临洮王 3 岁的儿子元钊为帝。

而尔朱荣接到孝明帝的密诏后，马上率军南下洛阳，准备帮助孝明帝除掉胡太后，以趁机控制朝廷。他刚刚出发，就收到了孝明帝被毒杀的消息。尔朱荣自然是不肯放过这次带兵进京的机会，他马上对外宣布要进京诛后党，拥立元子攸为帝。京师兵卒不满胡太后毒杀孝明帝，没有对尔朱荣拼死抵抗。尔朱荣的部队战斗力强悍，与先进入洛阳的堂侄尔朱天光里应外合，很快就攻入了洛阳。尔朱荣下令将胡太后和 3 岁的小皇帝元钊全部溺死在黄河。

除掉胡太后和幼帝之后，尔朱荣询问手下的亲信，洛阳士族大家盛行，官员关系盘根错节,如何才可以让朝臣听命于自己,不违背自己。尔朱荣手下部将费穆说:"洛阳官员自来自恃豪门士族,难以驾驭,不如尽数杀掉,以绝后患。"因为尔朱荣出身于秀容(治今山西忻州西北)部落,一直受到鲜卑贵族和汉族世家的轻视,所以他对洛阳鲜卑贵族和汉族世家没有什么好感,就同意了费穆的提议。

528年,尔朱荣以新登基的孝庄帝的名义,邀请朝中百官到河阴参加祭天仪式。百官聚集之后,尔朱荣下令让两千余铁骑将百官包围。尔朱荣登上高台,环视了一下百官后,说:"为人臣子就当护卫主上。而今后党作乱,谋害孝明帝,你们做臣子的不能为主上分忧解难,留着也无用。"言毕,一声令下,两千余铁骑一起杀向百官,上至丞相高阳王元雍、司空公元钦、东平王元略,下至正居丧在家的黄门郎王遵业兄弟,包括孝庄帝的兄弟元劭等人,不分良奸,无一人幸免。河阴血流成河,黄河水都被染成了血色,很久才消失。

河阴之变中,洛阳的鲜卑贵族和出仕北魏政权的汉族大家被消灭殆尽。尔朱荣担心自己杀人太多,会引起民愤,所以不敢留居洛阳,而是退守到晋阳(在今山西太原西南),对洛阳遥控指挥。洛阳经北魏孝文帝迁都以来数十年的发展,已成为北方的政治、经济和文化中心。河阴之变后,洛阳城内也发生了大规模的恐慌和骚乱,一些在洛阳城中的北魏官吏纷纷出逃,京城昔日的繁华荡然无存。

胡太后修宝塔

胡太后执政后期私行不检,骄奢淫逸,因为害怕死后遭受报应,坠入地狱,她转而信仰佛教,以寻求精神庇护。为了获得精神上的解脱,胡太后下令,所有官员的俸禄都要削减十分之一,用来支持修建佛寺永宁寺。用全国官员十分之一的俸禄修建的永宁寺,富丽堂皇,寺里供奉的佛像有用金子塑的,也有用白玉雕的,高的一座有一丈八尺。连行商世界的波斯商人都称赞:永宁寺是世间少有的华丽的寺庙。

据《洛阳伽蓝记》记载,永宁寺中间有一座九层浮屠塔,塔高九十丈,塔顶柱高十丈,离地千尺。京师百里之外的地方都可以看到浮屠塔。宝塔四周都是金宝瓶,瓶子下面垂着金光闪闪的金铎。浮屠塔共有九级,每一级、每一角都悬有金铎,上下合有一百二十铎。每当夜深人静时,微风吹过,铃声叮叮当当,声闻十余里。浮屠有四面,每一面有三扇门和六格窗,门都是朱漆的。每一扉扇上,都有五行金铃;十二扇门,二十四格窗,一共有五千四百枚金铃。

寺里还有一千余间僧房,雕梁粉壁,叫人看了眼花缭乱。据说自从佛教传到中国以后,像这样华丽的寺院,还从来没有过。

可惜,这样一座倾举国之力建造的华丽塔寺,在534年遭雷击毁于大火了。

北魏的分裂

北魏孝文帝迁都洛阳以后,曾经两次调动大军攻打南齐。由于南齐军民的抵抗,北魏没有胜利。499年,南齐派兵攻打北魏。魏孝文帝带病抵抗,打退了齐兵。不久,孝文帝因病去世。

魏孝文帝死后,魏宣武帝元恪继位,北魏国势开始衰落。魏孝明帝即位后,因为年纪太小,所以他母亲胡太后临朝。胡太后是个专横奢侈的人,她在皇宫旁边建起一座气势宏伟的永宁寺,又在寺中建造了一座九十丈高的九层宝塔。

北魏的统治者还动用大量人力、物力,开凿石窟,建造佛像。在迁都洛阳之前,他们花了三十多年时间,在云冈(今山西大同)开凿大批石窟,建造了大小佛像五万尊以上。从宣武帝到胡太后,他们又在洛阳龙门山开凿石窟,建造佛龛。这些石窟和佛像表现了我国古代劳动人民高超的雕塑艺术水平,但也大大加重了当时劳动人民的负担。

北魏前几代皇帝励精图治,使得国力强盛,统治阶级趁机也搜刮了不少财富。有一次,胡太后偶然到库房去看,发现那里堆积的绫罗绸缎多得用不完。于是,她就想出一个主意,下令叫贵族大臣都到库房里来,让他们把绫罗绸缎搬走。她规定各人凭自己的力气,拿得动多少就拿多少。

这些贵族大臣都是些贪得无厌的家伙,他们吵吵嚷嚷地都想多拿一些。可是,他们平时养尊处优惯了,哪里拿得动多少。陈留公李崇、章武王元融两个人背的绢最多,他俩累得汗流浃背,刚迈开步,就连人带绢跌倒在地上。李崇闪了腰,元融崴了脚,都躺在地上哼哼唧唧地叫疼。

胡太后见了,就派人把他们两人背的绢全夺了回来。两个大臣"偷鸡不成蚀把米",一瘸一拐地空手出了宫门。宫里宫外的人看见了,都笑得前仰后合。

有胡太后带头,下面的各贵族也在互相比阔气。

北魏的皇室贵族这样穷奢极欲,当然得向百姓穷凶极恶地搜刮。百姓忍受不住,终于起来反抗了。

那时候,北魏在北方边境设立了六个镇,并派了将士防守。523年,怀荒镇(在今河北张北县)士兵杀镇将于景起义。不久,沃野镇(今内蒙古巴彦淖尔市乌拉特前旗)的匈奴人破六韩拔陵("破六韩"是姓)发动起义。其他镇的兵士也纷纷响应,反对北魏的起义势力越来越大。后来因为北魏勾结北方的柔然共同镇压,所以六镇兵士的起义失败了。

北魏政府为了防止六镇兵民反抗,便把谋叛的二十多万六镇兵士都押送到冀州、定州、瀛州(均在今河北)。这些兵士哪里肯受朝廷的奴役,于是在河北又点燃了起义的火焰。鲜卑族的葛荣率领起义军,进攻瀛州。北魏朝廷派章武王元融为大司马,广阳王元渊为大都督,率领大军镇压。

那些只知吃喝玩乐的贵族哪里会打仗。葛荣起义军到了博野之后,就派出一支轻骑兵偷袭了元融的大营。元融没有防备,被起义军杀死了。元渊听到元融被杀,便退到定州,后被葛荣的骑兵杀死了。

葛荣把各路起义兵士都合在一起,号称百万,声势浩大,准备向洛阳进军。这时候,秀容有个部落酋长叫尔朱荣,他手下有几千名强悍的骑兵,专门和农民军作对。于是北魏孝明帝就利用尔朱荣的兵力来对付葛荣。

葛荣认为尔朱荣的人马少,容易对付。因此,他让兵士在几十里的阵地上散开,准备围捕尔朱荣。谁知尔朱荣把兵埋伏在山谷里,他先是发动精兵突击,把葛荣的兵士冲散,然后再前后夹击。结果起义军行动失败,葛荣本人也被杀了。

葛荣起义失败后,北魏内部也发生了大乱。尔朱荣和胡太后、孝明帝在内乱中互相残杀。

最后北魏的实权落在两员大将高欢和宇文泰手里。宇文泰立元宝炬为皇帝，即魏文帝，建都长安。高欢立元善见为皇帝，即魏孝静帝，建都邺（今河北临漳县西南）。从那时候起，北魏就分裂成两个朝廷。历史上把建都在长安的叫西魏，建都在邺的叫东魏。

郦道元

《水经注》是我国古代的地理学名著，它的作者是北魏地理学家郦道元（约470—527）。郦道元出生于官宦家庭，他从小就对各地人文风物非常感兴趣。父亲的书房是他最爱去的地方，他常常对《山海经》《汉书·地理志》《禹贡》《水经》等地理书爱不释手。

郦道元爱读地理书，但读多了就觉得那些书有美中不足之处。他把不同时代的地理书放在一起比较，发现古代的地理书写得过于简略，现代的地理书虽然详细一些，但缺少现代地形和古代地形的比较，因而看不出地理变迁的情况。他把自己的观点跟父亲说了，父亲很高兴，鼓励他写一本新的地理书。

郦道元十几岁的时候，家里来了一位姓王的先生，王先生见多识广，走过很多地方。父亲让郦道元跟王先生出去游历一番，郦道元高兴极了，他请求王先生让他的几个朋友一起去，王先生答应了。郦道元和朋友们便跟着王先生在青州各地游玩，大自然的美景让他们兴奋不已。王先生告诉他们，旅行不仅仅是为了好玩，还是一种积累知识的好方法。王先生还告诉他们，司马迁20岁的时候离家游历四方，十年间行程上万里。他每到一个地方，都要寻访古迹，收集资料，有了这十年的积累，他才能写出流传千古的《史记》。

郦道元成年后，做了许多官。在处理政务之余，他总要对当地的地理情况进行一番考察。有一次，他在黄河南岸的陕县游览时，当地官员告诉他，秦朝铸的一尊铁人落进了河里，所以这一带的黄河波浪高达几十丈。郦道元不信这种说法，他带了几个人到黄河边实地考察，发现这里确实巨浪滔天。郦道元注意到黄河两岸是陡峭的石壁,河中间有一个由两块石头堆成的岛屿,这个岛屿把河水分成三股。

"这里的大浪不是铁人造成的。"郦道元指着河中的石头岛屿对身边人说,"而是山崩落下的石头堵塞了河道,才激起这么高的浪。"

郦道元不仅做学问认真,而且为官也十分正直,因此得罪了不少权贵。518年,郦道元被革了官职。为官期间,郦道元走过了很多地方,收集了许多资料。现在没有了政务的牵制,他便打算写一本新的《水经》,以详细记载各条河流及流经地区的地理情况。他埋头写作多年,最终写成了一部四十卷的《水经注》。《水经注》虽说是给《水经》作注,但它的文字量要比《水经》多得多,记载的河流比原书多了近一千条,原书中很多错误的地方也得到了纠正,除此之外,这本书还增加了很多生动的描写。《水经注》既有地理知识,也有历史知识,而且它的文字优美传神,比如其中有一段记述长江三峡的文字:

春冬之时,则素湍绿潭,回清倒影。

绝巘多生怪柏,悬泉瀑布,飞漱其间。

清荣峻茂,良多趣味。

郦道元离开官场多年后,北魏朝廷再次任用他,让他到汝南任职。汝南有个叫丘念的恶霸,仗着汝南王的势力为非作歹,干了很多伤天害理的事,老百姓都对他敢怒不敢言,就连官府也奈何不了他。

郦道元上任后,马上派人调查丘念,从而掌握了他的很多罪证。然后,郦道元命人在丘念的必经之路上将他抓了起来。汝南王元悦连夜赶到京城,向孝明帝的母亲胡太后告状,说郦道元乱抓无辜。胡太后听信了元悦的话,下旨要郦道元放人。而郦道元在听说元悦上京城告状后,就命人马上处决丘念。等元悦拿着胡太后的亲笔旨令回来时,丘念已经被斩了。元悦于是怀恨在心,总想找机会报复郦道元。527年,雍州刺史萧宝寅叛乱。元悦见报复郦道元的机会来了,就先向朝廷建议派郦道元出任关右大使,然后向萧宝寅散布消息,说郦道元要和他作对。萧宝寅得到消息后立即发兵包围郦道元家,将郦道元杀害了。

郦道元一生治学严谨,为官清廉,他编写的《水经注》不仅有很高的科学价值,也具有很高的文学价值。

贾思勰

一千四百多年以前的南北朝时期,北魏有一位杰出的农业科学家,叫贾思勰(生卒年不详)。贾思勰是益都(今山东寿光)人,他所著的《齐民要术》是一部总结农业生产技术的著作,也是我国现存的一部最古老、最完整的农书。

贾思勰之所以能写出这样一部书,跟北魏时期我国北方农业生产的发展是分不开的。魏孝文帝的改革,有力地促进了北方的民族大融合。各族劳动人民在生产劳动中不断地互相学习,少数民族学到了汉族的农业生产经验,汉族也学到了少数民族的畜牧业生产经验。农业有了畜牧业的配合,从耕种到收获,有更多的畜力可以利用,肥料的来源也大大增加了;畜牧业有了农业的配合,牧畜的饲料增加了,牧畜的用途也更广泛了。

贾思勰读过许多书,知识非常渊博。北魏的高阳郡(今河北高阳县东)是当时农业生产比较发达的地区。贾思勰在那儿做太守的时候,一方面努力读书,学习前人总结的生产经验;一方面不辞辛苦地深入民间,向农民、牧民学习生产知识。有时候,他自己也种些地,养些鸡鸭牛羊。他还把民间关于气候、季节、耕种、畜牧的谚语歌谣收集起来,仔细地加以分析,把合理的内容记下来。贾思勰从书本中和实践中积累了大量资料,为写好《齐民要术》打下了非常坚实的基础。

有一次,贾思勰养了两百只羊,因为饲料不够,不到一年羊就死了一大半。后来,他又养了一群羊。这一次,他事先种了二十亩大豆,把饲料准备得足足的,可是羊还是死了不少。到底是什么原因呢?贾思勰听说百里外有一位养羊能手,就跑去向他请教。老羊倌仔细询问了贾思勰养羊的情况,终于找出了羊的死亡原因。

原来贾思勰把饲料随便扔在羊圈里,羊踩来踩去,拉屎撒尿都在上面,这样的饲料羊是不肯吃的,因此就饿死了。贾思勰在老羊倌家里住了好多天,仔细参观了老羊倌的羊圈,学习了老羊倌的一套养羊的经验。他回去照着这些方法养羊,效果果然很好。

贾思勰到过山东、山西、河南、河北等许多地方,他向各地农民虚心请教,从他们那里学到了不少宝贵的生产经验。例如,长着茅草的地要先赶着牛羊在上面踩过,七月间再翻地,茅草才会死去;选种要选长得饱满的、颜色纯洁的穗子,割下来高高挂起,到来年春天再打下来做种;在风大霜重的山地种谷子,应当选用茎秆坚强的品种,在潮湿温暖的低地种谷子,应当选用茎秆比较柔弱、生长茂盛的品种。这些方法都是向富有生产经验的农民学来的。

贾思勰为什么要研究农业生产的经验呢?他认为农业生产跟人民生活的关系极大,国家能不能强盛,主要在于重视不重视农业生产,而要发展农业生产,就必须提高科学技术水平。于是,他亲自进行农业生产活动,总结当时的经验,研究前人的成果,用毕生精力写出了一部农业科学巨著——《齐民要术》。

《齐民要术》这部书,既记载了前人的生产知识,又总结了当时的生产经验,还讲了贾思勰自己的亲身体会。同时,他也对许多具体事例从理论上做了说明。

北魏时期,并州(治今山西太原市晋源区)不产大蒜,农民想种大蒜,就得从朝歌(治今河南淇县)买来上等蒜种,可是种下去以后,收获的却是蒜瓣很小、味道也不辣的小蒜头。贾思勰认为,这是因为地势、土壤、气候不同的缘故。因此,种什么庄稼,必须要先了解当地的自然条件,种植适应当地条件的作物,才能用力少,收成多。

贾思勰主张从事农业和畜牧业生产,要注意实际的效果,不要只看到表面的形式。他以养鸡为例,养鸡的人喜欢生蛋多的鸡,那就要选秋天或冬天孵出的鸡种,不要选春天或夏天孵出的鸡种。秋冬孵出的鸡虽然个子小,毛色浅,脚也细短,外表并不好看,可是生蛋多,又会孵小鸡;春夏孵出的鸡虽然个子大,脚长得粗壮有力,外表健美,但却爱到处逛荡,不爱生蛋。因此,要想多收鸡蛋,就应当根据实际效果来选择鸡种。

贾思勰写《齐民要术》,注重实事求是。他对古书记载的或听人说的一些谷类和瓜果,凡是出产在外国,自己没有亲眼见到的,就只在书上记个名字,不写种植方法。因为不知道的东西,决不随便说。

《齐民要术》全书共九十二篇,约十一万字。内容十分广泛,从农作物耕种讲起,一直讲到怎样做醋和酱。凡是有关利于生产和改善生活的事情,几乎都讲到了。这部很有价值的农业科学著作,不仅是贾思勰个人的心血结晶,也是我国古代北方劳动人民生产经验的总结,在世界农学史上有着重要的地位。

两面高欢

高欢(496—547),一名贺六浑,渤海蓚(tiáo)(今河北景县)人,出身卑贱。北魏正光四年(523年),六镇起义爆发后,高欢参加义军,后投奔在起义中壮大势力后控制朝政的尔朱氏。因其能言善道,遇事有心计,尔朱叔侄都把他当作心腹。高欢看不惯尔朱氏残暴蛮干的理政方式,一直想起兵单干,但苦于没有人马。

一日,高欢听说尔朱兆正在为六镇起义的二十多万散兵闹事而头疼,他知道自己一直等待的机会来了。他马上去见尔朱兆说:"这些散兵成为流民,天天闹事,关键是没有人管理。"尔朱兆觉得高欢说得很对,就准备选一人管理散兵。尔朱兆在选人时,高欢故意说:"我只配给大王打下手,跑跑腿,这种安天下的大事,是不配去做的。"尔朱兆听高欢这样贬低自己,反而觉得过意不去,就决定让高欢去管理这些散兵。

高欢接到兵权后,便马上带领二十万散兵以找粮为由,离开了尔朱兆的管辖。不料他在路上抢了从洛阳来的尔朱荣的妻子的三百匹马这件事,引起了尔朱兆的疑心。尔朱兆亲自带兵追上高欢。高欢指天发誓:自己抢马完全是为了防备山东的盗贼,如果尔朱兆不相信他,可以一刀砍了他。尔朱兆见高欢如此诚恳,就打消了疑虑。

高欢率部来到河北地界,一方面结交不满尔朱氏的豪强,密谋起兵反抗尔朱兆;一方面上书朝廷表示已安置好散兵。尔朱氏不知高欢的密谋,还封高欢为渤海王。

不久,洛阳的尔朱世隆和晋阳的尔朱兆发生内讧,高欢觉得自己起兵的时机已到。于是他对部下说:"我刚收到尔朱兆的命令,他要从你们当中挑选一万人当家奴。今天被挑选上的家奴就得离开,否则就得死。"队伍中很多人说:"做家奴早晚是死,还不如造反,也许我们还有活命的机会,您就当我们的首领吧。"见此情形,高欢沉下脸来说:"你们以前散漫惯了,要造反就必须有严格的军纪,必须做到不欺压汉人,不违犯军令。否则我们刚起义就会被打败,成为天下的笑柄。"众人都表示愿意听从号令。

接着为了团结队伍,高欢用鲜卑话对队伍中的鲜卑人说:"汉人为我们提供吃穿,我们不应该欺负他们。"接着,又用汉话对队伍中的汉人说:"鲜卑人替我们打贼寇,保我们平安,我们不应该仇恨他们。"高欢利用他是汉人和鲜卑人的双重身份当两面人,说两面话,把鲜卑人和汉人撮合在一起,为自己打天下。

531年,高欢宣布讨伐尔朱氏,并于同年10月立元朗为帝。尔朱氏内部不和,互不相助,于是起义军一路攻城拔寨。后洛阳政变,尔朱世隆被杀。532年,高欢入洛阳,另立孝文帝的孙子元脩为帝,史称魏孝武帝,高欢任大丞相。随后,高欢派兵攻打晋阳,尔朱兆兵败自杀了。

邙山大战

532年,高欢彻底铲除了尔朱氏的势力,废尔朱氏拥立的节闵帝,改扶植平阳王元脩登基,是为北魏孝武帝。孝武帝迎娶高欢长女为皇后,高欢成为北魏国丈,权倾朝野。高欢身兼丞相、大将军等职,把持朝政。孝武帝不满高欢专权,多次谋求除掉高欢。

534年,孝武帝想借向南讨伐梁国之名,率军攻伐驻扎在晋阳的高欢,为掩饰他在洛阳征调士兵,孝武帝声称要在洛阳京郊举行阅兵仪式。高欢识破孝武帝的意图,马上带领二十万人马进京,表示要帮助孝武帝南伐梁国。孝武帝听闻高欢率军二十万进京,吓得惊慌失措,便投奔了关西宇文泰(507—556)。

宇文泰原是尔朱荣的手下大将,尔朱荣被消灭后,宇文泰归附高欢,总领关西军政大事。宇文泰得知孝武帝要投奔自己,喜不胜收。宇文泰早有自立之意,想效仿曹操"挟天子以令诸侯"。为此,宇文泰出兵帮助孝武帝阻击高欢,迎立孝武帝。高欢没有追赶上孝武帝,回洛阳后就拥立了年仅10岁的清河王世子元善见成为傀儡皇帝,是为孝静帝,高欢迁都邺,是为东魏。孝武帝在长安复位,宇文泰总理军政。同年12月宇文泰杀孝武帝,立元宝炬为帝,是为文帝,定都长安,是为西魏。北魏由此一分为二。

高欢和宇文泰都想统一北魏,因此东、西魏战争不断。543年,东西魏再次爆发大战——邙山之战。这一年,高欢手下驻守军事要地虎牢关的大将高慎投降宇文泰,宇文泰率军赶到洛阳接应。高欢不容虎牢关落入西魏之手,亲自领兵十万进行拦截。双方在洛阳北面的邙山相遇,展开对决。

宇文泰兵力不如高欢,正面对战,屡屡受挫。两军刚一相接,宇文泰大军就被高欢的大将彭乐率领的数千骑兵击溃,宇文泰转身逃避,彭乐一直紧咬不放,一路追赶,宇文泰狼狈不堪。最后彭乐被宇文泰说动,他害怕剿灭宇文泰后,自己走上"兔死狗烹"的结局,于是手下留情放过了宇文泰。高欢知道后,大骂彭乐,但因彭乐进攻宇文泰有功,也没受到惩处。

正面对战屡屡失意,宇文泰只好暂时休整,以另谋他策。不久机会来了,高欢军中一士兵因犯错被打了军棍,心中不忿,就投奔了宇文泰。宇文泰从他口中探知了高欢的军事部署。宇文泰调整部署,率军绕过高欢主力,直奔高欢大帐。高欢护卫士兵猝不及防,几乎尽数被俘,高欢出逃时战马也被射死,幸得手下亲信让出坐骑,拼死抵抗,高欢才逃出了包围圈。

宇文泰从俘虏的士兵中探得高欢逃跑的方向,便立即派太师贺拔胜率十三轻骑,快马追赶。高欢命不该绝,追捕中,贺拔胜多次与高欢仅距一箭之地,偏偏贺拔胜因匆忙追赶高欢,而没有携带弓箭。不久高欢主力得知消息,前来接应。贺拔胜孤军不敢深入,只得返回。

高欢劫后逃生,马上组织主力部队反攻宇文泰。宇文泰的阵势顷刻被冲散,大败而逃,宇文泰也险些被俘。幸亏宇文泰手下大将组织残余人马从两翼扰乱追兵,才使宇文泰死里逃生。

邙山一战,宇文泰几乎全军覆没,高欢手下大将也多有伤亡,已无心再战。高欢夺回虎牢关后,也下令退兵。宇文泰和高欢各自班师回朝休养生息,以图他日再战。

杜弼冒冷汗

北魏分裂为东魏、西魏后,高欢任大丞相,控制东魏。他为了控制国内的局势,想一手拉着汉人,一手拉着鲜卑人,希望大家能够和衷共济,共同为他效命。而事实上,东魏一直是鲜卑人把持朝政,汉人只是任一些低等的官职。

鲜卑人自恃位高权重,看不起汉人官员,对汉族百姓更是想杀就杀,想打就打,烧杀掳掠无恶不作。

行台郎中杜弼(生卒年不详)进言高欢说:"胡人对汉人的贪污暴虐过于严重,不利于社会的稳定,希望大丞相严加惩治,以维系人心。"

高欢对杜弼说:"我知道朝野上下对胡人贪污暴虐意见很大,我也很想惩治他们,但现在不是时候哇。大战在即,人心稳定是关键。军队中很多将士的家都在西魏,西魏一直用将士的家属诱降这些将士。如果这些将领再受到惩治,他们一定会投靠西魏,等我打完这一仗,再说吧。"

高欢话音刚落,杜弼就站起来对高欢说:"大丞相此言,我不能认同。我以为正因为大战在即,所以更要肃清朝野上下的不满情绪,只有惩治了胡人的贪污暴虐,才能稳定汉人的情绪,才能保证大战时后方的稳定。连年征战,汉人民众早已不堪重负,不满情绪一触即发,胡人的贪污暴虐随时有可能引起汉人民众的反抗。如果在对外作战时期,洛阳城内发生内乱,后果不堪设想啊。"

听了杜弼的话,高欢脸色阴沉了下来,沉声问:"那依你之见,应该如何呀?"

杜弼说:"我以为出兵前,一定得先除内贼。"

高欢问:"你认为谁是内贼?"

杜弼昂声说:"鲜卑勋贵任意掠夺百姓,无法无天,危害朝局,实为内贼。"

高欢看了看杜弼,没有说话,"啪啪"一拍手,一队士兵,分两列站在了大殿门口的两侧,两侧士兵手里的兵刃互相交叉,完全形成了一个兵刃过道。

看着眼前的兵刃过道,杜弼脸色苍白,不知高欢是什么意思。高欢看了看杜弼,缓缓地说:"从这里走出去。"

杜弼看着闪着冷光的兵刃,浑身直冒冷汗。杜弼心想:是自己的话惹怒了高欢?高欢是要杀了自己吗?但他不敢违抗命令,只有硬着头皮往前走。

杜弼低着头,一步一步小心地往前挪。闪着寒光的兵刃映着杜弼毫无血色的脸,杜弼身上的冷汗随着前胸后背往下淌,脸上的汗流到眼睛了,他也不敢抬手擦汗,生怕哪个动作激怒了两边的卫兵。

杜弼哆哆嗦嗦地通过了兵刃通道,士兵的兵刃也没有砍下来。杜弼更是不明白高欢的用意,他慢慢回转身,用疑惑的眼神看着高欢。高欢看着杜弼,扬声说:"杜郎中觉得怎么样?出了不少汗吧?害怕吗?这和将士冲锋陷阵相比,根本不值一提,将士们即将出战,百死一生,现在你要我清算他们,你觉得合适吗?"

杜弼脸色苍白,摇头说:"不合适,不合适。"从此,杜弼再也不敢提惩治胡人的事了。

侯景之乱

侯景(生卒年不详)原本是北魏怀朔镇(今内蒙古固阳西南)的戍兵,后来渐升为功曹史。北魏末年六镇起义时,侯景率部众投靠秀容部落首领尔朱荣,参与镇压起义,因大破义军、活捉葛荣被擢升为定州刺史。后来高欢灭尔朱荣,侯景又归附高欢。侯景狡诈多变,残忍暴虐,但掠来的财宝皆赏赐将士,所以能得将士效力而所向无敌。侯景后来官居要职,拥兵十万,专制河南,权力仅次于高欢。

547年,高欢去世,其子高澄执政。侯景一向轻视高澄,而高澄则忌惮侯景,于是高澄征调侯景入京,以剥夺其兵权。侯景唯恐被杀,就投降了西魏,但西魏也调侯景入京,因而侯景转而求降于梁。梁朝大臣对此多表示反对,而梁武帝竟说夜梦太平,侯景求降正符合梦境,于是封侯景为河南王。

梁武帝遣将率军救援侯景,结果被东魏大败于寒山,主帅萧渊明被俘,几乎全军覆没。接着,东魏又进击侯景,侯景大败,南逃到梁。梁武帝写信给东魏,说如果东魏把萧渊明释放,那他就把侯景送还给东魏。侯景知道这个消息以后便决定再次叛乱,548年,他暗中勾结野心篡位的梁武帝之侄萧正德做内应,发动叛乱,领兵南下,直抵长江。梁武帝完全没有防范,只好命萧正德保卫京师,而萧正德却派船接侯景叛军过江,迎进建康,包围台城(即宫城)。

侯景进入建康后,纵兵抢掠。他过江时兵不过数千,马不过数百,而当时台城中尚有百姓十余万,甲士两万多,四方援军相继奔赴建康者三十余万。但援军无统一指挥,多持观望态度,宗室诸王屯兵不前,只想保存实力以夺取皇位。549年,侯景攻陷台城。城破之时,城中只剩下两三千人,尸骸堆积,惨不忍睹。侯景又东掠三吴,使富庶的长江下游地区千里没有人烟。侯景得势后,杀死萧正德,把梁武帝软禁在台城。不久梁武帝在台城死去。侯景立萧纲为帝,也就是简文帝。551年,他又废萧纲改立萧栋为帝。不久,侯景终于废萧栋而自称帝,改国号为汉。次年,梁将王僧辩、陈霸先大败侯景军,攻下建康。侯景企图乘船出逃,后被部下杀死。

喜怒无常的高洋

高洋(529—559)是东魏权臣高欢的第二个儿子。高洋幼年,长相丑陋,沉默寡言,不得母亲的欢心;但高欢认为高洋沉稳大度,大智若愚,是可造之才。一次,高欢想看看几个儿子中谁最聪明,就给每个人发了一大团乱麻,要求他们清理。高洋的兄弟们,纷纷蹲下身来,全神贯注地理着乱麻。高洋看着兄弟们越理越乱的麻绳,便抽出快刀,几刀砍下去就将一团乱麻分成了一缕缕短麻,第一个理好了麻绳。

东魏孝静帝元善见,年仅10岁继位,由高欢辅政,朝政皆出于高氏。高欢去世后,高欢长子高澄继承父职,高氏权势更大。高澄以大将军身份兼相国,被封为齐王,甚至可以带剑上殿朝见。高澄距离皇位仅有一步之遥,在迫使孝静帝禅位前夕,高澄被刺身亡。高澄死后,高洋继承父兄职位。高洋做事果敢,次年就逼迫孝静帝禅位,自立为帝,国号齐,追封高欢为献武皇帝。

高洋为人残暴，喜怒无常。登基之初，高洋召集大臣，商量改年号。有大臣提议改年号为天保，寓意上天护佑，帝业万年。大殿上的大臣们，都觉得天保这个年号好，一致认为应该改年号为天保。高洋看着纷纷说"好"的大臣们，阴着脸，缓缓开口说："天保寓意是好，但'天保'两字拆开来不就是'一大人只十'吗？你们是在咒我在位只有十年吗？"

高洋这话真是诛心之言哪，刚刚还站着的开国功臣们，赶紧跪地磕头，连称不敢。高洋看着大殿上磕头如捣蒜的大臣们，哈哈大笑着说："都起来吧，朕不怪你们，能做十年的皇帝就够了。"最后高洋真的改国号为"天保"。一语成谶（chèn），高洋果真在位十年。

一次，高洋朝会，忽然问大臣："汉光武帝刘秀为什么能打败篡权的王莽，实现中兴？"有大臣回答说："那是因为王莽没有把汉皇室杀干净。"高洋想起自己代东魏建立北齐时，东魏的皇族还大量存在，于是他马上下令将前朝宗室七百二十一人全部杀死。尸体全都扔进漳河，很长时间内，漳河中鱼的腹内都是残留的人的脚指甲。

高洋喜怒无常，嗜杀成性，他在位时，被判决死刑的囚犯都要被送到皇宫中，供其杀以取乐。后来高洋杀的人太多，死囚供不上来，他就拿正在审讯的犯人充数。高洋出巡都要带着供他杀戮的囚犯。高洋嗜酒如命，而且每次喝酒，都要杀人助兴。为此高洋特意在金銮宝殿上设了一口大锅和一把锯子，以备杀人用。一次，高洋喝酒，酒兴正浓，忽然想起自己还未登基时大臣高隆之对自己不礼貌，马上就把高隆之杀了。杀了高隆之以后，高洋还不解恨，就把高隆之的二十多个儿子唤到近前，排成一排，高洋一声令下，二十多颗人头同时落地，高洋这才高兴起来。

一次，高洋询问已经出嫁的乐安公主的婚后生活，公主说："一家人都极尊重我，只有婆婆不怎么喜欢我。"于是高洋立刻骑马赶到公主的婆家，抽出佩刀，一刀砍下了公主的婆婆的头。

高洋对嫔妃也是一样喜怒无常。一次高洋到与自己有私的宠妃薛贵嫔姐姐家中吃饭，酒过半巡，薛贵嫔姐姐求高洋为自己父亲安排高位。高洋大怒，就用锯子将她杀了。一天，高洋正在与薛贵嫔饮酒作乐，忽然想起薛贵嫔曾经与他人有暧昧关系，勃然大怒，当场就把薛贵嫔的头砍了下来。高洋还用薛贵嫔的腿骨做了一个琵琶,薛贵嫔出殡时,高洋跟在后面,蓬头垢面,一面弹一面唱:"佳人难再得。"

高洋母亲娄太后见高洋嗜杀成性,喜怒无常,非常生气。一次高洋酒醉,又要杀人,娄太后举起手杖朝高洋打去,大骂:"你父亲怎么会有你这样的儿子?"高洋回嘴道:"你这老太婆还敢骂我,明天我就把你嫁给胡人去当老婆。"娄太后当场被气得昏了过去。高洋酒醒后,用鞭子痛打了自己一顿,发誓以后戒酒,结果始终也没有戒掉。天保十年(559年),高洋因为长期嗜酒,身体亏空,食不下咽,3日而亡,年仅30岁。

高洋的不"肖"的儿子

虽北齐文宣帝高洋嗜酒如命,酒酣之后,性情无常,不管是侍卫还是弟弟,稍不如他意,他就非打即骂;但高洋的儿子高殷和高洋的性情完全不一样,高殷从小性情温和,机敏聪慧,5岁时就被立为了皇太子。

高殷的母亲李夫人是汉人,高殷受母亲的影响,从小便熟读儒家经典,关心民间疾苦,很有帝王风范。高洋觉得高殷文雅有余,豪放不足,不像自己,因此多次想改立太子,但都被尚书令杨愔劝阻了。不能改立太子,高洋决定好好调教一下高殷。

一次高洋又要杀人取乐,就把高殷叫来练胆。高洋就先让高殷在边上看着,自己拿过一碗酒,一仰脖,一口气喝了下去,然后把碗一扔,上去朝着一个囚犯的脖子就是一刀,手起刀落,囚犯的人头滚落当场。高洋看着落地的人头,满地的鲜血,哈哈大笑。在一边看着的高殷,吓得哆嗦着说不出话。看到高殷害怕的样子,高洋不耐烦地走到高殷面前,把刀塞到高殷的手里,一把把高殷推到了台中央。

这时的高殷刚刚9岁,拖着比自己矮不了多少的长刀,站在囚犯面前,实在不敢挥动手里的刀。站在旁边的高洋不耐烦地喊了一句:"砍哪,站着看什么?"高殷哆哆嗦嗦地拿起刀,砍了一下,结果只在犯人的脖子上砍了一道伤口,血流了很多,犯人疼得直叫。犯人一叫,高殷更哆嗦,更不敢下手了。高洋一看高殷这个样子,气得拿过马鞭抽了高殷三下,高殷被犯人吓到,又被高洋抽打,就大病了一场。病好之后,高殷常常心悸口吃,精神也时常恍惚。

559年10月,高洋去世,高殷即位,成为北齐第二位皇帝。为防止谋权篡位事情的发生,高洋临死前诏令尚书令杨愔等人辅佐高殷。在高殷的支持下,杨愔准备对北齐进行全面改革,以此来整顿政治秩序,加强皇权。为了以身效法,给天下人做榜样,杨愔首先奏请高殷免除他的开府封王爵赏,然后给全国70岁以上的军人授予名誉职位,对于那些60岁以上的军官以及重病不胜其职的,一律让他们退休,并且大张旗鼓地将那些无才无德、靠贿赂上台的人全部黜免。这一改革使得政局清明起来,但也激化了各阶层的矛盾。实际控制了北齐军政大权的常山王高演、长广王高湛和太皇太后娄昭君趁机发动兵变,废高殷为济南王。高殷后被高演杀害,年仅16岁。

高殷在位期间,励精图治,对民生极为关心,曾分派使者巡察四方,访求政事得失,考察风俗,问民疾苦,可称得上一代明君了。

改制兴周

宇文泰虽说是鲜卑武将出身,可他对汉人的治国方法很感兴趣,他看苏绰(498—546)有能耐,就给苏绰升了官。宇文泰让苏绰对朝政改革一番。苏绰就写了六条意见。宇文泰很快就以皇帝的名义发布,这就是有名的"六条诏书"。

自魏晋以后的几百年里,像苏绰这么认真思谋国事的大臣少有。宇文泰也觉得做了一件美事,就把这六条诏书放在案头随时看,还下令说:"大小官吏,谁都得把这六条诏书背熟了,还都得会记账、算账,不然就不许他当官!"这么一来,苏绰的名气就大了,找上门向他请教的人一个接着一个。之后,他又制定出军队、官吏、户籍、记账等制度。这些制度后来沿用了几百年。苏绰自己也是说到做到,他生活俭朴，办事廉洁，当了官也没置办什么家产。自身正直，管起别人来就没人敢不听。

可是他也被累坏了，在同州（治今陕西大荔县）巡察的时候，得了病，结果死在了任上，死的时候还不到50岁。宇文泰接到报告后，心疼得差点晕过去，他亲自到同州料理苏绰的丧事。他难过地对大伙说："苏尚书平生简朴，我想成全他的气节，但又怕别人说我对他不厚道；可要厚葬，又违背了他的心愿，真不好拿主意。"

大臣麻瑶说："春秋齐国的晏婴是有名的贤臣，死的时候只留下一辆破车。齐景公决定简葬，不坏他的名声。如今苏尚书也是一代廉臣，您就应该简约从事，以彰显他的美德。"于是，宇文泰就决定用布车把苏绰遗体装上，送回他的家乡武功（今陕西扶风县东南）安葬。送葬那天，宇文泰和大臣们跟在灵车后面走，一直护送着出了城门外，还洒酒祭奠。宇文泰颤声说："苏绰做的好事，有些连他的家人也不知道，可我知道。我和他是心连心的，正要跟他商量平天下的大事，不料他就去了呀！"宇文泰说着就忍不住大哭起来，不觉间酒杯都掉在了地上。

556年，宇文泰病逝，其子宇文觉自立为帝，废西魏，建立了北周。北周前两位皇帝都被辅国大臣宇文护所杀，于是第三位登上帝位的宇文邕，便忍辱负重，厚积薄发，并于572年一举诛杀了宇文护，后宣布亲政。

周武帝亲政后，很快恢复了宇文泰治国时推行的六条诏书。六条诏书的主要内容是：一要重视人的思想品格；二要培养以朴实为荣的好风气；三要搞好生产；四要不拘门第，选用贤才；五要公正断案；六要公平安排赋税劳役。

六条诏书的实施在西魏收效显著，周武帝因此也制定了很多政策来实施六条诏书。为杜绝豪门大户抢夺贫民土地，隐瞒户口逃税的行为，武帝制定了《刑书要制》，规定：隐瞒户口五户、十个人以上的处死刑；私占土地三顷以上的同处死刑。这一系列政策为发展农业生产起了积极作用。

当时，众多青壮年、和尚、尼姑聚集在寺院，这些人一不种田，二不缴税，三不当兵，还占据了大量田产，严重危害国家发展，于是周武帝下定决心清理寺庙。他召集大臣、和尚、道士的代表一起论辩儒学、道教、佛教的优劣。结果和尚、道士吵得不可开交，周武帝听得不耐烦，就宣布佛教、道教一块被废除，和尚、道士都得还俗，寺院的土地财产一律没收。有和尚说周武帝会遭报应下地狱的，周武帝笑着说：

"只要对百姓有好处,下地狱我也愿意。"当时有好几百万和尚、道士还了俗,这既减轻了百姓负担,还增加了国家收入。

576年,周武帝亲率大军,兵分六路进攻北齐。周武帝骑在马上检阅部队,每见到一个将领,他都叫得出将领的姓名。见一个士兵光着脚,他马上把自己的靴子脱下来,给士兵穿上。周军上下士气旺盛,很快就打到了北齐境内。

北齐后主高纬荒淫无度,不理朝政。周军攻到邺城城下,有大臣劝高纬应该犒军,以激励士气,高纬吓得结巴起来,表示自己不知说什么,大臣只好把要说的话写下来。到了阵地,面对将士,高纬一着急,竟"嘿嘿嘿"地乐了起来。一见皇帝对待战争竟如此儿戏,将士们投降的投降,逃跑的逃跑。577年,邺城被破,高纬及王公、后妃被俘,北齐灭亡。

578年,周武帝病死在出征突厥的征途上,年仅35岁。

周宣帝诛杀忠良

578年,周武帝(543—578)病死在出征突厥的路上,太子宇文赟即位,史称周宣帝。宣帝嗜酒,被武帝打过不少板子。武帝死后,宣帝不仅不悲伤,反而大骂:"老东西,死晚了。"

宣帝即位后,最先做的就是诛杀曾在朝廷上议论自己的王公大臣。叔父齐王宇文宪是周宣帝首先要收拾的对象。宇文宪德高望重,在朝中很有威信,不能直接下手,宣帝决定借刀杀人。

宣帝以齐王王位为诱饵,让自己的老师、辅政大臣宇文孝伯设法除掉宇文宪。宇文孝伯是武帝特意选定的顾命大臣,对武帝忠心耿耿,他拒绝帮助宣帝诛杀忠良。

借刀杀人失败后,宣帝便联络左右亲信,罗织宇文宪的罪名,誓要诛杀宇文宪。宣帝先是以拜宇文宪为太师的名义,骗宇文宪进宫面圣。宇文宪拒绝后,宣帝又假传旨意,宣诸王入宫觐见。宇文宪入宫后,被诬陷意欲谋反。宣帝事先安排开府于智做伪证,诬陷宇文宪在家中藏有皇冠、朝服等大逆不道的东西,坐实了宇文宪谋逆的罪状。一代亲王宇文宪最终被吊死了。

宣帝即位前,曾随武帝西征,在军中犯有过错。军队回来后,宇文孝伯和王轨就把这些事都告诉了周武帝宇文邕,宇文邕大怒,打了宇文赟数十杖。宣帝即位后,因记恨宇文孝伯和王轨向武帝告发自己,就处死了王轨。有人劝宇文孝伯应当远离宣帝,以免受到报复,宇文孝伯回答说:"如今家中有老母,地下有武帝,为臣为子,都应当知道该怎么办。况且接受委托,侍奉他人,已经献身于名誉和道义,规劝而不被采纳,又怎么能贪图活命呢?"因为宇文宪的事,宇文孝伯更加被宣帝疏远。

宣帝荒废事务,迷于享乐,一天更甚一天,而且胡乱杀人,致使朝廷典章废弛混乱,没有法纪。宇文孝伯又连续恳切劝谏。厌倦了的宣帝决定除掉宇文孝伯,他借口齐王之事,责备他说:"你知道齐王谋反,为什么不揭发?"宇文孝伯回答道:"微臣知道齐王忠于国家,他是被那群小人陷害,横加罪名的,微臣认为说了必定无用,所以不说。况且先帝嘱托微臣,命令我辅佐陛下,如今微臣劝谏而陛下不听从,实在是辜负了先帝的嘱托。若把这个当作罪名,我甘心服罪。"宇文赟低头不语,命令把他推出去,赐死家中,宇文孝伯时年35岁。

隋文帝(541—604)杨坚受禅,即位后,他认为宇文孝伯、王轨都是由于忠心耿耿而被治罪的,于是下令将他们重新安葬,恢复他们的官职爵位。

陈后主骄奢亡国

南朝陈宣帝死后,后主陈叔宝(553—604)即位。陈后主自幼生活在深宫,不懂国事,称帝后只知道喝酒享乐,不理朝政。他还大兴土木,建起了三座豪华的楼阁,让他的宠妃们住在里面。陈后主和宠妃们经常在宫里举行酒宴,并邀请宰相江总、尚书孔范参加。他们通宵达旦地喝酒赋诗,还把诗配上曲子,让宫女们边舞边唱。

陈后主穷奢极欲，对百姓大肆搜刮，百姓被逼得流离失所。有个大臣上奏章陈说现状，陈后主就把这个大臣杀了，以至于没有人再敢说真话。陈后主过了几年的荒唐生活后，北方的隋朝渐渐强大起来，他们准备灭掉南陈。

588年，隋文帝派他的儿子杨广率领五十一万大军，兵分八路，准备渡江进攻国都在建康的陈朝。收到警报时，陈后主和宠妃、文人们已经醉得七颠八倒了。后来，警报越来越急，不时有大臣请求商议抵抗隋兵的事，陈后主这才召集大臣商议。不过陈后主自信"王气在此"，根本不把隋兵的进攻放在眼里，还是又照样叫宫女边舞边唱，自己则接着喝起酒来。

589年，两路隋军逼近建康，陈后主这才惊醒过来，城里虽然还有十几万士兵，可是他手下的人都不会指挥作战。隋军顺利攻进建康城，打进皇宫，却找不到陈后主。后来，隋军捉住了几个太监，一问才知道陈后主逃到后殿投井了。

隋军兵士找到后殿，看到果然有一口井。士兵往下一望，发现是个枯井，隐约可见井里有人，士兵们就高声呼喊，但井里没人答应。士兵们便威吓着叫喊说："再不回答，我们要扔石头了。"井里的陈后主吓得尖叫了起来。士兵把绳索丢到井里，才把陈后主和他的两个宠妃拉了上来。南朝的最后一个朝代陈朝灭亡了。之后，隋朝完成统一，这是中国自从317年西晋灭亡起，经过二百七十多年的分裂局面后，又重新获得的统一。

第10章　隋朝

581年，杨坚代北周称帝，国号隋。589年灭陈，统一全国。隋朝不但疆域辽阔、经济繁荣、文化昌盛、人口锐增，而且甲兵强锐，所向披靡，周围民族莫不臣服。隋朝时期兴修了举世闻名的水利工程——京杭大运河，京杭大运河的开凿连通了黄河与长江，为后世几百年的经济繁盛奠定了基础。尤其值得一提的是，隋朝所创立的三省六部制、《开皇律》、州县两级制、科举制等一系列新制度为后世历代所承继。611年，各地农民相继起义，隋朝土崩瓦解。618年，隋炀帝被杀死于江都（今江苏扬州），隋亡。隋朝共历四帝，三十八年。

隋文帝杨坚

541年，杨坚出生。和许多帝王一样，传说他出生时也有祥云出现，但他在青少年时期并不聪明。靠着贵族家庭的关系，他在专门为贵族子弟设立的学校里读过书，但由于成绩不好，被人讽刺，说他不学无术。他也有自知之明，曾自嘲地说自己"不晓书语"。

虽然杨坚读书不行，但凭借父亲的功勋，他在15岁时就被授官散骑常侍、车骑大将军、仪同三司，封成纪县公。北周武帝时，杨坚进位大将军，袭爵隋国公。当朝的柱国大将军独孤信看出杨坚前程远大，就把一个女儿许给了杨坚，此女就是后来有名的独孤皇后。

因为独孤家族比杨氏家族的势力要强大得多,再加上独孤皇后个性泼辣,杨坚可算得上是历史上有名的"惧内"皇帝了。据说因为和皇后吵架,杨坚曾出走深山,几天后才回来。

杨坚的地位也引起了其他人的嫉妒,有些人想除掉杨坚,但杨氏家族以及独孤家族的势力对他起了保护作用,再加上杨坚的长女是北周武帝太子的王妃,所以,他们终究没有对杨坚构成致命威胁。

578年,北周武帝病死,宣帝即位。杨坚的长女做了皇后,杨坚升任上柱国、大司马,掌握了朝政大权,再加上年少的宣帝也比较昏庸荒淫,在群臣中没有威信,于是,杨坚便开始准备取而代之。

杨坚的行动多少让宣帝有所察觉,但因没有真凭实据,宣帝也没法处罚杨坚,何况杨坚还是他的岳父,宣帝就更难下决心处置他。杨坚为了避免皇帝的猜疑,就想到地方上去任职,也为将来形势有变时能利用实力争夺皇位做准备。他把这个愿望告诉了自己的朋友——内史上大夫郑译。

到了580年,机会来了,宣帝决定出兵南征。郑译便向宣帝推荐了杨坚,宣帝对郑译很信任,于是任命杨坚为扬州总管。但是,还没有等杨坚出征,宣帝便一病不起。郑译和御正大夫刘昉做了一个假诏书,以宣帝遗诏的名义宣布:杨坚总管朝政,辅佐周静帝宇文阐。

宣帝死后,杨坚等人并没有立即公布消息,而是趁机用假诏书夺取了军政大权。等一切准备就绪后,这才发布了宣帝去世的消息,并扶助周静帝即位。

杨坚做了辅政大臣后,首先建立了新的领导集团,吸收了一些有才干的人,以稳定政局。然后他又向威胁他地位的宗室各王展开了攻势。

周宣帝的弟弟宇文赞在朝廷中和杨坚的地位不相上下,是杨坚独揽大权的一大障碍。杨坚便派人对宇文赞说:"你不必再这样劳累地参与政事,以后的皇帝位置肯定是你的,你只管回家等着就行了。"宇文赞一来年轻,二来没什么谋略,就信了他的话。

朝廷里没了对手,杨坚就向其他各王下手了。已经成年而且在地方有些势力的王有五个,如果他们联合起兵,杨坚就很难应付。所以,在五个王得知宣帝病逝的消息之前,杨坚便用假诏书将他们召回长安,然后收缴了他们的印信。五个王见无法与杨坚抗衡,便秘密联系在外的另一个王起兵,但不久便被杨坚打败。五个王只好再寻机下手。一次,他们设下鸿门宴,请杨坚去赴宴。幸亏杨坚的随从有所察觉,找了个借口,拉他跑了出来。随后,杨坚便以谋反罪杀掉了主谋的两个王,其他各王不久也被除掉了。宗室势力被消除后,杨坚的称帝之路平坦了许多。

解除了中央的威胁后,地方势力又开始反对杨坚,河南、湖北、四川等地的将领纷纷起兵反叛。通过打与拉两手策略,杨坚在半年后,终于平定了这些地方势力,彻底控制了北周政权,这时做皇帝仅仅是一个形式的问题了。

到了581年,杨坚走了一个前人使用过的体面形式得到了皇位——禅让。他先让人替周静帝写好退位禅让诏书,然后送到自己的王府。杨坚先假意推辞,最后才接受了大家的意见,穿上皇帝服装,登上心仪已久的宝座。

杨坚称帝后定国号为"隋",年号为"开皇"。但都城没有变动,仍在长安。杨坚就是隋文帝。

隋文帝猜忌多疑

隋文帝杨坚是隋朝开国皇帝,自从建立隋朝以来,他实行了许多良好的措施,开创了"开皇之治"。从魏晋以来,历代君主多半懒惰。隋文帝统一南北之后,能采取中央集权制、三省六部制、均田制和租庸调等措施,实在不是一件容易的事。但是,他性格上有一个特点——猜忌多疑。

应该说,隋文帝是一代雄主。但是,猜忌多疑不得不说是他性格中的一大缺憾,刚愎独断更是他作为君王的致命伤。隋文帝自认为明察秋毫,对大臣们一是不信任,事无巨细皆自己做决定;二是异常苛责,大臣们稍有过失就立刻加以重责,尤其是他经常在殿廷之上杖打大臣,时不时就有大臣因为廷杖而死。在这种严酷的情形之下,即便看出隋文帝的决策有失误的地方,群臣百官哪里有胆量开口进谏?更可笑的是,隋文帝有时候因为妄杀大臣而后悔不已,而他反过来会责怪群臣没有向他进谏。伴君如伴虎,这句话用在隋文帝身上可谓恰如其分。

隋文帝对朝政的猜忌也很重。因为他是从孤儿寡母手中得到天下的,所以经常怀疑臣子会暗算或欺骗他,他疑神疑鬼,时常派人暗中窥伺臣子,看他们有没有私下结党营私。一旦发现任何蛛丝马迹,便在殿廷之上杖打大臣,甚至有一天杖打了四次以上。尚书左仆射高颎(jiǒng)等大臣,不止一次进谏隋文帝,认为朝堂非杀人场所,殿廷也非行刑之地。但是隋文帝丝毫不加以理会。

这天,高颎等人为此事又到朝堂直言进谏。隋文帝问领左右都督田元:"我打人的杖重吗?"田元回答:"重。"听闻此言,隋文帝颇为不悦,厉声问道:"为什么说重?"田元说:"陛下的杖粗大如指,杖打三十大板,相当于普通杖具捶打数百板。所以许多人一挨打,回去就没命了。"隋文帝听了虽然相当不开心,但还算能从善如流,此后殿廷之上便不再设杖。如果要处罚人,便交付相应的机关去执行。

过了没多久,楚州李君才上谏说:"陛下是不是过分宠爱高颎了?"一听此言,隋文帝怒由心生,就想杖打李君才,可是殿中已经找不到杖了。于是,隋文帝拿起马鞭对着李君才一顿猛抽,最终把他活活打死了!

隋文帝喜怒无常,往往不按照他制定的法律行事。他最信任的大臣是杨素,而杨素恰巧又是一个小人,擅长上下其手,不顾王法。杨素和鸿胪寺少卿陈延有嫌隙,一直想找个机会整整他。

有一天,杨素路过番客馆(供当时外族的客人居住的房子),见到庭院中有一堆马屎,而番客馆的仆人们正趴在毡毯上大赌特赌,吆五喝六。番客馆正好由陈延管辖,杨素便乘机报告隋文帝,隋文帝马上下令把所有赌博的仆人一律处死,陈延也因此被打得半死。

腐败是封建社会的一大痼疾。腐败愈演愈烈,必然导致封建王朝的崩溃垮台。因此,历代有识之君都将反腐工作放在重要位置,并想出不少别出心裁的惩治办法和防范措施。隋文帝也不例外。他在当事人原本没有违法意图的情形下,以欺骗手段诱使其做出违法行为,然后对其进行惩处,这在现代叫作"钓鱼执法"。

隋文帝这种做法的危害很大,严重损害了皇权的形象与公信力,也破坏了臣民对法律的信守和对法治的信仰,造成了君主与臣民之间相互猜疑,最终必将导致社会道德滑坡,封建王权崩溃。隋文帝经常使用这种政治手腕来驾驭百官,名为反腐,实际上是将其作为驭下的手段,他自然不会加以反省,因此渐渐也就无人敢于进谏了。

隋文帝生性多疑,他对与自己一起打天下,有过汗马功劳的臣子也当然特别不放心,所以朝廷里人人自危。

其中有个功臣叫王世积,北周时功拜上开府仪同三司,开皇九年,随杨广灭陈,以功进位上开府,赐奴婢60人。王世积作战极有功劳,被任命为上大将军。他知道隋文帝气量狭小,专好猜忌,眼看朝中功臣一个个没有好结果,于是他为求自保开始喝酒,绝口不谈时事,希望能置身事外。没有想到,隋文帝听说王世积生了酒疾,竟然命他搬到宫里住,让御医为他治疗。王世积其实酒疾不重,他怕被御医看出来,而让隋文帝发现他有心欺上,那自己的小命就难保了,所以他赶快奏称,酒疾已经不药而愈,于是他被任命为凉州总督。后来他还是因为隋文帝的猜忌,被诬告谋反而惨遭杀害。

锥舌诫子

言为心声,岂能不慎。"刺舌君今犹未戒,灸眉吾亦更何辞"。

贺若敦是南北朝后期北周一位立有大功的大将,以武烈闻名,曾任北周的金州刺史,但因为对朝廷赏赐不公、心怀不满而口出怨言。北周保定五年(565年)十月,贺若敦被当朝权臣大冢宰(官名,北周时是大冢宰卿的省称)宇文护逼迫自杀。

临死前,贺若敦叫来儿子贺若弼,告诫他说:"你今后一定要完成我扫平江南的夙愿。我因为说话不谨慎而死,你千万要接受教训,三思而言哪!"接着,贺若敦用锥子将贺若弼的舌头刺出血,以告诫他要牢记祸从口出,要慎言少说。

贺若弼(544—607),复姓贺若,字辅伯,河南洛阳人,隋朝著名将领。"弼少慷慨,有大志,骁勇便弓马,解属文,博涉书记,有重名于当世。"贺若弼因伐陈有功被封为上柱国,晋爵宋国公,官至右武侯大将军。大业三年(607年),贺若弼被隋炀帝以诽谤朝政的罪名杀害。

贺若弼从小有大志,擅长弓马,也会写文章,名重一时。他曾经是北周的当亭县公、小内史。隋文帝建立隋朝之后，颇想早日平定江南，于是到处寻访可堪重任的大将。宰相高颎对文帝说："朝臣之内，文武才干，没有人比得上贺若弼。"于是隋文帝便立刻任命贺若弼为行军总管，负责平陈大事。平陈是他父亲的遗志，因此贺若弼欣然受命，并献上平陈十策。隋文帝看后，颇为赞许，便赐给贺若弼一把宝刀，表示予以重托。

然而，对于父亲临死前的告诫，贺若弼开始还可以记住，遇事能三缄其口。可随着他在隋朝功成名就，地位日高，便把父亲的箴言和舌头上的伤痛忘到九霄云外了。

伐陈时，贺若弼从北掖门攻入南陈都城建康。当时，陈后主陈叔宝已经被韩擒虎所擒，贺若弼十分气恨，还曾为此与韩擒虎兵戎相见。隋文帝认为贺若弼和韩擒虎有功，便不计较他们之间的过错，均褒赏他们。贺若弼所得的奖赏比韩擒虎多，所封的官爵也比韩擒虎高。

之后，贺若弼接连受到提拔，官拜右武侯大将军。贺若弼自以为功名在朝廷大臣之上，每每以宰相自许。待到杨素被任命为尚书右仆射（相当于宰相），贺若弼被任命为将军时，贺若弼心中便甚为不平，言语间多有表露，因而被免官。隋文帝对他说："我以高颎、杨素为宰相，你经常宣扬说这两个人只能吃饭而已，用意何在？"

"高颎是臣的故友，杨素是臣的舅子，臣知道他们的为人，确实说过那样的话。"贺若弼回答。同他父亲当初一样，贺若弼也因对朝廷封官不满而大发牢骚，于是被免去了官职。尽管这样，他还是不接受教训，反而怨言更多，后来被逮捕下狱。

公卿们趁机上奏贺若弼对皇上心怀不满，罪当处死。幸好隋文帝因他立有大功，便免他一死，仅给他免官为民的处分。一年后，又恢复了贺若弼的爵位，但不再任命官职。隋文帝一针见血地向他指出："你有三太猛：嫉妒心太猛；自以为是、看不起别人的心太猛；目无君上的心太猛！"这的确是贺若弼一生的致命缺点。

杨广为太子时，在东宫曾问贺若弼："杨素、韩擒虎、史万岁三人，俱称良将，他们孰优孰劣？"贺若弼回答说："杨素是猛将，非谋将；韩擒虎是斗将，非领将；史万岁是骑将，非大将。""然则大将谁也？"太子杨广问。"惟殿下所择。"贺若弼再拜而答,言下之意是他以大将自许。

贺若弼作为一个卓越的政治家和军事家,怎么会不知道杨广这个问题的弦外之音呢?他又怎么会不知道杨广很可能登基成为皇帝呢?只是他太骄傲自大,急于在所有人面前表达他才华盖世的心情,这已经超越了他的理智,所以才有之前的官场失意和之后的不得善终。

仁寿四年(604年),杨广即位为帝,贺若弼就更加被疏远了。大业三年(607年)七月,贺若弼随杨广北巡至榆林。杨广命人制造了一个可容纳数千人的大帐篷,用来接待突厥首领启民可汗及其部众。贺若弼认为这太过奢侈,并与高颎、宇文弼等人私下议论,被人所奏。杨广认为他们这是诽谤朝政,607年8月27日,他将贺若弼、高颎及宇文弼等人诛杀。贺若弼时年63岁,重蹈了父亲的覆辙。

贺若敦、贺若弼父子虽才华横溢却落得如此下场,坏就坏在他们喜欢夸耀、挖苦、批评、抱怨。如果贺若弼记得父亲临终之言和用锥子刺他舌头的用心,就不会令人如此唏嘘了。

名臣高颎

隋朝名臣高颎家中有一棵柳树,有百尺多高,繁茂挺拔,如同车盖。在他小的时候,乡里的老年人常说:"这家要出大贵人。"

高颎(?—607),一名敏,字昭玄,渤海蓚(今河北景县)人,是隋朝杰出的政治家、战略家。其父高宾是上柱国独孤信的僚佐,官至刺史,曾被北周赐姓独孤。高颎是隋朝开国重臣,被封为渤海郡公,17岁参加北周灭齐的战争并立过战功,受过爵赏。后来高颎还辅佐杨广,在南下平陈之战中担任军事指挥。

少年高颎聪明敏捷,能言善辩,很有度量,而且特别擅长辞令,十分出色。借着独孤氏的势力与父亲的帮助,他年纪轻轻就跨进了北周中央政权的大门,17岁的时候被北周齐王宇文宪引为记室,不久又迁下大夫,以平齐之功踏上平步青云之路。

北周大象二年(580年),北周宣帝病死,周静帝即位。隰(xí)州稽胡(古族名)叛乱,高颎随越王宇文盛讨平之。此时左丞相杨坚专政,暗中谋划夺取皇帝之位,他早就知道高颎精明强干,且熟习军事,计谋丰富,便将他揽入丞相府,任他为相府司录。

北周大定元年(581年)二月,杨坚废周立隋,他就是隋文帝。杨坚登基后,拜高颎为尚书左仆射,兼纳言,晋封渤海郡公,朝中大臣无人能比,以至隋文帝"每呼为独孤而不名也"。高颎很注意避开权力和地位,于是他上表章请求辞职,请苏威接替。杨坚想成就他让贤的美名,便同意解除他仆射的官职。几天后,杨坚又说:"苏威在前朝隐居不肯做官,高颎能推举他。我听说推荐贤能的人应受上赏,怎么能让他丢官呢?"于是又命令高颎恢复原职,不久拜为左卫大将军,原来的官职不变。高颎时常坐在朝堂北边的一棵槐树下处理政务,由于那棵树不在栽种树木的行列之内,主事的人要砍掉它,而隋文帝特别指示一定要把树留下,用它昭告后人。由此可见高颎被隋文帝重视的程度。

隋文帝闲聊时曾让高颎和贺若弼谈平定陈国之事,高颎说:"贺若弼先有平陈十策,后又在蒋山苦战破敌。我只是个文官罢了,怎敢和大将军论功?"隋文帝大笑,当时的舆论也夸奖他能谦让。不久,高颎的儿子娶了皇太子杨勇的女儿,前前后后的赏赐不可胜计。高颎因此颇为担心。隋文帝好言安慰并赏赐了他。

当皇太子杨勇失宠于杨坚时,隋文帝私下里有废太子之意。隋文帝对高颎说:"晋王妃有神灵附身,说晋王必有天下。你说怎么办?"高颎长跪不起,说:"长幼有序,怎能废太子呢?"隋文帝默然而止。独孤皇后知道高颎志不可夺,想偷偷地除掉他。

当初,高颎的夫人去世,独孤皇后对隋文帝说:"高仆射老了,又没有了夫人,陛下怎能不为他娶妻呢?"隋文帝将独孤皇后的话告诉高颎,高颎流泪说:"我现在已经老了,退朝之后,唯有吃斋念佛而已。虽然陛下对我垂爱很深,甚至想帮我娶妻,但这不是我的意愿。"隋文帝于是只好作罢。

这时,高颎的爱妾生了个男孩,隋文帝听说后十分高兴,但独孤皇后不高兴。隋文帝问其缘故,独孤皇后说:"陛下还应该信任高颎吗?先前,陛下想为高颎娶妻,高颎却心存爱妾,当面欺骗陛下。现在他的欺诈已显现,陛下怎能再信任他?"隋文帝因此疏远了高颎。

适逢朝中商议讨伐辽东,高颎谏言不可冒进。隋文帝不听从高颎的意见,并任他为元帅长史,命他随汉王征讨辽东。但因遇上久雨疾病,出师不利,便返回朝廷。独孤皇后对隋文帝说:"高颎当初并不想去,陛下强迫他去,我就知道他会无功而还的。"隋文帝因汉王年少,便把军权全部交给高颎。高颎因隋文帝对他有所寄托,心中每每挂念国事,无自疑避嫌之意。汉王杨谅的话,他大多不采用,因此汉王心里记恨他。还京后,杨谅向皇后哭诉:"儿幸亏没被高颎所杀。"隋文帝听了,心中更加不平。

不久,上柱国王世积因罪被杀,在审问王世积的时候,说到宫禁的事,他说是从高颎那里听到的。隋文帝听后大惊,想定高颎的罪。当时上柱国贺若弼、司州总管宇文弼、刑部尚书薛胄、民部尚书斛律孝卿、兵部尚书柳述等人,都证明高颎无罪。隋文帝更气愤,将这些为高颎辩白的人都交给执法官员处理。从此以后,朝中大臣谁也不敢再开口了。

高颎因为连坐被免官,仅以公爵身份回到自己的府第。想当初,高颎刚做仆射时,他的母亲就告诫他说:"你的富贵已到了极点,只有一个东西没有,那就是杀头。你应该小心哪!"高颎从此常怕惹祸上身。现在被免职,高颎竟高高兴兴的,一点遗憾都没有,认为这样便可以免除灾祸。

杨广即位后,高颎被任命为管礼乐的太常,这本是一个与世无争的虚职,但高颎却有着强烈的责任感,他常批评隋炀帝杨广喜好声色犬马,生活奢靡,好大喜功;又评论时政,说朝廷无纲纪,国将不国,甚至预言杨广的一切所作所为是亡国之象。

大业三年(607年)七月,有人弹劾高颎,杨广下诏以"诽谤朝政"的罪名将高颎杀死,他的儿子们也都被贬谪到边疆去了。

独孤皇后奇妒改写历史

隋文帝的皇后独孤氏,河南洛阳人,北周鲜卑大贵族独孤信之女。独孤信见杨坚相貌不凡,生有奇表,因此把爱女独孤氏嫁给了杨坚。那一年,她才14岁。结婚以后,他们夫妻之间感情很好。古代的男人多有三妻四妾,尤其是官高位隆者。但是杨坚答应他的妻子,永远不与其他女子生下儿子。果然,杨坚的7个子女均为独孤皇后所出。

独孤皇后是历史上有名的悍妻,她对隋文帝杨坚的私生活控制之严,到了十分罕见的地步。杨坚"虚嫔妾之位,不设三妃……自嫔以下,置六十员",且"抑损服章,降其品秩"。后宫因畏惧皇后,"莫敢进御"。杨坚"唯皇后正位,傍无私宠"。因此,隋朝虽也有后宫佳丽,然而形同虚设,宫中诸嫔妃宫女,也在独孤皇后严厉的目光下噤若寒蝉,无人敢冒生命之险去找隋文帝。

《北史》上记载:"后颇仁爱,每闻大理决囚,未尝不流涕。"在政治大事上,独孤皇后可谓贤良淑德,但在夫妻关系上却失去了分寸。独孤皇后善妒,甚至殃及臣子。她不仅不允许自己的丈夫纳妾,而且也不准朝中大臣和自己的儿子宠爱小老婆,她是标准的一夫一妻婚姻制度的崇尚者,也因此而废了太子杨勇,改立杨广,改写了历史。

太子杨勇生性率直,为人宽厚,但生活奢侈,性喜浮华,内宠很多,有四个女子最得宠幸。杨勇与嫡妃元氏性情不合,于是这四个女子便轮流服侍杨勇,而元妃只能独守空房。

大臣中凡有姬妾生子者,皇后多会令皇帝斥责贬官。如今自己的儿子杨勇宠妾疏妻,独孤皇后极为气愤。每当杨勇入宫见母后时,独孤皇后从没有给过他好脸色。本来,杨坚对太子十分信任,常让他参议政事,杨勇提出的意见,杨坚也总是乐于采纳。现在,因为独孤皇后的枕边风,杨坚对太子也有了看法。

有一年冬至,百官都到太子宫中称贺,杨勇超出礼制规定奏乐受贺。独孤皇后便对杨坚说:"太子勇率性任意,动多乖张,今日冬至,百官循例进宫,他却奏乐受贺。圣上尚需劝诫他一番才好。"从此,杨坚对太子渐加猜忌,宠爱大不如以前了。正好元妃患病死去,独孤皇后以为是太子有意谋害嫡妃,心里越发不平,便有了废去太子杨勇的打算,于是她派宦官伺察太子的短处,等他有了重大过失,便好将他废去,改立晋王杨广为太子。

晋王杨广生性狡诈诡谲,善于矫饰逢迎,早有夺嫡的心思。他在揣摩了独孤皇后的性情后,便一味迎合。杨广虽然坐拥美人无数,却为了取悦独孤皇后,不惜命人掐死他与其他姬妾所生的骨肉,只有正妃萧氏所生之子才禀告父母,以造成假象。

独孤皇后欲立晋王为太子,杨坚因太子杨勇没有犯大的过错,心中虽欲立晋王,但却不好实行。这时,晋王杨广调任到扬州,不到半年便请求觐见。杨广回朝后,表现得慎言庄容,端肃安详。到了辞行还镇的那天,杨广入宫别母,见了独孤皇后,他依在独孤皇后的膝下,泣诉道:"臣儿生性愚蠢,向来不知忌讳,时常怀念双亲,所以未及二旬,就上表请朝。原思一见父皇与母后,藉聆慈训,哪知触忌了长兄。"独孤皇后听到杨广提及太子杨勇,便问:"他敢怎么样?"

杨广惶恐地说:"他竟疑忌臣儿,谓儿觊觎名器,意欲加害,臣儿因此惶恐。臣儿远列外藩,东宫日侍左右,谗惑见加,皇父容或难辨。一旦赐臣尺帛或给杯鸩(音zhèn,毒酒),臣儿实不知身死何所。恐从此一别,便不能再见慈颜了。"晋王说着便涕泪纵横,呜咽不止。

独孤皇后愤然道:"我为他娶元氏女,可他不以夫妇礼待之。元氏女向来身体健全,竟会一旦暴亡,他毫不悲伤,反与妖姬云氏淫乐。我也疑惑元氏是被他所害,只是暂时容忍。现在他却越发狂妄,竟想加害你,我活着他已是如此,往后真不堪设想了。"独孤皇后说着便泫然泣下。

杨广佯装劝慰:"臣儿自是不肖,未能感化长兄,反使母后因此伤感,岂不是增臣儿罪戾!"独孤皇后安慰了他一番,叫他安心回去,非密诏不可进京,而且不得轻过东宫。晋王心中暗喜,从此独孤皇后废杨勇的想法更坚决了。

"众口铄金,积毁销骨。"杨素与独孤皇后异口同声地说太子失德,杨坚便打定了废太子的主意,不久即废杨勇太子位,立晋王杨广为太子。

后来,独孤皇后一病去世。杨坚自从独孤皇后殁后,便以年逾花甲之高龄放浪声色,后染病在床。不久,杨广即位,即历史上荒淫无道的隋炀帝。短短十几年间,隋炀帝便将其父杨坚苦心经营数十年的大隋帝国,折腾得摇摇欲坠。独孤皇后的奇妒,便这样改写了隋朝的历史。

杨广夺位

杨坚是隋朝的开国皇帝,他在581年废掉北周静帝自立,改国号为隋。从此,北朝结束,隋朝开始。

589年,他的二儿子杨广(569—618)带兵灭陈,全国统一。在隋文帝的5个儿子中,二儿子晋王杨广最能干,在南下灭陈和抵御北方突厥的过程中,都曾立下大功,并网罗了一批人才。

隋文帝的长子杨勇因为生活奢侈,渐渐失去了隋文帝的欢心。又因为他不听独孤皇后的话,宠爱一个叫云昭训的姬妾,因此也受到独孤皇后的冷落,他的太子地位越来越不稳固了。这时候,杨广加紧活动起来,想取代杨勇的地位。

杨广为了得到隋文帝的欢心,就处处投其所好。每当隋文帝要到他的王府来,他就把那些花枝招展的姬妾们锁在屋里,只留下几个又老又丑的女人,穿着粗布衣服,在左右侍候。他故意把乐器的弦弄断,乐器上的尘土也不让人擦掉,并把这样的乐器摆在惹人注意的地方。隋文帝看到这种情景,以为杨广不好声色,于是非常满意。

有一次,杨广外出打猎,遇到大雨,侍从给他送上油衣(雨衣),他说:"士兵们都被大雨淋着,我怎么能一个人穿呢?"他坚持和士兵们一样淋雨。隋文帝听说以后更加高兴,认为杨广有仁爱之心,可以成大事。

杨广知道皇后不喜欢杨勇,于是对皇后更加恭敬。凡是皇后派来的人,不论地位高低,他和妻子都亲自设宴招待;凡是执掌权力的大臣,杨广都去结交;他还笼络了一大批人才。这样,大臣们都说晋王仁义厚道,皇后更是对他宠爱有加。

当杨广要离开长安回扬州时,去辞别皇后,并且还哭哭啼啼地诬陷太子要谋害他,从而使皇后更加痛恨杨勇。杨广回到扬州后,就开始秘密策划谋取太子之位。他的部下宇文述对杨广说:"皇上最信任杨素,如果废立太子这事有杨素支持,定能成功。杨素最信任他的弟弟杨约,我和杨约有交情,愿到长安去办这件事。"杨广非常高兴,就派宇文述到长安去找杨约。

宇文述到了长安,就请杨约喝酒。他知道杨约贪财,就事先把各种珍宝摆在客厅最显眼的地方。杨约一见就被吸引住了,摸摸这件,看看那件,赞不绝口。宇文述乘机说:"这些珍宝都是晋王特地让我送给您的。"

杨约十分惊讶,问:"这是为什么?"

宇文述笑了笑说:"这点小礼物算什么,晋王还要送大富大贵给您和越国公(杨素)呢!"

杨约更加吃惊了,他说:"我杨约虽然谈不上富贵,可是家兄却是富贵已极,哪里还要人送呢?"

宇文述说:"虽然您和越国公富贵已极,可还很难说能永远富贵。越国公执掌大权多年,不知得罪了多少人。太子做事,越国公常常反对他,太子能高兴吗?一旦皇上去世,太子登基后能饶过他吗?"

杨约忙问:"您有什么高见?"

宇文述贴在杨约耳边说:"皇上皇后有意要废除太子,改立晋王,这全仗您一句话了。事成之后,晋王一定感激您,您的富贵还愁不长久吗?"杨约听后连连点头。

杨约见了杨素,转告了宇文述的话,把杨素也说动心了。杨素答应马上行动。过了几天,杨素便对皇后说:"晋王对父母很孝顺,平时非常节俭,很像皇上。"接着又说了一些太子的坏话。杨素的话正合皇后的心思,皇后便给了杨素很多金银,让他想办法废太子,立晋王。隋文帝派杨素去看望太子时,杨素故意拖延着不进去,想激怒太子。太子果然大怒。杨素回去对隋文帝说:"太子怨恨陛下,我去的时候他正在发脾气,恐怕会发生意外,陛下得多加防范。"隋文帝信以为真,就派人监视杨勇。

杨广又收买了太子的亲信姬威,姬威写表揭发太子说:"太子曾找人算卦,然后高兴地说,'开皇十八年皇上必死,眼看就要到了'。"隋文帝看了之后,流着眼泪说:"想不到太子心肠这样狠毒!"于是下令把杨勇抓了起来。

600年,隋文帝贬杨勇为庶人,改立杨广为太子。604年,隋文帝得了重病。杨广认为时机已到,就写信给杨素,询问应该怎样处理隋文帝的后事。想不到,杨素的回信被送信人错送给了隋文帝。隋文帝看了,勃然大怒,立即召杨广责问。

这时候,隋文帝的妃子陈夫人慌慌张张跑了进来,哭着向隋文帝说:"太子无礼!"原来杨广见陈夫人长得漂亮,便趁陈夫人换衣服的时候跑去调戏她。隋文帝拍着床大骂:"这畜生怎能担当治国的大任哪!快把我儿子叫来。"身边大臣柳述、元岩不知道发生了什么事,于是就要派人去叫太子杨广。隋文帝被气得脸通红,好半天才说出两个字:"杨勇!"柳述、元岩这才明白隋文帝要重新立杨勇为太子,就急忙去写诏书。

谁知杨广和杨素已经得到消息,他们带着军队,拿着假造的诏书,包围了仁寿宫。他们假传皇帝的命令逮捕柳述和元岩。随后,又用东宫的卫士代替了仁寿宫隋文帝的卫士,让他们把守住宫殿的各个出入口,并命令照顾隋文帝的人一律离开,由右庶子张衡负责一切。大家刚刚走开,只听见殿内一声惨叫,过了一会儿,张衡出来说:"皇上早已死了,你们为什么不及时禀报?"宫内外的人都大惊失色,可是谁也不敢说什么。就这样,隋文帝被杨广、杨素一伙害死了。随后,杨广派人给杨勇送信,说皇上有遗诏,要杨勇自尽。还没等杨勇回答,杨广派去的人就把杨勇拉出去杀了。

604年,杨广登上了皇帝的宝座,他就是隋炀帝。

杨素其人

杨素(?—606),字处道,弘农华阴(今陕西华阴东)人,隋朝名臣、诗人,是杰出的军事家、统帅。他的祖父杨暄在北魏任辅国将军和谏议大夫,他的叔伯爷爷杨宽在北魏任尚书仆射,北周代西魏后,杨宽又任小冢宰——宰相之职。杨素的父亲杨敷在北周任汾州刺史。杨素对于一般琐屑之事从不挂怀,因而许多人看不出这位少年的过人之处。独有杨宽慧眼识珠,他对儿孙们说:"你们不要小看了处道,别看他大大咧咧、不拘小节,他有超群脱俗之能,前途不可限量。依我看,将来你们谁也比不过他!"

出生于将门的杨素有着得天独厚的习武条件,他终日苦练武艺,对骑马搏杀、弯弓射箭无不精熟,这为他日后率兵打仗、身先士卒打下了坚实的基础。后来有一次,隋文帝杨坚亲率文武百官比武。当时隋朝武功极盛,猛将如云,而杨素箭箭命中,弓无虚发,名列第一。众官员心悦诚服,杨坚也极为高兴,当即亲手赏赐给他一个外邦所献的纯金盘子,价值上万钱。

杨素还刻苦学习文化知识,经史典籍、礼乐书法乃至占卜之术,他都无不钻研。周武帝宇文邕曾对他说:"杨素哇,你尽管好好努力,不愁将来没有富贵。"让宇文邕感到惊奇的是,杨素竟然高声说道:"我心里从未想过图什么富贵,只是怕富贵找上门来图我!"

这样的心态为他日后率军征战、参掌朝政、治理国家打下了良好基础。在学习过程中,他结识了牛弘。他们二人有着同样的抱负,于是成为莫逆之交。牛弘为隋统一全国后的制礼作乐和思想文化建设立下了不朽的功勋。

杨素在北周的时候曾经跟随宇文宪征讨北齐,结果宇文宪全军溃败,仓促而逃,北齐士兵苦苦追逼。此时杨素率领十几名卫士拼死杀出一条血路,使宇文宪得以生还。

在北周静帝时,杨坚专政,杨素知道杨坚深得民心,且有称帝之意,便投至杨坚门下。之后在助杨坚称帝和统一全国这几件大事方面,杨素又立下了赫赫战功。

后来杨广在杨素的帮助下排挤走了他的兄长杨勇,被立为太子。杨广登基后,他的亲弟弟杨谅对他帝位的合法性提出了疑问,然后在太原起兵造反。

此时,隋炀帝首先想到的就是杨素,于是他派杨素再一次出征。杨素率一支精兵潜入霍山,沿着悬崖峭壁前行,直捣杨谅大营,一战而胜,并乘胜追击,一直打到杨谅老营,将其俘获。

回京以后,杨素得赏,物品颇丰,并立即被任命为尚书令。尚书令是名副其实的宰相,总揽中枢政局,因为位高权重,皇帝轻易不会授人,所以往往只是一个空缺。整个隋朝历史上只有杨素一人任过此职,其权势地位也于此时达到极盛。

李春和赵州桥

隋朝虽然短暂,但是在科学技术方面却有不少卓越的成就。比如赵州桥,就在工程设计、建造技巧和建筑艺术上,达到了很高的水平。

河北赵县城南的河上有座雄伟的石桥,叫作赵州桥。这座桥的设计和建造者,是隋朝一个名叫李春的石匠。尽管经历了大约1400年的风风雨雨和无数次的洪水冲击,赵州桥却依然屹立在河面上,这不能不说是一个伟大的奇迹。据一些研究者介绍,赵州桥不仅是我国,而且也是全世界现存的最古老的一座石拱桥。

关于赵州桥的建造者李春,史书上对他并没有什么记载。虽然已无从了解他的生平事迹,但是我们可以断定,他既是一位心灵手巧、不畏辛劳的工匠,也是一位才智出众、富有创造精神的建筑大师。他默默地劳动一生,没有人知道他的历史,但他的劳动成果却在我国的建筑史上留下了光辉的一页,为千千万万人所津津乐道。

赵州桥也叫"安济桥",整个桥身只有一个弧形桥洞。这种弧形桥洞以及门洞之类的建筑,在我国历来被称为"券"。石桥的券,一般都是半圆形,而赵州桥的券却是一段小于半圆的弧,样子十分美观。券的两肩叫作"撞"。一般石桥的"撞"都用石料砌实,赵州桥却与众不同,券的两肩上还有弧形小券。人们把这种形式的桥叫作"空撞券桥"。

原来,这样的设计更符合科学原理。首先,这样的设计节省了大量石料,减轻了桥身重量。科学家曾做过估算,在赵州桥上,不把"撞"砌实而是在券的两肩砌弧形小券,这样,节省的石料约为180立方米,桥身的重量也能减轻500吨左右。其次,这样还可以减轻洪水对桥身的冲击。在洪水季节,河水暴涨,水流量很大,如果把桥的"撞"砌实了,水流不畅,上游的水就会漫上岸来,石桥可能会因为承受不了洪水的冲击而倒塌。而这四个小券增加了桥洞的过水量,自然大大减轻了洪水对桥身的冲击,从而保证了石桥的安全。在欧洲,这种"空撞券桥",直到14

世纪才在法国出现,也就是法国泰克河上的赛雷桥。算起来,赛雷桥比赵州桥晚了大约700年,而且早就被洪水冲毁了。从这个比较中,我们更能看出李春设计的高明与卓越。

赵州桥的设计,除了采用"空撞券桥"这种形式外,还有许多别致而值得称道的地方。例如,赵州桥的桥洞跨度很大,净跨径37.2米,在当时可算是世界上最长的跨度。这样大的跨度,按照通常的设计,采用半圆形,券的高度一般是长度的一半。这样算来,桥洞就要有18.6米高,这样车马行人过桥,会像是翻越一座小山一样,吃力而不方便。因此,跨度较大的桥,只好多造几个桥洞,以降低桥的高度。这样做,又会出现另外一个问题,即既费石料又费工时。

赵州桥的高度比通常设计的高度低很多,一个桥洞只有7.23米高,克服了高度和消耗大的缺陷,这主要归功于李春独特的创造。他设计的桥洞不是半圆形,而是小于半圆的弧形,像一张弓。因此,赵州桥的桥面没有陡坡,比较平缓,便于车马上下和路人行走,而且省工省料,实在是一种一举多得、超逸绝伦的设计。

赵州桥设计的别致之处,还在于桥洞的砌法也是一反常规的。桥洞的砌法,常用的是"纵联式",就像砌墙那样,一层一层往上砌,各层石块相互交错,最后形成的桥洞是一个整体,比较坚固。另一种砌法,叫作"并列式"。这种方式是先并排砌成许多道窄券,最终合成一个整券。由于各道窄券的石块之间没有联系,因此不如纵联式的坚固,一般也就不为人们所采用。然而李春却恰恰选择了后一种。整个赵州桥的宽度约为10米,这么宽的大券,就是由28道小券并列而成的。

李春之所以采用并列式而不用纵联式,是因为他看到了纵联式的缺点,并发挥了并列式的长处。纵联式虽然坚固,但是只要有一块石块坏了,就会牵连整个桥洞,以致造成全桥的倒塌,修补起来十分困难。与此相反,并列式的桥券,坏了一块石块,也只不过是坏了一个窄券,而不会影响全局,而且坏了的石块修补起来也并不困难,修补的时候也不会影响交通。李春正是看到了一般人所没有看到的两种方式的优缺点,所以才大胆地采用了并列式,同时又吸取了纵联式的优点,即在各道窄券的石块之间加了铁钉,把各道窄券拴连在一起,使它们成为整体,从而形成一个既相互独立又紧密联系的独特结构,这种设计方式使赵州桥达到了前所未有的坚固效果。

历经大约1400年的漫长岁月而依旧屹立,正是这种设计效果的最好体现与检验。

京杭大运河

漕运,自古以来都是加强中华南北地区间物资、经济、文化交流的重要方式,在中国的发展史中有着举足轻重的位置。从西晋开始,长江中下游流域人口增长迅速,生产力也有很大的提高,因此逐渐成为国家财政的重要支柱。隋炀帝在仁寿四年(604年)继位之后,一方面为了更好地解决北方地区的粮食供应问题,另一方面也是为了方便和满足他巡幸江都(治今江苏扬州)的愿望,便决意在前人的基础之上,开凿出一条横贯全国南北的人工运河。

605年至610年,隋炀帝令人修通了1700多千米的大运河,其工程规模之浩大,动用人力、物力数量之惊人,可谓前无古人,是人类文明史上的一大奇观。

早在春秋时期,东南的诸侯吴王夫差,为了染指中原以成霸业,曾引长江经瓜洲(今江苏扬州市邗江区南部)北入淮河以筑通渠,其全长近150千米,被称为"邗沟"。后来,历朝历代对这一航道多有延伸。

隋炀帝修运河的方案,分几个步骤:第一步,从洛阳西苑到淮河南岸的山阳(今江苏淮安),开通一条名叫"通济渠"的运河,即从洛阳引谷水、洛水入黄河,再引黄河水入淮河,进一步沟通北方两大水系黄、淮之间的联系;第二步,再从山阳到江都,疏通、凿深、加宽并裁直了邗沟,将其作为运河的中段,将淮河和长江连接了起来,并更名为"山阳渎";第三步,至于黄河以北,则利用沁水、淇水、卫河等水源,引水至天津西北的芦沟(今永定河),从而直抵北方重镇涿郡(今北京),即有名的"永济渠";第四步,从江都对面的京口到余杭(今浙江杭州),开通一条名叫"江南河"的运河。

这样一来,穿越河北、山东、江苏、浙江四省以及北京、天津两市,沟通海河、黄河、淮河、长江和钱塘江5大水系,全长1700多千米的水上交通大动脉即宣告完工,较之消耗巨大、运送缓慢的陆上运输方式,其优势是显而易见的。贯通南北的大运河,加强了都城和富饶的河北、江南之间的联系,对我国经济、文化的发展和巩固国家的统一,起了重要的作用。

隋炀帝开通大运河不仅仅有经济方面的动机,也有政治方面的动机。魏晋南北朝时期是门阀世族大发展的时期,他们的力量相当强大。隋朝统一后,他们仍依恃其强大的势力,企图与中央政权抗衡。这一尖锐矛盾在江南地区一直存在,使隋政权面临严重威胁,隋统治者要实施对南方的有效统治,修建一条贯通南北的运河势在必行。同时,北部边境少数民族政权对隋亦是大患,隋王朝派出大量军队驻扎边境,这些军队的生活物资仅靠屯田是不够的,必须依靠江淮和中原的供应。而路途遥远,运输困难,就成为最大问题,所以开凿运河才是解决问题的关键。

但隋炀帝急功近利、随心所欲的性格,使得运河自它开凿之日起,就已经成为当时万千百姓流离失所、隋朝国土饿殍遍野的万恶之源。史载,隋炀帝命"发河南、淮北诸郡民,前后百余万,开通济渠";就连工程相对简单、规模较小的邗沟改建,他也大笔一挥,"发淮南民十万余众",全然不顾人力调配所能承受的最大限度。以至于到了后来"发河北诸郡男女百余万,开永济渠,引沁水南达于河,北通涿郡",此时为大业四年(608年),隋炀帝发觉男丁不够使用,便又将妇女也纳入到开河大军之中。而那些唯恐因不能完成任务而祸及自身的各级大小官吏们,动辄使用刑杖、棍棒对开河民工进行毒打,使得"役丁死者什四五",负责挖掘工程的相关部门将尸体用车载上运走,竟然"东至城皋,北至河阳,相望于道",连绵不绝。

就这样,凝聚了无数民夫血泪乃至生命的大运河,终于于610年大功告成。炀帝多次率领大队人马,乘坐豪华无比的龙舟来到江都,他流连忘返,彻底将江山社稷抛到了脑后。隋朝自文帝时代积累起来的大量财富,因为炀帝酷爱穷奢极欲的生活而日渐消耗,隋朝的灭亡之路也越来越近。

京杭大运河的通航是中国古代劳动人民用自己双手改造自然的非凡成就,是与北方的万里长城同样震惊世界的伟大创举,更是中华民族具有无穷智慧与力量的永恒象征。

隋炀帝游江都

隋炀帝杨广为了加强对全国的控制,并且使江南地区的物资能够更方便地运到北方来,再加上他个人追求享乐,所以,他刚刚即位就办了两件事:一是开凿一条贯通南北的大运河;二是在洛阳建造一座新的都城,叫作东都。

605年,隋炀帝派管理建筑工程的大臣宇文恺负责建造东都。宇文恺是个高明的工程专家,他为迎合隋炀帝追求奢侈的心理,就把工程规模搞得特别宏大。建造宫殿需要的高级木材和石料,都是从长江以南、五岭以北的地区运来的,光一根柱子就得用上千人拉。为了建造东都,他们每月役使200万民工,日夜不停地施工。他们还在洛阳西面专门造了供隋炀帝玩赏的大花园,叫作"西苑"。

西苑方圆200里,人造的湖和假山,亭台楼阁,奇花异草,园里应有尽有。尤其别出心裁的是,到了树叶凋落的时候,他们便派人用彩绫剪成花叶,扎在树上,使这座花园四季如春。

隋炀帝特别喜欢外出巡游,一来是游玩享乐,二来就是向百姓摆威风。从东都到江都的河段刚刚完工,隋炀帝就带着20万人的庞大队伍到江都去巡游。

隋炀帝早就派官员造好了上万条大船。出发那天,隋炀帝和他的妻子萧皇后分乘着四层高的大龙船,船上有上百间宫室,装饰得金碧辉煌;接着就是宫妃、王公贵族、文武官员坐的几千条彩船;再后面的几千条大船,则装载着卫兵和他们带的武器、帐幕。这上万条大船在运河上依次排开,船头、船尾连接起来,竟有200里长。这样庞大的船队,怎么行驶呢?

那些专为皇帝享乐打算的人早就安排好了。运河两岸修筑好了柳树成荫的御道,8万多名民夫被征调来给他们拉纤,还有两队骑兵夹岸护送。河上行驶着光彩耀目的船只,陆地上飘扬着彩旗。一到晚上,灯火通明,鼓乐喧天,真是说不尽的豪华景象。

为了满足船队大批人员的享受需要,隋炀帝命令两岸的百姓给他们准备吃的喝的,叫作"献食"。那些州县官员就逼着百姓办酒席,有的州县送的酒席达上百桌。别说隋炀帝吃不了,就连他带的宫女太监、王公大臣一起吃,也吃不完。剩下的许多菜就在岸边掘个坑埋掉。而那些被迫献食的百姓,却被弄得倾家荡产了。

隋炀帝到了江都后,除了尽情游玩享乐外,还大摆威风。为了装饰一个出巡时用的仪仗,他就花了大量人力,耗费的钱财更是数不清。隋炀帝这样整整闹腾了半年,才耀武扬威地回到东都。

从此以后,隋炀帝几乎每年都出巡。有一次,他从陆路到北方去巡视,便役使河北十几个郡的民夫开凿太行山,为他铺一条巡行的道路;为了巡行的安全,他又征调了100多万人修筑长城,限20天筑成。然后,他才在50万将士的护卫下,在北方边境上巡行了一圈。

北方没有现成的宫殿,好在隋炀帝身边的宇文恺是个巧匠,专门为他造了一个活动宫殿,叫作"观风行殿"。这种宫殿可以容纳侍卫几百人,使用的时候组装起来,不用的时候可以拆卸装运。下面装着轮子,还可以随意搬动。这在当时可算是一种发明,可惜只是供隋炀帝一个人享乐罢了。

隋炀帝建东都,开运河,筑长城,再加上连年的大规模巡游,以致无休无止的劳役和越来越重的赋税,把百姓压得喘不过气来,但是骄奢淫逸的隋炀帝却没有一点儿收敛。为了炫耀武功,612年,他发动了第一次对高句丽的战争。

这一年,他从江都乘龙船,沿着大运河直达涿郡,亲自指挥这场战争。他下令全国军队不论远近,一律向涿郡集中。为这次作战,隋炀帝做了不少准备,611年,他派人在东莱海口督造兵船300艘。造船的民夫在官吏监视下,日日夜夜在海边造船,得不到休息。他们下半身泡在海水里,时间一久,从腰部以下都腐烂生蛆了,许多人受不了这样的折磨,死掉了。

接着,隋炀帝又命令河南、淮南、江南各地督造5万辆大车,送到高阳,给兵士运输衣甲、帐幕;又征调民夫和船只把黎阳(在今河南浚县西南)、洛口仓的粮食运到涿郡。于是,无数的车辆、船只不分白天黑夜,沿着陆路和运河源源不断地由南向北行驶,形成了滚滚洪流。几十万运输物资的民夫,有许多在半路上累死或是饿死,沿路都是倒毙的尸体。由于民夫死亡太多,耕牛也被征去拉车,因此田园荒芜,民不聊生。可叹的是,隋炀帝发动了三次对高句丽的战争,全然不顾百姓的生死。

隋炀帝最后一次下江都时,隋朝的统治已经摇摇欲坠了,全国不断燃起农民起义的烈火。在这样的情形下,隋炀帝也开始坐卧不安,有时候在梦中也惊呼狂叫。荒淫残暴的隋炀帝,已经预感到他的末日快要来临了。

瓦岗军起义

隋炀帝独断专行、自以为是,不喜欢臣下进谏,还诛杀了好些元老重臣,因此朝臣们都不敢讲真话,统治阶级内部分崩离析,更让他自己众叛亲离。隋炀帝对人民残酷的剥削和压迫,迫使人民揭竿而起,于是全国各地掀起了起义的浪潮。

隋炀帝在第二次发动对高句丽的战争时,曾派杨玄感督运粮草。杨玄感想利用天下混乱的局势,把隋炀帝推翻。杨玄感发动运送粮草的八千名民工起义,并把老朋友李密(582—619)请来当谋士。但是,杨玄感急于求成,他出兵攻打洛阳时,隋炀帝收到告急文书,立即派大将宇文述等带领大军分头攻击杨玄感,很快就把这支起义队伍给消灭了,杨玄感被杀。

李密趁着混乱逃跑,去东郡(治今河南滑县东)投奔了一支比较强大的起义军。

这支起义军以瓦岗寨为根据地,多数成员都是擅长使用长枪的渔民和猎户,还有一些贫苦农民,他们都很骁勇善战。瓦岗军的首领翟让,作战骁勇,而且有胆略、有气度,在瓦岗军中有很高的威望。他率领瓦岗军专门打击官府富豪,慢慢地,瓦岗军名气越来越大,前来投奔的人越来越多,起义军队伍扩大到了一万多人。

李密参加瓦岗军后,帮助翟让整顿队伍,还积极联络附近各部起义军,说服他们与瓦岗军联合,听从翟让指挥。翟让非常高兴,对李密越来越信任。

李密鼓励翟让干一番大事业,他建议首先攻打荥阳。在李密的帮助下,翟让很快获得了胜利。隋炀帝派大将张须陀带重兵来镇压。李密请翟让正面迎敌,自己则在荥阳大海寺北面的丛林里设下埋伏,待翟让把张须陀率领的官军引进圈套后,将隋军全部歼灭,张须陀成了瓦岗军的刀下鬼。

从此,瓦岗军声威大震,李密的威信也越来越高了。他不但要求部下纪律严明,而且自己能以身作则,生活也过得很朴素,从而赢得了瓦岗军上下的拥戴。

攻打荥阳胜利后,617年春天,李密又建议翟让趁隋炀帝到江都巡游,且东都洛阳空虚的机会,赶紧进攻洛阳。不料行动被隋军察觉,隋军加强了对洛阳的防御力量。李密当即改变计划,建议先攻打洛阳附近的洛口仓,瓦岗军一战而获全胜。

洛口仓是隋朝最大的一个粮仓,瓦岗军把它攻克后,马上开仓放粮。常年挨饿的百姓,从四面八方奔向粮仓,当他们领到粮食时,一个个眼中都含着泪花,对瓦岗军充满了感激之情。

贫苦的农民纷纷参加瓦岗军,孟让、郝孝德等部起义军也来归附,瓦岗军很快发展到几十万人,占领了河南大部分郡县。这时,翟让感到自己的能力不如李密,就把首领的位子让给了他,推举他为魏公。于是,李密兼任行军元帅,政权机构称"行军元帅魏公府"。

李密在整顿内部机构的同时,发布了檄文,声讨隋炀帝的罪行,号召人民起来推翻隋王朝。他还大量起用隋朝的降官降将,这引起了一些起义军部将的不满。为了巩固自己的地位,李密设计杀害了翟让。从此,瓦岗军内部发生严重分裂,开始走下坡路了。

此后,李密一边与隋军大将宇文化及作战,一边派人到洛阳朝见隋越王杨侗,受封官爵。后来李密与隋将王世充交战失败,入关投降了唐朝,不久又因反唐被杀。

李渊太原起兵

隋炀帝穷奢极侈,荒淫无度,滥用民力,营建东都、修筑长城、开凿运河……青壮男劳力不足,他就征用妇女,造成众多家庭家破人亡。他到处游玩,兴师动众,百姓苦不堪言。他又三次攻打高句丽,征调大量民夫和士兵,因此死了许多人。

隋炀帝的暴政激起了人民的反抗。隋末农民起义是从山东开始的。

611年,齐郡长白山(在今山东邹平南部)一带的农民在王薄的领导下,首先揭竿而起。各地农民纷纷响应,规模比较大的起义军就有几十支。后来反隋的起义军逐渐形成三支主力,即翟让、李密领导的瓦岗军,窦建德领导的河北起义军,杜伏威、辅公祐(shí)领导的江淮起义军。

在隋末天下大乱之际,许多隋朝的官吏也纷纷起兵,他们统领军队称霸一方,其中李渊父子的太原起兵最终促成了唐朝的建立。李渊(566—635)本来是隋王朝的贵族,继承祖上的爵位,当上了唐国公。617年,隋炀帝派他到太原去当留守(官名),镇压农民起义。开始他也打过几个胜仗,后来看到起义军越打越强,越打越多,他也感到紧张了。

李渊的次子李世民(599—649)是李渊众多儿子中最有才能、最有胆识的一个。他断定隋朝气数已尽,便暗中结交有才能的人,一同商议重整江山。各地纷纷起兵之后,李世民也乘机劝父亲起兵。

李渊依照李世民及晋阳(在今山西太原西南)令刘文静的计谋,在太原起兵,自任大将军,集中了20多万大军攻打长安。李渊下令,不许破坏隋朝的皇室宗祠,违令者一律灭三族。很快长安被攻克。李渊为了争取民心,把隋王朝的苛刻法令一概废除,宣布了"约法十二条"。为了争取和拉拢隋朝的一些势力,减少敌对力量,李渊立隋炀帝长子杨昭之子——代王杨侑为帝,这就是隋恭帝。恭帝即位,改年号为义宁,并且遥尊逃到江都的隋炀帝为太上皇。这为推翻隋朝江山、建立唐朝打下了基础。

好汉秦琼

秦琼(？—638),字叔宝,齐州历城(今山东济南)人。

隋末乱世,义军群起,秦琼投归隋将齐郡郡丞张须陀,在下邳(治今江苏睢宁县北)与义军首领卢明月交战。当时,双方力量悬殊,张须陀部仅一万来人,义军则有十多万人,相持十多天后,张须陀部已是人困粮绝。就在这急于撤退而又怕追赶的紧要关头,秦琼与罗士信挺身而出,带领一千人偷袭对方军营,以掩护大队人马安全后撤。秦琼与罗士信凭借自己的智勇,突袭成功。张须陀则乘机回师追击,取得了脱逃后的胜利。仅此一仗,秦琼的勇猛多智很快就扬名于军中。

在之后的作战中,秦琼因为有功而被任命为建节尉。后在对李密义军的进击中,张须陀战败而亡。秦琼率残兵败将归依了裴仁基,而后又随同裴仁基投降了瓦岗军首领李密。李密得到秦琼后非常高兴,任他为骠骑将军,加以重用。在一次作战中,李密被流矢射中,坠于马下,不省人事。此时,左右随从四散,追兵就要赶到,情况十分危急,秦琼拼死护卫李密并重整队伍,这才击退了追兵,从而使李密大难不死。

后来李密失败,秦琼又为隋将王世充收得,被任命为龙骧大将军。后秦琼因不满王世充的狡诈,遂与程咬金等人脱离王世充而投奔李渊,并在秦王李世民手下办事。因秦琼勇猛过人,所以被委任为马军总管。此后,秦琼跟随秦王李世民先后镇压了窦建德、刘黑闼等多路义军,为唐王朝的创建立下了汗马功劳,李渊曾派使者赐予他金瓶以示褒奖。之后,他又因战功多次受到奖赏,拜为秦王右三统军,加授上柱国,后又晋封为翼国公,深得秦王李世民的信任。

秦琼不仅在唐王朝创建伊始立下了赫赫战功,而且在唐王朝内部斗争的"玄武门之变"中,他也坚决站在秦王李世民一边,随李世民诛杀了太子李建成和齐王李元吉,为李世民当太子夺皇位扫清了道路。

626年6月,李世民被立为太子,8月即皇位,改号贞观,也就是历史上有名的唐太宗。秦琼也因护卫有功,拜为左武卫大将军,赐给七百户的封邑。

民间关于秦琼流传最广的莫过于门神的故事。

传说唐朝开国年间,泾河龙王为了和一个算卜先生打赌,结果犯了天条,罪该问斩。于是玉帝任命魏徵为监斩官。泾河龙王为求活命,向唐太宗求情,太宗答应了。到了斩龙的那个时辰,太宗便宣召魏徵与自己对弈。没想到魏徵下着下着打了一个盹儿,就魂灵升天,将龙王斩了。龙王抱怨太宗言而无信,便日夜在宫外呼号讨命。太宗将此事告知群臣,秦琼奏道:"臣愿同尉迟恭戎装立门外以守卫陛下。"太宗应允,那一夜果然无事。太宗因不忍二将辛苦,遂命巧手丹青画二将真容贴于门上。后代人相沿下来,于是,这两员大将便成为千家万户的守门神了,其中执锏者即是秦琼,而执鞭者是尉迟恭。

风尘三侠

杨素(?—606)是北朝和隋朝政坛上的一个风云人物,他早年曾协助北周武帝击灭北齐,后与北周丞相兼外戚杨坚配合,迫使北周静帝禅位给杨坚。杨素深受杨坚的器重。隋炀帝即位以后,拜杨素为司空、尚书令,封越国公,把一切军国大事都托付给他处理,自己则专心致志地躲在东都洛阳的西苑中,天天醇酒美人,声色犬马,享受人间的奢华与快乐。

杨素权高位尊,府中金银堆积如山,仆役侍女如云,每次接见宾客,他总是大模大样地坐在躺椅上,由一群侍女抬着出厅,两旁还排列着许多美艳的侍女,负责薰香、打扇、捶腿及驱赶蚊蝇,排场豪奢尊贵。

李靖是京兆三原(今陕西三原县)的一位文武兼通的才子,他生得身材魁梧,仪表堂堂。他饱读诗书,通晓天下治乱兴国之道,还练就一身好武艺;他精于天文地理与兵法韬略,心怀大志却一直苦于英雄无用武之地。直至隋朝后期,起义不断,他决定从家乡投身长安,以图施展抱负,为国效命。

李靖到了长安,由于国政大权基本掌握在杨素手中,于是他准备先投到杨素门下。他好不容易进入司空府拜见了杨素,杨素却半躺在躺椅中,眯缝着眼睛,一副根本不把来客放在心上的神态。李靖心想:这样的排场,这样的待客之道,岂不令天下英雄寒心,怎能收贤纳士,振兴国道!于是他不悦地直言道:"当今天下大乱,英雄群起。明公为朝廷重臣,不收罗豪杰,扶济艰危,而专以倨傲示天下士,实在令人不敢苟同!"

杨素一听这话大为吃惊,心想:这等无名之辈,竟敢在这里口出狂言,真是放肆!他想发火,但转念想到若以自己的身份,与眼前这个初生牛犊计较,实在是失于大度,于是他转怒为喜,起身夸赞李靖的胆识,并请李靖落座,大有一副宾主畅谈天下大事的架势。

李靖侃侃而谈,从天下时势谈到治国安邦之道,见解精辟,头头是道。杨素听了频频点头称是,然而最后却说:"老夫来日不多,多承指教,然时不我予,奈何?"这话仿佛给李靖的满腔热情浇上了一瓢冷水,让他失望至极。

这天,红拂女正侍立在杨素身旁,她看到李靖英爽之气溢于眉宇之间,又谈笑风生,见解出众,实在是不同凡响,她心中大为倾慕,不由得闪动着一双聪慧的大眼睛,不断地瞟向李靖。待李靖告辞出门时,她不露声色地暗中嘱托侍立廊下的小童代为询问李靖的住址。小童问得结果后回报给红拂女,红拂女默默记在心里,望着李靖大踏步出门远去的背影,有一种奇妙的牵挂萦绕在她心头。

到了晚上,李靖躺在床上,辗转反侧,难以成眠。突然,门外响起一阵轻轻的叩门声。李靖披衣起身,点亮了灯,拉开门闩,只见门外站着一个头戴阔边风帽,身披紫色大氅(chǎng),肩背绣花布囊的年轻人。

李靖没有料到在这人生地不熟的长安,竟有客人深夜来访,正在狐疑之际,来客主动解释说:"妾乃杨司空家红拂女,今夜特来相投!妾侍奉杨司空多年,看到的人物不计其数,但从来不曾见过像李公子这样英伟绝伦的人。妾似丝萝不能独生,一心依托于参天大树,以了平生之愿,因而前来投奔,请公子不要推辞!"

李靖既惊又喜,他见红拂女如此理解自己,而且有这般胆识,甚是爱怜;但转念又忧虑道:"杨司空权重京师,你私自逃去,他必定追寻,那怎么逃得出他的手心?"

红拂女胸有成竹地说:"杨司空现在不过是苟延残喘,行将就木,不足畏也!他府中姬妾时常有人溜走,他也无心追究,何况司空府中侍女多如牛毛,少妾一人他也不会在意,所以妾才大胆前来,请公子不要担心!"

李靖相信了红拂女的话,于是二人连夜逃出了长安,准备去太原投奔李渊。这天他们投宿在一家客店,正在做饭时,忽然,有一个中年汉子骑着一头壮实的毛驴来到客店门前。只见这人满脸络腮胡子,衣服邋遢,一副大大咧咧的样子。他将驴随便拴在木桩上,大踏步地走进店来。

红拂女见来人气质不凡,便有心结交,于是她客气地问道:"客官尊姓大名?"怪客粗声粗气地回答:"俺姓张,人称虬髯客。"

红拂女笑着说:"那真是巧极了,妾也姓张(红拂女本姓张,父亲为陈朝大将张忠肃,为隋将所杀),当称你为兄长了。"说罢便行兄妹之礼。虬髯客见这女子不但不责怪自己行为粗鲁,反而如此尊重自己,心中十分敬服,急忙一跃而起,抱拳答礼。红拂女转头对李靖说道:"李郎快来拜见大哥!"李靖闻言就与虬髯客互相见礼。三人围坐炉旁,边吃边谈,越谈越投机。

后来他们三人一起来到太原,首先去拜见了李渊。在李渊的府中,他们看到了仰慕已久的太原留守李渊。只见他穿着家常便服,宽衣大袖,甚是朴素;见了来客,热情礼让,神采飞扬,又异于常人。之后,他们希望再一睹李渊之子李世民的风采。经刘文静的安排,他们约定与李世民在城外的一处道观相见。

在古柏苍翠的道观里,李世民与李靖、虬髯客坐在石桌四周的石凳上倾心交谈,三人见地相似,心意相通,大有相见恨晚之感。他们评品时势,抒发志向,不觉日已西斜。据传虬髯客和李世民曾对棋一局,虬髯客不敌李世民,棋罢临别时,虬髯客拉着李靖对李世民说:"李靖可助公子成就大业!"说毕,仰天长啸,声震四野,慨然而称"有真主在此,我当另求发展!"众人不明其意。

最后三人分手,虬髯客将自己的家产全部留给了李靖和红拂女,李靖与红拂女则留在了李世民的身边,用这些钱财为李世民招兵买马。闲暇之余,李靖用心研读、揣摩虬髯客留下的兵书,他在兵法韬略方面大有长进,以至于在以后的战争中总能用兵如神。后来李靖辅助李世民统一了全国,他自己被封为卫国公,红拂女被封为一品夫人。

有一天,李靖夫妇忽然听人说起有人率海船千艘、甲兵十万,突入海中扶桑国,杀其国王而自立称帝,已建立了稳定的政权。李靖与红拂女心中明白,这一定是虬髯客已经在海外另有发展。于是他俩设置香案,虔诚地洒酒向天,遥向东南方祝拜,祈祷上苍保佑他们的大哥成就伟业。红拂女虽是歌女出身,但她却独具慧眼,认定李靖,结识虬髯客,最终得享盛名。

虬髯客、李靖、红拂女便是隋末唐初的风尘三侠。

隋炀帝之死

隋王朝同秦王朝一样,是一个短命的王朝。由于隋炀帝施行暴政,他即位没几年,社会矛盾就迅速激化,政治危机四伏。此时的隋炀帝,虽然仍过着荒淫腐朽的生活,还在寻欢作乐,但他心中却充满着恐惧。一次,大业殿起火,这本是一场平常的火灾,隋炀帝却以为有人造反,故意纵火,他急忙逃往西苑,藏到草丛之中,直到大火熄灭才敢回来。他夜里睡觉也常常惊醒,每当睡觉时,要有几个妇人摇抚才能入睡。

到了618年,隋王朝的势力逐渐土崩瓦解,全国民众纷纷揭竿而起,只剩下洛阳和江都两地依旧。隋炀帝逃到江都,精神极度紧张,天天问卦,以酒浇愁。有一天,他竟对着镜子哀伤地说:"好头颅,谁当砍之?"此时江都的粮食已经快要吃光了。随从隋炀帝到江都的骁果军(隋朝的御林军)多半是关中人,他们久居外地,十分思念家乡。眼看着隋炀帝正在大兴土木,建筑丹阳宫,可见隋炀帝没有北归的打算,所以只好纷纷逃亡。

虎贲郎将司马德戡,向来是炀帝最为宠信的爱将,他向部将元礼及裴虔通诉苦说:"今天的骁果,没有一个不想逃亡的,我若据实禀报皇帝,皇帝一定会大发脾气,第一个就先把我斩了泄愤。我如果不说,等到事情闹到不可收拾的地步,我还是不免灭族的命运,我该怎么办呢?又听说关中已经沦陷覆没了,李孝常据华阴地方叛变,皇帝已把他的两个弟弟关了起来准备杀掉。我们的家小都在关中,能不顾虑吗?"

两个部将听了都很恐慌,说道:"那么,咱们究竟该如何是好呢?"司马德戡道:"既然骁果都想要逃亡,我等不如也跟了去。"不久,司马德戡召集了虎牙郎将赵行枢、鹰扬郎将孟秉等人前来商议,将作少监宇文智及反对逃亡,主张叛变,于是,司马德戡等人改变了计划,他们每天在大庭广众之下公开讨论叛变的计划,毫无一丝忌讳。

有一个宫人听到他们的谈论,便对萧皇后说:"现在外面人人都想要造反。"萧皇后说:"请你奏明皇上。"于是,宫人告诉了隋炀帝,炀帝大发脾气:"这些混账话岂是你能够说的?"之后便把宫人给斩了。后来,又有一个宫人告诉萧皇后,外边有人想要阴谋叛变。萧皇后不想再让这个宫人送死,长叹一口气道:"天下事已到了这种地步,无可挽救了,何必再去告诉皇上,徒然增加皇上的忧虑。"从此,便没有人再提起此事。

隋炀帝备下了一缸毒酒,对他的宠妃们说:"贼兵若来了,你等先饮,然后朕也饮之。"其实,隋炀帝很怕死,他还幻想能得到宽恕,他对萧皇后说:"痛痛快快地喝酒吧,不管怎样,朕不失为长城公,卿亦不失为沈后。"长城公,是南朝亡国之君陈后主降隋以后隋给他的封号,沈后即陈后主的皇后。说来也巧,陈后主是在隋炀帝即位那年,即604年死去的,当时,这位雄心勃勃的新皇帝赐给死去的陈后主一个贬称"炀",意思是说他一生花天酒地而荒疏了政务。显然,他是在嘲弄这个亡国之君。历史无情,他万万未曾料到,14年之后,他自己竟连当长城公的待遇也求而不得,只落得他自己定的"炀帝"的丑名!

此时,司马德戡说动了宇文智及的哥哥右屯卫将军宇文化及为首领,并且对所属的骁果们说:"陛下听说骁果准备叛变,便酿制了许多毒酒,要在宴会中分给大家吃。"骁果们听了都很害怕,更坚定了叛变的决心。于是,某天晚上三更之时,司马德戡在东城调集兵马数万人。炀帝在宫中看到外面火光冲天,不时有喧哗叫嚣之声传来,忙问:"怎么回事?"在宫中当内应的裴虔通道:"没有什么,储草的草棚失火了,大家都在忙着救火。"炀帝信以为真。这时,炀帝的守卫不是已被司马德戡买通,就是被他假造命令,差遣了出去,所以叛军毫不费力地进入了内宫。

炀帝发觉有变,立刻准备乔装溜到西阁,不料校尉令狐行达拔刀逼近,炀帝问:"你要杀朕吗?""臣不敢,只是请陛下西归。"说着,令狐行达便扶着炀帝走下阁楼,走到一半,炀帝看到裴虔通。裴虔通本为炀帝最亲信的人,因此炀帝十分愤怒,责问道:"你不是朕的老部下吗?为什么要造反?"裴虔通对曰:"臣不敢造反,然而将士们都想要返回关中,想要侍奉陛下速还京师罢了。"炀帝说:"这个好办,朕本来也正想回去,只是船只未到,朕与你们一块归去也就是了。""百官俱在庙堂,陛下必须亲自出面慰劳。"裴虔通说完,把炀帝强拉上马,左右环刀相侍。

此时,门外叛军噪声如雷,炀帝走出宫门,见众人都拔出利刃,恶狠狠地瞪着他,不禁长叹一口气道:"朕犯了什么罪到今天这种地步?"马文举说道:"哼!陛下外勤征伐,内极奢侈,使得壮丁都丧生在矢刃之下,妇女老弱都填塞于沟壑之中,人民失业,盗贼遍地,你还说没有罪吗?"

隋炀帝落入了哗变的禁卫军手中,宠妃们早已逃散,毒酒也找不到了。他怕被杀头,便从身上解下一条绢带,递给禁卫军头领,让他把自己勒死,这位历史上有名的狡诈的皇帝杨广,就这样死了。他的死结束了自己49年的生命,同时也结束了隋朝短短38年的命运。被一同处死的还有他的两个儿子和一个孙子。隋炀帝死后,萧皇后和宫人用床板做了三口小棺材,将其装殓,草草埋葬了。后来,江都太守陈核又把他改葬在江都城西的吴公台下,以后又移葬到了雷塘。

第 11 章 唐朝

唐朝从李渊称帝算起,共历二十二帝,二百九十年,是中国历史上重要的朝代之一,其政治、经济和文化都十分发达,对其他国家产生了深远的影响,都城长安(今陕西西安)更是世界文化、艺术中心。唐朝是中国历史上最开放的朝代,唐朝政府实行开明的对外政策,鼓励中外平等交往,这一政策大大促进了中国文明的传播,也促进了唐朝的繁荣。很多外国人直到现在还习惯称中国人为"唐人"。

唐高祖称帝

李渊(566—635)出生在隋王朝的一个贵族家庭。他的祖父李虎是西魏和北周最高军官六柱国之一,死后被追封为唐国公。他的父亲是北周时的柱国大将军。李渊的母亲是隋文帝独孤皇后的姐姐。李渊幼年丧父,7岁便继承了唐国公的爵位。李渊长大后,为人洒脱,性格开朗,待人宽容。隋取代北周后,15岁的李渊被任命为隋文帝的禁卫武官——千牛备身,开始了他的政治生涯。

617年,五十多岁的李渊在太原起兵,杀掉太原副留守王威、高君雅,迈出了兴唐灭隋的第一步。随后,李渊做出了富有政治远见的重大决策:他派人出使突厥议和,表示愿意永远结为盟好,并请求出兵协助伐隋。这不仅解除了他挥师南下的后顾之忧,还得到外来援兵,壮大了自己的声势。他又招募兵员,制造弓箭,蓄养马匹,积极扩大自己的武装力量。与此同时,李渊广泛利用自己的社会关系和政治地位争取各界人士的支持,获得了人力、物力、财力的巨大援助。在短短的120多天里,李渊便占领了关中,攻下了长安。

李渊攻进长安以后,本可以立即称帝建国,但他没有这样做,而是从有利于兴唐灭隋的战略角度,十分机智地处理各种复杂的问题,表现了他的远见卓识。李渊立隋炀帝的孙子——12岁的代王杨侑做皇帝,这就是隋恭帝,尊当时在江都的隋炀帝为太上皇,自己做大丞相。这样,他既取消了隋炀帝的帝位,又可以利用杨侑这块招牌去招降隋朝的文武官员,从而把全部大权操纵在了自己手里。

618年,李渊称帝登基,国号为唐,改年号为武德,定都长安。30多年前,杨侑的曾祖父杨坚篡周,逼着小皇帝宇文阐禅位;30多年后,李渊又逼使杨坚的曾孙让位,历史有时就是这么惊人地相似。

李渊称帝后,百废待举。他一面组织力量进行统一全国的战争,一面注意加强政权建设。唐朝前期的政治、经济、文化、军事制度,在李渊时期基本上初具规模。

在政治方面,李渊继承了隋朝的制度,并在此基础上又有一些发展。唐朝中央建立的政治制度,概括地说是三省六部二十四司。三省是尚书省、中书省和门下省。尚书省掌管全国政令,是命令的执行机关,下属共有六部,即吏、户、礼、兵、刑、工。吏部掌管官吏的选用、考核与奖惩;户部掌管户籍和赋税;礼部掌管礼仪和科举;兵部掌管军事;刑部掌管刑狱;工部掌管土木工程。每部又分四司来作为办事机关。中书省负责皇帝诏书的起草。门下省则是审核中书省起草的诏书,不合适的就将其驳回修改。

地方的政权机构基本是两级,即州和县。长官分别是刺史和县令。刺史每年要巡查各县,考核官员政绩,还负责举荐人才。县令要负责一县的各种事务,官虽小,却是最繁忙的官员。

在经济方面,唐高祖李渊在实行均田制的基础上,又实行了租庸调制:受田的农民,每丁每年要交粟两石(dàn),这是租;每年交绢两丈、绵三两,或者交布二丈五尺、麻三斤,这是调;每丁每年服役20天,不服役的可以折算为每天绢三尺或布三尺七寸五分,这是庸。假如官府额外加了役期,加够15天则免调,加30天免租、调。每年的加役最多30天。唐朝的租庸调制与隋朝的相比,用庸代替服役的条件放宽了很多,更有利于农业生产。

在文化教育方面，李渊推崇儒学，儒家的经书是教学的重要材料，如《周易》《左传》《礼记》《尚书》。李渊还下诏编撰了《艺文类聚》，这是一部类编图书，引用的古籍共有一千多种，为后人保存了很多有价值的历史资料。

隋朝灭亡后，唐朝的帝王承袭了隋朝传下来的人才选拔制度，并做了进一步的完善。由此，科举制度逐渐完备起来。

在军事制度方面，建立府兵制，这是一种职业兵制。这种制度创始于西魏的宇文泰时期，经过北周、隋朝，沿用至唐朝。李渊在太原起兵进军长安的途中，就逐步将手下军队纳入了府兵制度中。府兵制将练兵权和领兵权分离，以防止将领拥兵自重，对抗中央。

府兵制建立在均田制的基础上，是兵农合一的制度，士卒平时在家生产，战时出征。农闲时由兵府负责操练，提高战斗力。在隋文帝时期，曾实行这种制度。府兵的重要职责是轮流到京师或者边塞服役，叫作"番上"，战时则出征御敌。在服役期间，士兵可以免除自身的租和调，但不论"番上"还是出征，所需的兵器、衣服和粮食等都要由自己负责筹备。府兵制从根本上减轻了国家的负担，它不但能扩大兵源，也能保证战斗力。

唐朝开国后，许多地方还处在分裂状态，农民起义军和隋朝残余将领割据各地。李渊在长安安定之后便开始了长达10年的统一战争。

尉迟恭归唐

619年11月，秦王李世民（599—649）带了3万精兵到达龙门，踏冰渡过了黄河，与隋末起义军中的刘武周军主力宋金刚部对峙。宋金刚派出偏将尉迟恭（585—658）、寻相到夏县与吕崇茂夹击唐军，大获全胜，俘虏了李孝基及多员唐将。

李世民准备亲自出马，大将殷开山（殷峤，字开山）、秦叔宝请战。这时李世民已得知尉迟恭将会回浍州（在今山西翼城县一带），就在夏县北的美良川（今山西闻喜县南)设下伏兵。美良川是尉迟恭回军的必经之地。

果然,尉迟恭和寻相领军来到。等大军渡河渡到一半时,殷开山、秦叔宝指挥唐军伏兵突然杀出。尉迟恭军猝不及防,仓促应战,结果溃不成军。唐军奋力追杀,斩敌两千多名。尉迟恭非常勇猛,与寻相杀出重围。

620年,与唐军对峙几个月的宋金刚部终因粮草不足向北撤退,又被唐军大败。尉迟恭收拢残兵,坚守介休。李世民有爱才之心,不想强攻,就命任城王李道宗和宇文士及进城劝降。经两人一再劝说,尉迟恭表示愿意投降。李世民非常高兴,命尉迟恭为右一府统军,统领旧部八千人马。

没隔多久,寻相等降将叛变。将领们认为尉迟恭也一定会叛变,就把他关了起来。部将屈突通、殷开山还劝李世民立即杀了尉迟恭以除后患。李世民却下令放了尉迟恭,还把他请到自己卧室中,赐给他很多珍宝,对他说:"大丈夫意气相投,不要因为小的嫌隙相互介意。我不会以谗言来害忠良,您也应体谅。您如果一定要走,我就把这些财物送给您,以表曾经共事之情。"尉迟恭大为感动,从此忠贞不贰,成了李世民的爱将。

李世民大破"万人敌"

武德元年(618年),李渊称皇帝,也就是唐高祖。消息传到陇西,自称西秦霸王的薛举坐不住了,他决定先下手为强。

这年六月,割据金城(今甘肃兰州)的薛举忽然大举进兵,并且前锋已经到达泾州(今甘肃泾川县)、豳(bīn)州(今陕西彬县一带)、岐州(今陕西凤翔县)一带,直接威胁关中。告急的烽火连夜烧到了长安,刚刚建立还立足未稳的唐王朝,明显地感受到了来自西部的强大压力。登基还不到一个月的唐高祖李渊沉着冷静地分析了形势,确定了先巩固关中,并着手统一全国的计划。他立即任命秦王李世民为元帅,率领八大总管展开全力反击。由此拉开了翦灭群雄、统一全国的战争序幕。

李世民认为,西秦军士气正盛,此时不宜与之决战,便下令大军深挖壕沟,加高壁垒,避而不战。谁料此时李世民居然因为疟疾病倒了,卧床不起的李世民只得将军事指挥权交给了刘文静和殷开山,他对二人千叮咛万嘱咐:"薛举孤军深入,粮草辎(zī)重都成问题。据我估计,他们的粮草支撑不了多久。你们万万不可出战,一切等我病好以后再说。"刘文静、殷开山满口应承。但在这之后殷、刘二人商量,恫吓(dòng hè)一下敌人也是必要的。七月初九,唐军开出大营,在高墌城西南的浅水原列阵,炫耀武力。

西秦军已经憋了好久,见唐军终于出城,个个欣喜若狂。最高兴的是薛举,他当即率精兵悄悄迂回至唐军的背后。刘文静和殷开山仗着自己人马众多没有多做防备,做梦都没想到薛举会来这么一手。薛举亲率大军从唐军背后发动突袭。猝不及防之下,唐军遭到惨败,死伤过半。唐军兵败如山倒,薛举轻而易举就攻克了高墌城,"收唐兵死者为京观(古代为炫耀武功,聚集敌尸封土而成的高冢)"。李世民没有办法,只得率残部奔回长安。李唐建国之后的第一仗,竟以惨败落幕。唐廷上下鸡飞狗跳,西秦这边则是众志成城,誓要攻拔长安,覆灭大唐。薛举摩拳擦掌,雄心勃勃,他派太子薛仁果进围宁州。薛举正准备亲自奔袭长安,岂料在这关键时刻,他居然病倒了,并于八月初九突然去世。

皇太子薛仁果随后即皇帝位,改折墌城(今甘肃泾川县东北)为都。薛仁果面相凶恶,骁勇善战,尤其精通射术,军中号称"万人敌"。但他有一个致命的缺点:嗜杀成性。他曾在作战中抓到隋朝大臣庾立。庾立刚直,坚决不肯投降。薛仁果暴怒,竟将庾立架在火堆上活活烤死,又将庾立的肉一块一块地割下来,赏给士兵们吃。他的狠毒与残忍让薛举都无法忍受,薛举曾经大骂他:"没错,你小子是挺有能力的。但是你生性太过残酷,对人刻薄寡恩。我真担心将来有一天老薛家和西秦国会亡在你的手上。"可想而知,这样的领导当然不能赢得下属的衷心拥护。等到他继位之后,众将对他更是心存畏惧,上下离心,其兵势也逐渐衰弱,西秦国内部一片混乱。

反观唐军,在浅水原大战失利后,全军上下都想着如何一雪前耻。这次,李世民再披战袍,早已成竹在胸。唐军进据高墌城后,薛仁果派宗罗睺前来骂阵挑衅。李世民不管诸将如何请战,就是紧闭营门,不准出战,他耐心地说服诸将:"大家的心情我可以理解。但是,我军前不久刚刚打了败仗,士气低迷。而西秦军刚刚打了胜仗,士气正高。此时,我们就应该紧闭营门,坚守不出,养足锐气。他们骄横,我们奋勇。我们只需要一战就可以打败他们。"

但众将还是不听,惹得李世民怒起,下了一道命令:"再有请战者,斩立决。"众将无奈,只得噤口不言。大家以为再等几天就可以了,谁知这一等就是两个月。众将士的愤懑与日俱增。

就这样,唐军与敌军相持了60多天,薛仁果眼看粮草已尽,战事却毫无进展,变得越来越焦躁,将士们离心的倾向也越来越严重。这时,李世民觉得与敌军决战的时机成熟了。于是命令将军梁实到浅水原吸引敌军,敌将宗罗睺见唐军终于出战,大喜过望,出动所有的精锐部队,直接向唐军扑来;梁实凭借有利地形,成功地阻击了敌军的几次疯狂进攻。就在敌军筋疲力尽之时,李世民命令唐军展开全线反击。他先命右武侯大将军庞玉率领一支唐军投入浅水原正面战场,以增援梁实,与宗罗睺展开激战;自己则亲率大军绕道浅水原北,出其不意,从敌后发起攻击。宗罗睺见腹背受敌,被迫引兵迎战李世民。

只见李世民亲率几十名精锐骑兵,冲向敌军。唐军内外夹击,喊杀声震天动地,一举击溃了敌军,斩杀敌军几千名。宗罗睺见大事不妙,赶紧撤军。李世民准备亲率两千多名骑兵紧追不舍,却被窦轨拦住战马,窦轨苦苦劝谏说:"宗罗睺虽然被打败,但薛仁果仍然据守着折墌城,那里城池高大坚固,难以攻取,我军切不可轻率进军,请暂且按兵以观察形势。"

李世民坚定地说:"不要再说了!这次战事我已经考虑很久了,现在我军正势如破竹,机不可失呀!"于是进逼折墌城下,在泾水与敌军对阵。敌军骁将浑幹等人一看势头不好,临阵投降。薛仁果开始害怕了,引军退入城内拒守。日暮时分,唐军相继赶到,完成了对折墌城的最后包围。薛仁果一看大势已去,只好开城投降。

战后,众将前来祝贺,他们很好奇,问李世民:"您弃步兵而不用,且不带任何攻城器具,轻骑直逼城下。我们当时都觉得您一定拿不下折墌城,可您却偏偏打了个大胜仗。我们不太明白,您给我们讲讲吧!"

李世民笑了,向他们解释道:"宗罗睺的部下都是陇西本地的劲卒,骁勇剽悍。咱们只是出其不意才打败了他,并没有消灭他的有生力量。如果我们不迅速追击,这些人就会跑回折墌城,到时再攻城恐怕就很难了;反之,如果我们迅速追击,这些人就会四散奔逃,折墌城的防守力量必定大为削弱,薛仁果自然就被吓破了胆,来不及商议对策。这就是我军得胜的原因。"众人恍然大悟,对李世民佩服得五体投地。

就这样,不可一世的"万人敌"薛仁果最终被李世民消灭。

玄武门之变

李渊即位以后,立长子李建成(589—626)为太子,封次子李世民为秦王,第四子李元吉(603—626)为齐王。这三个人当中,数李世民功劳最大。太原起兵,原是他的主意,在之后的战斗中,他立的战功也最多。李建成的战功不如李世民,只是因为他是唐高祖的大儿子,才取得了太子的地位。

李世民有勇有谋,手下还有一大批人才。在秦王府中,文有房玄龄、杜如晦等,武有尉迟恭、秦琼、程咬金等。太子李建成知道自己的威信比不上李世民,十分妒忌他,就和弟弟齐王李元吉联合起来,一起排挤李世民。

兄弟三人表面上很和睦,可是背后,李建成时时想除掉李世民。有一次,李渊由三个儿子陪同外出狩猎。李建成有一匹烈马,它虽然跑得快,却有个致命的弱点——前腿软,所以在奔跑时会突然跌倒。李建成让李世民骑着这匹马追捕猎物。李世民不知这匹马的毛病,就骑上马追赶一只鹿。这匹马速度超群,眼看就要追上鹿时,突然马失前蹄,李世民猝不及防,从马背上翻下来,说时迟,那时快,李世民一个前空翻,稳稳地站在了地上!

李世民是聪明人,马上明白大哥是要用这匹马来暗害他。但是李世民不在乎,因为这几年东征西讨,他多数时间是在马背上度过的,也练就了一身过硬的本领,所以他又翻身上马,继续奔跑。他从马背上连续掉下来三次,却没碰破一点儿皮!李世民把马交还给李建成的侍卫,对站在一边的宇文士及说:"想用马暗害我,只怕是生死有命,枉费心机!"

626年的一天,李建成请李世民到东宫喝酒。几杯酒下肚,李世民突然觉得肚子剧痛，回到自己住的西宫以后，竟吐起了血，直到御医给他服了药，才渐渐好了起来。

李渊得到消息，猜想是大儿子对二儿子下的毒手。尽管如此，他仍然不忍心废掉太子，但又不想让二儿子再受伤害，于是他想了一个自认为两全其美的办法：派李世民去洛阳，管理陕州（治今河南三门峡市陕州区）以东的州郡。李世民觉得这样也不错，就答应了。李建成和李元吉听到这个消息，非常紧张，认为让李世民去洛阳是放虎归山，便指使一些大臣向李渊上书，说李世民去洛阳会有分裂国家的危险。李渊一听觉得有理，这件事就作罢了。

李建成、李元吉还处心积虑地拉拢李世民手下的亲信。他们首先看中了尉迟恭。李建成派心腹送给尉迟恭一车金银珠宝，说明来意，尉迟恭不仅拒收金银，送走来使后还向李世民报告了。

李建成为了扫除李世民及其亲信，各种手段一齐使用。收买这一招失败后，他并不气馁，又向皇帝密告李世民的天策府谋士房玄龄、杜如晦行为不轨，应将他们逐出天策府；另外，他还向皇帝提议，外派李世民部下程咬金去康州（治今广东德庆县）任刺史。程咬金虽是武将，却也粗中有细，看出了其中的问题，他对李世民说："我至死不去康州，我要保护大王。大王的羽翼一旦除尽，他们就该谋害大王了，请大王尽早决断！"

李世民意识到形势严峻，召集天策府文官武将商讨对策。这时，传来消息，突厥又来骚扰了，李建成举荐李元吉率兵出征，以免李世民掌握兵权，并欲借机将李世民部下尉迟恭、程咬金等大将一齐杀掉。李世民将此事告诉李渊，李渊要第二天亲自审问，让李世民、李建成、李元吉等人必须参加。

李世民一次次地忍让，最后达到了极限。当时的情况已不仅是个人生死的问题，而且是关系到唐朝江山将来落入谁手、向何处发展的大问题，他决定狠下心来反击了。当天深夜，李世民和长孙无忌等埋伏在玄武门。天刚蒙蒙亮，李建成和李元吉骑着马进宫。两人觉得四周情形与往日不同，李建成回过头要走，李世民这时从墙后出来招呼他。李元吉做贼心虚，想先下手为强，就摘弓搭箭，朝李世民射去。哪知他心慌力弱，连发三箭，箭箭射空。

李世民不再迟疑，对准李元吉拉满了弓，李建成见状高喊："四弟小心……"话未说完，李世民射出的狼牙箭直奔他而来，李建成猝不及防，咽喉中箭身亡。与此同时,喊声四起,尉迟恭率领七十名骑兵如从天降。李元吉策马便跑,尉迟恭一箭射中他的后心,结果李元吉当场毙命。

李渊知道消息后,无可奈何,在这种情形下,只好立李世民为太子了。历史上把这次政变叫作"玄武门之变"。

魏徵(580—643)是李建成所在的东宫的官员,他经常给李建成出谋划策。李建成被杀后,魏徵被抓到李世民面前,将领们准备让李世民审完后杀掉他。魏徵在李世民面前大义凛然,无所畏惧。李世民佩服他的胆略和才能,没有杀他,而是留他在自己身边。另外,李世民对前东宫和李元吉齐王府的官员都不予追究,这些官员都对他感激涕零。

此时,唐朝大权已掌握在新太子李世民手中。同年8月在东宫显德殿中,李世民即位当了皇帝,这就是唐太宗。李世民在第二年改元贞观。李渊则被尊为太上皇。

唐太宗纳谏

626年,即"玄武门之变"那一年,李渊主动传位给李世民,自己当了太上皇。从此,唐朝开始走向兴旺发达。

唐太宗虽然出身于贵族家庭,但是他亲自参加了推翻隋朝的斗争,亲自感受到农民起义的强大力量,他总结隋亡的原因是隋炀帝荒淫无度,违背君道。所以,他当了皇帝后,总是以隋朝灭亡的教训提醒自己,他经常说:"一个皇帝,要是按正道办事,百姓就拥护他;如果他不行正道,不尊重人性,百姓就推翻他,这实在太可怕了!"他又说:"百姓好比是水,皇帝好比是船。水能载船,亦能覆船。"

即位之初,唐太宗兢兢业业、小心谨慎地处理国事。古时候,人们把统治者听取不同意见,明断是非,然后采纳正确的意见叫作"纳谏"。唐太宗很注意纳谏。有一次,他问大臣魏徵,君王怎样才能"明"?怎样才是"暗"?魏徵回答说:"兼听则明,偏信则暗。"唐太宗非常赞成这个见解,因为他知道自己并不是无所不知,无所不能的。

贞观二年,一个叫李百药的大臣对唐太宗说:"以前虽然遣散过宫女,但太上皇宫中和掖庭宫中无用的宫女仍然很多,不仅浪费衣食,而且宫里阴气太盛,也会招致旱灾。"唐太宗接受了李百药的建议,下令遣散宫女,前后放出三千多人。

有一年,唐太宗派人征兵,有个大臣建议:不满18岁的男子,只要身材高大,也可以征召。唐太宗同意了,但是诏书却被魏徵扣住了。唐太宗催了几次,魏徵还是扣住不发。太宗派人把魏徵叫来,训斥道:"那些个头高大的男子,说自己不到18岁,可能是故意隐瞒年龄,逃避征兵。我的诏书,你为什么扣住不发?"

魏徵不慌不忙地说:"我听说,把湖水弄干捉鱼,虽能得到鱼,但是到明年湖中就无鱼可捞了;把树林烧光捉野兽,也会捉到野兽,但是到明年就无兽可捉了。如果把那些身强力壮而不到18岁的男子都征来当兵,以后还从哪里征兵呢?国家的租税杂役,又由谁来负担呢?"

唐太宗觉得魏徵说得有道理,可还是不服气。魏徵接着说:"陛下常常说要以诚信待人,但陛下即位这几年,已经在好几件大事上不讲信用了。"唐太宗吃惊地问:"朕什么时候不讲信用?"

魏徵说:"陛下刚即位的时候,曾经下诏:拖欠官府东西的,一律免除,可是官吏们照样催收,这是不是说话不算数?陛下一向说要以诚信待人,为什么征兵的时候怀疑百姓作假?无缘无故怀疑人,这能算讲信用吗?"魏徵的一席话,说得唐太宗哑口无言。于是,唐太宗又重新下了道诏书,免征不到18岁的男子。经过这件事,唐太宗更加信任魏徵了。

630年,唐太宗准备到洛阳巡游,于是下令重建洛阳乾阳殿。大臣张玄素上书反对,他说:"因巡游东都而先修宫室,这不是当前的急务。关中是全国的要地,应千方百计使其保持稳定。当年平定王世充时,我们把隋朝高大奢侈的宫殿都拆毁了,才取得了人民的拥护。现在还不到10年,又要建豪华的宫殿,为什么以前人们做的坏事,现在又要去学它呢?"唐太宗接受了张玄素的建议,说:"这是朕考虑不周。既然如此,就停建吧!"

唐太宗还鼓励各级官吏有什么说什么,不要因为怕得罪皇帝而隐瞒真相。有一次,他询问监修国史的房玄龄:"自古以来撰修国史都不让本朝的君主看,这是为什么呢?"房玄龄回答说:"一个正直的史官,他写的国史一定会如实地记下君主的功过。君主看到里面记载着自己的过错后一定会发怒,所以国史都不让本朝的君主看。"唐太宗说:"有什么写什么,怎么会得罪君主呢?我很想看看国史上怎样写的,把以前的错误作为今后的鉴戒,有什么不好呢?"房玄龄就把有关唐高祖、唐太宗的历史材料整理好,送给唐太宗看。

唐太宗看到武德九年(626年)六月初四下面记载的玄武门之变中,有关杀死李建成、李元吉的情形叙述得十分含糊,便把编写国史的史官叫来,细致地讲了一遍当时的情况,并说诛杀李建成、李元吉一事不必隐讳,因为这是安定国家、有利于百姓的事情。他当即命令史官删去浮华的辞藻,直接记录历史,认为这样才能起到惩恶劝善的作用。

贞观中期以后,唐朝经济更加繁荣,政治也很安定,朝廷大臣都极力歌颂太平盛世。只有魏徵不忘过去的艰苦,给唐太宗上了一道奏章,指出他在治理国家过程中出现的十个方面的缺点,希望他警惕起来,保持贞观初年的好作风。

唐太宗不仅能纳谏,而且能主动采取措施引导大臣评论朝政,提出改进意见。即位之初,唐太宗上朝时的态度十分严肃,弄得大臣们战战兢兢,很长时间没有人敢发表意见。唐太宗发现这个问题以后,主动改变作风,自己在召见大臣交谈时,有意识地摆出一副和颜悦色的面孔,以减少大臣的畏惧情绪,对敢于批评朝政的大臣,还给予赏赐。

唐太宗为了给大臣创造批评朝政的条件,建立了一种制度,即允许谏官、史官参加政事堂会议。实行这种制度以后,谏官能及时了解朝政内幕,宰相也不敢谎报政绩。大政方针如果有错误,谏官有权当面指责。同时,史官参加政事堂会议,可以及时了解皇帝和宰相的言行,以第一手材料编写起居注(中国帝王的言行录),对封建统治者来说,这是一种有效的监督。

唐太宗说过这样一句话:"人以铜为镜,可以正衣冠;以古为镜,可以见兴替;以人为镜,可以知得失。"在唐太宗的倡导下,大臣们都敢于直言,甚至连一个小地方官也敢于说出自己的意见。栎(yuè)阳(治今陕西西安市临潼区西北)县丞刘仁轨是个小小的八品官,他反对唐太宗在秋收大忙季节出去打猎,要求改在冬闲的时候进行。唐太宗不但采纳了他的意见,还提升了他的官职,以示鼓励。

643年,魏徵去世了,唐太宗十分悲痛,亲自为他撰写墓碑的碑文。以后他时常怀念魏徵,说:"魏徵死了,朕失去了一面镜子!"645年,唐太宗远征高句丽,劳民伤财,损失惨重。回来的时候,唐太宗想起了魏徵,十分感慨地说:"假如魏徵在世,他一定不会让朕去远征的!"

一把漂亮胡子

在中国历史上,如果论起房玄龄(579—648)、杜如晦,唐朝以后的人无不竖起大拇指,称赞他们为古今少有的贤相。

当初,房玄龄极为痛恨隋炀帝的暴虐,所以当李渊、李世民起兵经过渭北之时,他就毛遂自荐。李世民与他相谈之下,一见如故,马上命他担任渭北道行军记室参军。房玄龄遇到知己,感激万分,尽心尽力辅佐李世民。

每次李世民带兵平定贼乱,军中其他人总是被珠宝迷花了眼,而房玄龄总是不声不响地先去找寻有关文件,再探访当地人才,把他们纳入幕府之中。若是碰到能干的谋臣猛将,他一定想办法与之结交,要他们死心塌地地为李世民效力。房玄龄喜欢提拔人才,看到别人做了好事,就赞美不已,到处宣传,真正做到了任人唯贤。

贞观末年,唐太宗离开京城,住在翠微宫中,任命司农卿李纬为户部尚书,宰相房玄龄当时也留守京城。过了几日,唐太宗遇到一个从京城到翠微宫来的人,唐太宗就问:"房玄龄听到我任命李纬为户部尚书的消息后,有什么反应?"

来人想了想,困惑不解地回答说:"玄龄只是一直在说'李纬有一把漂亮的好胡子',就没有说其他的了。"

"坏了,坏了!"太宗一听来人如此回答,心下顿时明白,于是立刻把李纬从户部尚书改授为洛州刺史。

在李纬任职这件事上,房玄龄只说了"李纬有一把漂亮的好胡子"这样的话,听起来跟唐太宗改任李纬为洛州刺史没有关系,为什么却让唐太宗改变了决定呢?实际上,这体现了房玄龄高明的说话技巧,也体现了他为人宽厚,不愿意点明李纬的无能。唐太宗知道,房玄龄一向不吝啬夸奖人才的,如果李纬确实德才兼备,他一定赞不绝口。如今他什么话也没有说,只是强调李纬有一把好看的胡子,意思就是说,此人一无可取,虚有其表,由此可见君臣间的默契。

李靖夜袭阴山

唐太宗即位初期,中原战事虽然结束,但边境上还很不安定。特别是东突厥当时势力还很强大,是唐朝主要的威胁力量。唐高祖在太原起兵以后,一心对付隋朝,只好靠妥协的办法维持着和东突厥的友好关系,但东突厥仍旧不断进扰边境地界,致使边疆地方不得安宁。

"渭水之盟"(626年,唐太宗与入侵的东突厥颉利、突利两可汗在渭水便桥上结盟)后,唐太宗加紧训练将士,每天召集几百名将士在殿前练习弓箭。他跟将士们说:"外敌进犯,这是常有的事,并不可怕。怕只怕边境稍一安定,人就贪图安逸,忘记战争,到那时敌人来了就抵挡不住了。从现在起,平时我做老师,教你们射箭;战时我当将帅,带领你们抵抗敌军。"

经过唐太宗的鼓励,将士们专心练武,不出几年,就被训练成了一支精锐部队。

一年,北方下了一场大雪。东突厥的牲畜死了不少,大漠以北发生了饥荒。东突厥的颉利可汗加紧了对其他部族的压迫,引起其他各部族的反抗。颉利可汗就派他的堂兄弟突利去镇压,结果被打得大败。突利逃回去之后,被颉利责打了一通。两人因此翻了脸,突利投降了唐朝。

唐太宗抓住这个时机,派出李靖(571—649)、徐世勣等四名大将率领大军十多万,分路出击突厥。

李靖是唐朝初年有名的军事家,精通兵法。他在隋朝末年归附李世民,在唐朝统一战争中,立过不少战功。

630年,李靖亲自率领三千精锐骑兵,从马邑(治今山西朔州东北)出发,趁颉利不防备,连夜进军,逼近突厥营地。颉利发现唐军突然出现后大惊失色,他的将士们也慌了手脚,说:"这次一定是唐朝发动全国兵力打来了,要不然,李靖怎敢孤军深入呢?"

唐军还没有发起攻击,突厥兵先乱了起来。李靖又派间谍混进突厥内部活动,说服颉利一个心腹将领投降。颉利一看形势不妙,就偷偷逃跑了。

李靖攻下定襄(今山西右玉县及朔州市平鲁区一带)后得胜回朝,唐太宗十分高兴,说:"从前汉朝李陵带兵五千,结果不幸被匈奴俘虏;现在你以三千轻骑深入敌人后方,攻下定襄,威震北方,这是自古以来少有的事呀!"

李靖居功不自傲,他密切关注着边疆安危。

颉利逃到阴山以北,怕唐军继续追赶,就派使者到长安求和,还说要亲自朝见。唐太宗一方面派唐俭到突厥进行安抚,另一方面又命令李靖带兵前去察看颉利的动静。

李靖领兵到白道(今内蒙古呼和浩特西北)和徐世勣会师。两个人商量对策。李靖说:"颉利虽然打了败仗,但是手下人马不少。如果让他逃跑,以后我们再要追他,就很困难了。我们只要选一万精兵,带够20天的粮食,跟踪袭击,一定能把颉利活捉。"徐世勣也赞成这个意见。两支军队就向阴山进发了。

颉利求和实际上只是缓兵之计,他想等到草青马肥的季节回到漠北,以卷土重来。他看到唐俭来到,以为唐太宗中了他的计,心里暗暗高兴,防备自然也松懈下来。

当天晚上,李靖和徐世勣率领唐军到了阴山,他们命令部将苏定方率领两百轻骑,冒着夜雾悄悄进军。等突厥前哨发现唐军的时候,唐军离颉利营帐只有七里地了。颉利得知唐军骑兵来到,赶快寻找唐俭,但唐俭早已寻找机会脱身回到了唐营。颉利慌忙骑上他的千里马逃走。李靖指挥唐军追杀,突厥兵没有主帅,乱成一团。唐军歼灭突厥兵一万多人,还俘获了大批俘虏和牲畜。颉利东奔西逃,最后带着几个亲兵躲在荒山里,被任城王李道宗擒获,后来被押送到长安。一度很强大的东突厥灭亡了。唐太宗并没有杀死俘虏,他在东突厥原来的领地设立了都督府,让突厥贵族担任都督,由他们管理突厥各部。

这次胜利,提高了唐太宗在西北各族中的威信。这一年,回纥等各族首领一起来到长安朝见唐太宗,拥护唐太宗为他们的共同首领,尊称他是"天可汗"。

玄奘西行

唐太宗李世民征服东突厥以后,西域各族人和亚洲许多国家的人,不断地来到长安,在政治、经济、文化等方面的交流越来越频繁。在这一时期,我国高僧玄奘(602—664)也历尽艰辛前往印度去取经。

玄奘是长安大慈恩寺的和尚,洛州缑氏(今河南偃师缑氏镇)人,原姓陈,名祎(yī)。13岁那年,他出家做了和尚,认真研究佛学,后来到处拜师学习,精心钻研佛教经典。玄奘发现国内的佛经对一些重要的理论问题分歧很大,难以融合,便想到天竺(我国古代称印度)去学习考察。

627年(一说629年),玄奘踏上西行征途,途中历尽千辛万苦。玄奘在迦湿弥罗国(今克什米尔地区)苦学了两年,把佛教徒第四次结集的30万卷佛经全部读完。两年后,玄奘开始旅行全印度,访问佛教古迹,向名师学习。最后,他来到了印度的那烂陀寺。

那烂陀寺的长老是年高德重的戒贤法师。在那烂陀寺学习的四千名和尚中,精通20部经律论的有一千人,精通30部经律论的有五百人,精通50部经律论的,包括玄奘在内,只有十人。玄奘在那里被称为"三藏法师",地位非常尊贵。因为玄奘是中国唐朝人,所以又被称为"大唐三藏法师"。

641年,戒日王请那烂陀寺的高僧去参加辩论,戒贤法师派出了玄奘。结果玄奘大获全胜,名扬全印度。玄奘在印度访问了数百座寺院,同僧人探讨佛经,一晃十几年过去了。他刚开始的时候以学习为主,后来转变为以讲学为主。

贞观十七年(643年)春,离开长安17年(一说15年)之久的玄奘启程返回大唐。玄奘带回佛经657部,舍利150粒,释迦牟尼金质塑像一座,以及其他金质、银质佛像和花果种子。

玄奘走到的地方,几乎都有人请他讲经,以至于第二年秋天,他才走到于阗(今新疆和田一带)。他把这十几年的简况写了表文托人捎至长安给唐太宗李世民。李世民看了表文很高兴,让玄奘速来长安见面。645年玄奘回到长安,唐太宗亲自接见玄奘。

玄奘不愿做官,决心把印度佛经译成汉文。翻译之余,他还自己口授,由弟子执笔完成了《大唐西域记》一书,全面记载了他游学异国的所见所闻。664年的一天,玄奘在紧张的翻译工作中猝然逝世。唐高宗悲痛地说:"从此,僧侣们失去了导师,佛教失去了栋梁,而朕失去了国宝,失去了国宝啊!"

文成公主入藏

唐太宗李世民执政时期,是中国历史上兴盛富强的一个时期。许多小国甘愿俯首称臣,有的国家和民族则通过联姻的形式,加强与唐朝的友好关系。

唐朝在繁荣发展的同时,其西北边境上出现了一个强大的少数民族政权——吐蕃(7世纪至9世纪存在于青藏高原)。吐蕃人是藏族人的祖先,生活在青藏高原上,过着农耕和游牧的生活。吐蕃人的首领称为"赞普",意思是雄壮强悍的男子。

松赞干布(约617—650)做了吐蕃赞普后,把都城迁到逻些(今西藏拉萨),制定官制和法律,创立了奴隶制政权。

松赞干布非常羡慕唐朝的文化,想要和唐朝建立友好关系。634年,他第一次派遣使臣前往长安访问。唐太宗很快就派使臣回访。从此,汉藏两族关系越来越密切了。不久,松赞干布派使臣带着丰盛的礼物到唐朝向皇室求婚,唐太宗没有同意。640年,松赞干布又派大相(相当于唐朝的宰相)禄东赞带着黄金五千两、珍宝数百件,跋涉数千里,再一次到长安求婚。这次,唐太宗答应将文成公主嫁给他。文成公主出身皇族,聪明、美丽,读过很多书,很有才华。

文成公主出嫁的消息传到吐蕃以后,吐蕃人民感到莫大的喜悦。为了减少公主在旅途中的艰辛,他们在很多地方都准备了马匹、牦牛、食物和饮水,以表示对公主的热烈欢迎。吐蕃赞普松赞干布亲自率领大队侍从和护卫人员,从逻些启程到青海去迎接文成公主。

唐太宗预先在青海南部的黄河发源地为文成公主修了一所负责接待的离宫，沿途都有官民迎送。一个多月后，公主到达离宫，在离宫附近的柏海（在今青海）会见了前来迎接的松赞干布。当时松赞干布以唐皇帝女婿的身份拜见了前来送行的江夏王李道宗，对唐太宗表示了感谢，并请李道宗代他向唐太宗问好。后又继续启程，松赞干布陪文成公主一起回到了逻些。

他们一行人进入逻些城，乐队奏着歌曲，吐蕃人民穿着节日的盛装，争着去看远道而来的赞蒙（藏语，"王后"的意思）。松赞干布高兴地说："我们先辈没有和上国通婚的，今天我能娶大唐的公主，实在荣幸。我要为公主建一座城，作为纪念，让子孙万代都知道。"他按照唐朝的建筑风格，在逻些为文成公主修建了布达拉宫。

在文成公主进入吐蕃的道路上，吐蕃人民把很多地名与文成公主联系起来。青海有一座日月山，现在是青藏公路的必经之处。据说1300多年前，文成公主到达这里时，她感到过了这座山又是一重天，远离家乡的愁思不免使她触景生情。唐太宗为了宽慰她，特地用黄金铸造了日月的模型各一个，远道送来，叫她带在身边，以免思念家乡。从此这座山就被命名为日月山了。

青海还有一条倒淌河，这条河从东向西流入青海湖。传说从这条河开始，文成公主就要弃轿骑马，进入草原。她感到和家乡的距离一天比一天远了，不禁失声痛哭。公主这一哭感动了天地，结果这里发生了"天下江河皆东去，唯有此水向西流"的现象。

文成公主到了吐蕃，不仅带去了各种谷物、蔬菜种子，而且带去了很多工艺品、药材、茶叶及各种书籍。

在文成公主以前，吐蕃已经有了农业，但农耕技术落后，唐朝先进的生产技术传入后，当地人学会了防止水土流失和平整土地的方法。吐蕃的手工业，如酿酒、造纸、造墨、缫丝等都是在唐朝工匠的直接帮助下发展起来的。文成公主和她的侍女，曾协助吐蕃的妇女改进纺织技术，特别是在染色和图案设计上进行了很多改进。过去吐蕃人都住帐篷，文成公主去了之后，上层人物都改住房屋。在衣着方面，吐蕃人穿的是毡裘，又笨又重。双方和亲以后，一部分人开始穿绫罗绸缎。同时，用大唐石磨加工谷物，不仅省工，而且减少损耗，从而改善了人民的生活。

吐蕃过去没有文字,只能结绳记事,或在木头上刻符号表示。文成公主劝松赞干布设法造字。于是他指派柔扎布去研究,后来造出了30个字母和拼音造句的语法。松赞干布认真学习新文字,并把这些字刻在宫殿的石壁上,从此吐蕃有了自己的文字。吐蕃人用吐蕃文译释唐朝的儒家经典和佛经,促进了当地文化的发展。唐太宗去世以后,唐朝和吐蕃继续保持着频繁密切的来往关系。

680年,文成公主去世了,她在吐蕃生活了将近40年。由于她对藏族人民作出了巨大的贡献,所以深受藏族人民崇敬。至今,拉萨的布达拉宫里还保留着文成公主和松赞干布的塑像,人们常到那里拜谒他们。

药王孙思邈

孙思邈(581—682),京兆华原(今陕西铜川市耀州区)人。他7岁开始上学,博闻强记,不满20岁就已成为善谈老庄及百家之说又兼通佛学经典的人,被称为"圣童"。

孙思邈一心致力于医学研究,他的医术很高明,在当时很有名望。隋文帝听说以后,派人到南五台(在今陕西安市长安区终南山)去请他出来做官,孙思邈谢绝了。他认为自己应该为所有人治病,而不应成为帝王的专用医生。后来唐太宗做了皇帝,把孙思邈召进京城。两个人见面以后,从养生之道谈到治理国家,越谈越投机。唐太宗想把孙思邈留在京城做官,孙思邈又一次谢绝了。

传说,孙思邈的医术十分高超。有一次,他在路上看见一队送葬的人,打听后得知,死者是一位孕妇,因为难产,大人孩子都没保住。孙思邈注意到棺材里有鲜血滴出,就叫送葬的队伍停下来,打开棺材让他看看是否还有救。死者亲属听说他是医生,就将信将疑地打开了棺材。那个孕妇脸色苍白,孙思邈摸了摸她的脉搏,觉得还有救,就拿出针来在她的穴位上扎了几针。渐渐地,那个孕妇有了呼吸。孙思邈继续治疗,过了一会儿,那个孩子也生下来了。这一下竟救活了两个人。

孙思邈住在长安时,每天来找他看病的人络绎不绝。这些人中有很多是有钱人，孙思邈注意到，有钱人患脚气病的特别多。这个现象引起了孙思邈的关注，最后他发现有钱人爱患脚气病和他们不吃粗粮有关，于是他用谷糠、麦麸煮汤给那些病人喝，果然很有效。他从这件事中得到启发，知道了山里大多数患雀盲眼（夜盲症）的人，和长期吃粗粮不吃荤腥有关。回到山区，孙思邈用动物肝脏为雀盲眼患者治疗，取得了很好的疗效。

孙思邈是一位富有创新精神的医生。有一个几天撒不出尿的人来找孙思邈治疗，他为病人配了一服利尿的药，病人喝了不但没尿出尿来，反而胀得更难受了。孙思邈诊断出是病人尿道出了问题，可是怎么才能使尿道通畅呢？看到病人痛苦的样子，孙思邈急得在屋里走来走去。这时，邻居家的小孩正拿着一根葱管吹着玩，孙思邈灵机一动，立刻找来了一根大葱，小心地把葱叶插到病人的尿道里，再对着葱叶吹气，尿就随着葱管流了出来。由此，孙思邈成了世界上第一个使用人工导尿法的人。

孙思邈在 70 岁时，把自己几十年的行医经验和搜集来的民间药方编成了一本书，即《千金要方》。有人问他，书名中的"千金"是不是说这本书价值千金，孙思邈说，"千金"不是指书，而是指人。从这里可以看出孙思邈对人的一片仁爱之心。后来，他又把后 30 年搜集的药方编成书，即《千金翼方》，作为对前一本书的补充。《千金要方》和《千金翼方》相辅相成，合称"千金方"，成为中医学史上极有实用价值的医学实用手册。

孙思邈不仅是一位颇有建树的医药学家，还是一位炼丹专家。他在《丹经内伏硫黄法》中，记述了把硫黄、硝石、皂角放在一起烧的硫黄伏火法，这是现存最早的火药配方记录。对火药的发明，孙思邈功不可没。

682 年，孙思邈以 101 岁的高龄去世。由于他一生刻苦钻研医学、注重实践，受到人们的尊敬，后世尊称他为"药王"，并将他隐居过的五台山称为"药王山"，还在山上建立了药王庙。

唐太宗立储之争

贞观十七年（643年）四月，太子李承乾阴谋发动政变，抢班夺权。当时，人们还陶醉于贞观之治的辉煌成就中，这条爆炸性新闻让大家来不及反应。随后，人们又听说这次政变已经被粉碎，李承乾被抓了起来。对于太子谋反，唐太宗感到极为震惊。他马上命令长孙无忌、房玄龄、萧瑀、李勣、马周、褚遂良、岑文本、孙伏伽等朝廷重臣，会同大理、中书、门下三司会审，处理此案。

在确凿的证据面前，太子不得不完全招供，承认了谋反事实。唐太宗立即下令废掉李承乾的太子之位，暂时将他拘押在右领军府，后来李承乾虽然被免死，改判为流放黔州（今重庆彭水、黔江区一带），却在被囚禁两年之后孤独地死去。参与密谋政变的骨干分子汉王李元昌被令自尽，侯君集、李安俨、赵节、杜荷等人都被杀。太子左庶子（官名，太子侍从官的一种）张玄素、右庶子赵弘智、令狐德棻（fēn）等人，因为没有很好地履行教育太子的责任，都被免职。为了避免牵连太广，其余应该受到追究的人，一律被赦免。唯独太子詹事于志宁因为多次规劝太子应崇俭好德，而受到慰劳勉励。

几日之后，大家还在推测谁将成为新的皇位继承人时，朝廷正式宣布：仁慈孝顺的九皇子晋王李治（628—683）被立为太子。

当初，在唐太宗十四个儿子中，有四个可以作为太子人选。其中三个嫡子：长子李承乾、四子李泰、九子李治；一个庶子是三子李恪，他的生母大杨妃是隋炀帝的女儿，即前朝公主。

立储的问题涉及太多的政治斗争，因此立谁为太子是唐太宗日思夜想的一个问题。唐太宗很喜欢三子李恪，而且李恪在各方面又的确很像自己，深得民心、军心；而太子李承乾，性格懦弱，优柔寡断，才能方面自然和李恪不能同日而语，但他也不是一无是处，唐太宗起初也很喜欢他，后来，在太子李承乾变得越来越荒唐出格的时候，唐太宗也曾将目光转向了嫡次子魏王李泰。最后，唐太宗选择了自己原本不太喜欢的柔弱的晋王李治。

原来,古代君王立储君有这样的原则:立长、立嫡、立贤、立爱。

原则之一:立长

李承乾是唐太宗的嫡长子,武德二年(619年)生于长安承乾殿,因此得名。玄武门之变后,唐太宗做了皇帝,根据嫡长子继承原则,立李承乾为皇太子,当时他才8岁。

幼年时的李承乾聪明伶俐,善解人意,唐太宗十分喜爱他,特意挑选德高望重的李纲出任太子太师。李承乾对李纲的严格要求也能虚心接受。为了进一步培养他的治国能力,唐太宗经常将一些不太重要的政务交给他处理,李承乾办得都很得体。可是,由于太子自幼生长于深宫之中,难以体会到民生疾苦,所以见识不深。从小就成为储君的他,地位无比尊贵,经常被一帮纨绔子弟所簇拥。所以他在长大成人以后,逐渐沾染上了奢侈、好色、冶游过度、文过饰非等一些不良习气,最终断送了他的政治前途。

原则之二:立嫡

太子李承乾被废之后,长孙皇后所生的儿子还有李泰和李治。李泰文学造诣很高,才华横溢,唐太宗比较欣赏他,给他的封地最多。李泰认为自己应该被立储,于是采用不正派的手段,装出一副殷勤献媚的姿态,尽力吹捧唐太宗,想进一步博取唐太宗的信任。一些政治嗅觉灵敏的大臣如宰相岑文本、刘洎等人,就顺着唐太宗的心思,奏请按照长幼次序确立李泰为太子。但事实上,唐太宗并没有易储的想法,反而在李承乾被废以后认为李泰很是凶险,如果立李泰为储,其他的儿子便无法生存。

原则之三:立贤

晋王李治虽然比哥哥李泰小9岁,但因为他从小也很聪明稳重,待人宽厚,仁慈孝顺,深得舅舅长孙无忌的赏识。唐太宗深深地陷入了犹豫不定的痛苦之中,从感情上来说,他倾向于李泰;但从理智上来说,他又不能不选择李治。以长孙无忌为首,包括褚遂良、李勣等元老大臣在内,都支持李治。而唐太宗对李治的性格不是十分满意,因为他太胆小软弱,完全不像自己的处事风格。这个想法遭到长孙无忌的坚决反对,他认为:"晋王性格仁慈宽厚,肯定是一个好的守成之主。如果皇上在储君问题上举棋不定,反复无常,就会招致国家大乱。"唐太宗被这番话给吓住了,他最怕的就是国家不能长治久安,于是放弃了这个念头,最终不太情愿地选择了李治。

原则之四:立爱

自古以来,在立储的问题上,立嫡、立长、立贤都说得过去,最不能容忍的就是"立爱",因为如果"立爱"必定会带来一场血雨腥风。李恪有文武之才,唐太宗认为他是诸子中最像自己的。但是李恪不是嫡子,生母大杨妃是隋炀帝之女,身份很敏感,与以长孙无忌为首的贵族权臣的利益相悖,立李恪为储根本无法被接受。

唐太宗立储之事终于落下帷幕,李治成了新太子。649年,唐太宗因病去世,李治即皇帝位,这就是唐高宗。

慧能顿悟成佛

据传,自从佛祖释迦牟尼在灵山上拈起莲花,一语不发,只是看向众人,台下众人不明所以,只有摩诃迦叶发出会心的微笑,禅就在此时产生了。禅宗一派传至中土之后,得到不断的延续和发展,一直到了五祖弘忍在湖北黄梅东山寺弘法而名闻天下。

被尊为禅宗六祖的曹溪(慧能的别号)慧能大师(638—713),致力于弘扬禅学,对中国佛教以及禅宗的弘化具有深刻的意义。慧能得到五祖弘忍传授衣钵,继承了东山法脉并建立了南宗,弘扬"直指人心,见性成佛"的顿教法门。他弘化于岭南,对边区以及海外文化,也具有一定的启迪和影响。王维的《六祖能禅师碑铭》谓其"实助皇王之化";同时他也受到了中原皇室的尊重和供养,皇室屡次迎请慧能进宫,并为其建寺造塔。在慧能入灭(佛教语,指僧尼去世)一百年后,禅者已非曹溪不足以谈禅。柳宗元撰《赐谥大鉴禅师碑》说:"凡言禅,皆本曹溪。"

禅宗,尤其重视禅观,而不重视教理。以菩提达摩为初祖,下传慧可、僧璨、道信、弘忍。弘忍之后分成南宗慧能、北宗神秀二派。北宗强调渐修,南宗主修顿悟。弘忍圆寂后,北宗神秀大禅宗风靡于长安、洛阳。中唐以后,南宗成为禅宗的正统,并形成曹洞、云门、法眼、沩仰、临济五家。

慧能,本姓卢,祖籍河北范阳(治今河北涿州),生在南海(今广东广州)新兴。3岁丧父,自幼家贫,以卖柴养母。虽不识字,但是慧能在很小的时候就显露出对佛教浓厚的兴趣和深厚的理解能力,因听人诵读《金刚般若经》有悟,慧能决心出家学佛。

慧能离别家中老母,一个人到湖北黄梅东山寺参拜禅宗五祖弘忍大师学法。弘忍初见慧能,看到这个樵夫来求佛,便问:"你是哪里人?来这里求取什么?"

慧能回答:"弟子是岭南人,来到这里不求其他,只求'作佛'。"弘忍听了仍随口说:"你是岭南人,哪里能'作佛'!"

慧能回答:"人有南北之分,'佛性'并无南北之分。"这使弘忍略感吃惊,他不便回绝,就安排慧能随众劳动,到碓(duì)坊舂米。慧能乐于从命,终日舂米,干得很欢快。

由于弘忍大师已经年届花甲,在慧能入寺8个月之后,决定要公开选择继承人。他让弟子们各作一首偈(jì)语(佛经中的唱词),以考察他们的修行水平,然后再决定传法人选。当时,跟随他学法的门下弟子有七百多人,大家公认最优秀的是上座和尚神秀。

神秀是弘忍的首座弟子。宋代赞宁编的《高僧传》载:"释神秀,俗姓李氏,今东京尉氏人也;少览经史,博综多闻,既而奋志出尘,剃染受法。后遇蕲州双峰东山寺五祖弘忍师,以坐禅为务;乃叹伏曰:'此真吾师也!'决心苦节,以樵汲自役而求其道。"神秀第一次接触到五祖弘忍讲学,被弘忍打动,执意要来湖北黄梅寺追随弘忍。神秀靠自己的修为逐步成了弘忍的首座弟子,并成为"教授僧",即专门规范和矫正弟子言行的导师。

五祖弘忍曾经不止一次地说:"我弟子八百人,没有人能超越神秀的'见性'(佛教语,指悟彻清净的佛性)。"于是,整个东山寺里的广大僧众都认为神秀是五祖弘忍的接班人了,而神秀也已经在东山寺待了近20年。因此,弟子们听了师父的吩咐之后,谁也不敢随便作偈语,因为他们都认为神秀将传得法统。神秀一看师弟们都没有动静,就在半夜三更,独自掌灯,悄悄地来到师父堂前南廊下,在中间墙壁上写下了一首偈语:

身是菩提树,心如明镜台。时时勤拂拭,勿使惹尘埃。

清晨,弘忍见到此偈后默然不语,慧能来到廊下,要求也作一偈,得到许可后,他高声念道:

  菩提本无树,明镜亦非台。本来无一物,何处惹尘埃?

弘忍听了大吃一惊,就叫慧能退下。当天晚上,弘忍把慧能叫去,将《金刚经》的精髓讲解给他听,当慧能听到"应无所住而生其心"时,顿时开悟了。弘忍将世代相传的禅宗正宗的衣钵(此信物是一件用金丝绣满了佛像的袈裟,实物保存在广东韶关的南华寺里)交给他,正式传他为禅宗六祖,并为他的安全着想,让他赶快离开此地。弘忍亲自送他到江州的渡口,吩咐他不到必要的时候,不要暴露自己禅宗六祖的身份,免得有禅宗的僧人来争夺。

为躲避"烦恼未断者"的加害,慧能在广东四会一带藏匿了整整15年。直到唐高宗仪凤元年(676年),他听说弘忍大师已经圆寂了,才公开露面。

禅宗自初祖以来,无顿渐之分,六祖慧能开启顿门,嗣后成为禅宗的正统。713年慧能在新州圆寂,弟子将其遗体送回曹溪,法相一直保存至今。直到现在,南华寺中还保留着六祖的肉身。

慧能的言行后来被其弟子汇编成书,这就是被奉为禅宗宗经的《六祖坛经》。在佛教中,本来只有佛祖释迦牟尼的言行录能被称作"经",而一个宗派之祖的言行录也被称作"经"的,慧能是绝无仅有的一个。

独一无二的女皇帝

武则天(624—705)是我国历史上独一无二的正统女皇帝。从690年废唐睿宗,自称"圣神皇帝"开始,到705年唐中宗复位,上尊号"则天大圣皇帝",她足足当了15年皇帝。如果算上实际操纵朝政的时间,她当政差不多有50年之久。

武则天,称帝后自名曌(zhào),并州文水(今山西文水县东)人。她的父亲原来是个木材商人,后来跟随李渊起兵反隋,唐朝建立后被任命为工部尚书、利州都督、荆州都督,封应国公。武则天从小聪敏机智,性格倔强。因为她容貌姣好,又有才学,所以她在14岁的时候,就被唐太宗召选入宫,封为"才人"。她以美貌和聪明伶俐受到太宗的宠幸,被赐名"武媚",人称"媚娘"。

媚娘的容貌妩媚,性格却很刚烈。相传,唐太宗得到了一匹马,取名叫狮子骢(cōng),马性暴烈,桀骜不驯。媚娘入宫不久,就向太宗请求驯马。太宗问她的驯技如何,她说:"我只需要3件东西:皮鞭、铁杖和匕首。它不听话就用鞭子抽它;鞭而不驯,就用铁杖猛击它的头;杖而不服,就用匕首刺破它的喉咙!"唐太宗虽是从乱世中杀出来的英雄,见多识广,但还没有见过女子如此敢作敢为,心肠如此坚硬,甚至可以说是狠毒,唐太宗不由得对这个年纪还小的女子起了戒心。

唐太宗死后,媚娘被遣送到感业寺当尼姑,但她并不甘心就此了却一生。她忍辱偷生,等待时机,终于得到了唐高宗的宠爱,被接回了皇宫。媚娘虽然性烈不驯,但自回宫后,事事忍让,谦恭有礼,深得高宗与皇后的宠爱,后来被晋升为"昭仪"(位列九嫔之首,正二品)。

没过多久,唐高宗就和武则天如胶似漆、形影不离,渐渐把王皇后疏远了。武则天十分得意,还想进一步夺取皇后的位子。她先是利用王皇后与萧淑妃的矛盾,诋毁萧淑妃,使萧淑妃被废为平民;然后,又想办法离间唐高宗与王皇后。当时,尽管唐高宗宠爱武则天,可还没有废掉王皇后的意思。为了达到目的,武则天绞尽脑汁,千方百计地陷害王皇后。

不久,武则天生了一个女孩。王皇后因为自己没有孩子,常常逗这个女孩玩。一天,王皇后刚刚离开,武则天就偷偷把女孩掐死,然后又照样盖好被子。唐高宗进来,掀开被子一看,发现女孩已经死了,武则天装出很吃惊很悲痛的样子,大哭起来。唐高宗问刚才有谁来过,左右的人都说:"只有皇后来过。"唐高宗气愤地说:"皇后杀死了朕的女儿!"从此以后,唐高宗就起了废掉王皇后、立武则天为皇后的念头。

655年,唐高宗下诏,废掉王皇后,立武则天为皇后。

武则天并不是一开始就有当皇帝的野心的,她的野心是在攫取地位、权势以及政治欲望不断膨胀的过程中逐渐形成的。

起初,她在皇后尊位上施展才能,纵横捭(bǎi)阖,发展自己的势力集团。接着,她利用高宗的昏庸无能,迫使高宗按她的意旨决定朝政之事。虽然武则天与高宗并称"二圣",但实际上朝中大权尽在她的掌握之中。每一次图谋的成功,都推动她的政治欲望不断膨胀,最后她的目标只剩下皇位。尽管后来高宗对她的野心有所觉察,但已经无可奈何。她的儿子李弘、李贤、李显、李旦更是她手中的玩偶,任她摆布。在毒死太子李弘后,她又把李贤废为平民。高宗一死,三子李显接位,这就是唐中宗。不到两个月,李显便被废为庐陵王。她让四子李旦继位,即睿宗皇帝。但李旦被软禁于后宫,徒有皇帝虚名,所有朝政大事,实由武则天独揽独裁。到了690年,武则天见时机成熟,就废了睿宗,自立为帝,改国号为"周"。705年,唐中宗复位,她把皇帝宝座还给了李姓儿子。

请君入瓮

在唐朝时期,武则天称帝遭到了很多人的反对,于是她采取了极端残酷的镇压政策,以维护自己的统治权威。

原来,武则天对一些唐朝宗室和元老大臣很不放心,自从徐敬业叛乱以后,她更是变得疑神疑鬼,总想把那些对自己心怀不满的人一个个都杀掉。为了加强统治,打击政敌,她开始大批起用酷吏,大兴告密之风。同时还发布命令,对那些告密的人予以重赏,即使是诬告,对于告密者也不加以处置。这样一来,告密的人越来越多,全国上下人人自危。

有一个叫索元礼的胡人,他非常会揣摩迎合武则天的心思,还因多次告密而受到武则天召见,被提拔为游击将军,让他专门负责审理武则天亲自过问的大案、要案。索元礼特别残忍,审一个人的案子,往往会牵连几十甚至上千人。武则天却十分欣赏他的做法,多次亲自接见并赋予他更大的权力。

周兴、来俊臣本来都是小官,看到索元礼受到如此重用,纷纷效仿。很快,周兴就升任为秋官侍郎(官名,即刑部侍郎),来俊臣升为御史中丞,成为武则天手下极为得力和有名的酷吏。他们每人手下豢养了几百名流氓无赖,专门从事告密活动。周兴前前后后一共杀了几千人,来俊臣毁了上千家家庭,他们的残酷是出了名的。只要他们认为谁有谋反嫌疑,或想陷害谁,就派几个人分别到各地去同时举告,所告的情节内容几乎完全一样,并捏造出许多证据。更荒唐的是,来俊臣还与另一名酷吏司刑评事万国俊共同编写了一本几千字的《罗织经》,专门教他的手下怎样去编造罪名,陷害好人,让被告人根本无法申辩。

来俊臣他们还想出了各种各样惨无人道的刑罚,名目繁多,花样百出。他们抓到人,先把各种刑具在"犯人"面前一放,往往还不等上刑,犯人们早已吓得汗流浃背,浑身颤抖,宁可承认一切罪名,以求快死。

有个正直的大臣对武则天说:"现在下面告发的谋反案件,多数是冤案、假案,也许有人阴谋离间陛下和大臣之间的关系,陛下可不能不慎重啊!"可是,武则天不愿听这种劝告。告密的风气越来越盛,如果她的亲信被人告发谋反,也会被她下令杀了。

天授二年(691年)一月,武则天登基才4个月,就找了个借口把为她逼死废太子李贤的丘神勣给杀了。有一天,武则天接到告密信,说周兴跟已经被处死的丘神勣曾勾结同谋过。武则天一听,大吃一惊,立刻下密旨召见来俊臣,叫他负责审理这个案件。

来俊臣也是一个手段极其残忍的酷吏。说来也巧,太监把武则天的密旨送到来俊臣家时,来俊臣正跟周兴在一起,一边喝酒,一边议论案件。来俊臣看完武则天密旨,不动声色,把密旨往袖子里一塞,仍旧回过头来跟周兴谈话。来俊臣吃饭的时候装作很随意的样子问周兴:"最近抓了一批犯人,很顽固,大多不肯老实招供,老兄你看有什么好办法吗?"周兴不知是计,捻着胡须,不假思索地说:"这还不容易!我最近想出一个新办法,拿一个大瓮架起来,先把囚犯装进去,然后四周用炭火围起来。谁不肯招认,就把他放在大瓮里烤。还怕他不招?"

来俊臣听了,立刻就叫公差去搬一只大瓮和炭火到大厅里来,把大瓮放在火盆上。盆里炭火熊熊,将大瓮烤得滚烫,烤得厅堂所有人都流汗了。周兴正在奇怪来俊臣这是干什么,来俊臣站起来,不慌不忙地对周兴拱了拱手,拉长了脸说:"接到皇上密旨,审问老兄与丘神勣合谋一案,你如果不老实招供,只好请君入瓮了。"

周兴一听,先是愣了愣神,然后被吓得魂飞体外。来俊臣的手段,他是最清楚的。他连忙跪在地上,像捣蒜一样磕响头求饶,表示愿意招认。来俊臣根据周兴的口供,定了他死罪,上报武则天。武则天想了想,毕竟周兴为她干了不少事;再说,周兴是不是真的谋反,她还有点怀疑,就赦免了周兴的死罪,把他革职流放到岭南去了。由于周兴干的坏事多,仇家也多,人们恨透了他,所以他走到半路上,就被人暗杀了。

这便是历史上著名的"请君入瓮"的故事,周兴布置圈套,想害别人,最后才发现是害了自己,但已无法挽回,只好自投罗网。后来,"请君入瓮"比喻拿某人整治别人的法子来整治他自己,也借指设计好圈套引人上当。

名相狄仁杰

武则天在位时期,在政治、经济等许多方面提出和采取了具有远见的政策和措施,尤其在用人方面,很值得称道。她经常派人到各地去物色人才。只要发现谁有才能,不论门第出身高低、资历深浅,都会被破格提拔,大胆任用。所以,在她的手下,涌现出了一大批有才能的大臣,其中最著名的是宰相狄仁杰（630—700）。

狄仁杰当豫州（治今河南汝南县）刺史的时候,办事公平,执法严明,深受当地百姓的称赞。武则天听说他有才能,就把他调到了京城。

一天,武则天召见他,告诉他说:"听说你在豫州的时候,名声很好,但是也有人在我面前揭你的短。你想知道他们是谁吗？"狄仁杰说:"别人说我不好,如果确实是我的过错,我应该改正;如果陛下弄清楚不是我的过错,这是我的幸运。至于谁在背后说我的不是,我并不想知道。"

武则天听了,觉得狄仁杰器量大,所以更加赏识他。后来来俊臣得势的时候,诬告狄仁杰谋反,武则天下令把狄仁杰关进了监牢。来俊臣逼狄仁杰招供,还诱骗他说:"只要你招认了,就可以免你死罪。"

狄仁杰坦然地说:"如今武周新建,什么事都重新开始。像我这种唐朝旧臣,理当被杀。我招认就是了。"

另一个官员偷偷告诉狄仁杰说:"你如果供出别人来,就可以从宽。"狄仁杰这下生气了,说:"上有天,下有地,叫我狄仁杰干这缺德的事,我可干不出来!"说着,他气得用头猛撞监牢里的柱子,撞得血流满面。那个官员害怕起来,连忙把他劝住了。

来俊臣根据逼供的材料,胡乱定了狄仁杰的罪,于是对狄仁杰的防范也就不那么严密了。后来,狄仁杰趁狱卒不防备,偷偷地扯碎被子,写了封申诉状,并把它缝在棉衣里。

那时候,正是开春时节,狄仁杰对狱官说:"天气暖了,这套棉衣我也用不上,请通知我家里人把它拿回去吧。"狱官也不怀疑,就让前来探监的狄家人把棉衣带回家去了。狄仁杰的儿子拆开棉衣,发现了父亲写的申诉状,就托人送给了武则天。

武则天看了狄仁杰的申诉状,才下令把狄仁杰从监牢里放了出来。武则天召见狄仁杰,说:"你既然申诉冤枉,为什么要招供呢?"狄仁杰说:"要是我不招,早就被他们拷打致死了。"

武则天免了狄仁杰死罪,但还是撤了他的宰相职务,把他降职到外地做县令。直到来俊臣被杀以后,狄仁杰才被调回来继续做宰相。

在狄仁杰当宰相之前,有个将军叫娄师德,他曾经在武则天面前竭力推荐狄仁杰。但是狄仁杰并不知道这件事,他认为娄师德不过是普通武将,不大瞧得起他。

有一次,武则天故意问狄仁杰说:"你看娄师德这人怎么样?"狄仁杰说:"娄师德作为将军,小心谨慎地守卫边境,还不错。至于有什么才能,我就不知道了。"

武则天说:"你看娄师德是不是能发现人才?"

狄仁杰说:"我跟他一起做过事,没听说过他能发现人才。"

武则天微笑着说:"我能发现你,就是娄师德推荐的呀。"

狄仁杰听了,十分惭愧,觉得娄师德为人厚道,却不炫耀帮助过人,狄仁杰觉得自己不如他。后来,狄仁杰也努力物色人才,随时向武则天推荐。

一天,武则天问狄仁杰:"我想物色一个人才,你看谁行?"

狄仁杰说:"不知陛下要的是什么样的人才?"

武则天说:"我想要找个能当宰相的人。"

狄仁杰早就知道荆州(治今湖北江陵县)有个地方官员叫张柬之,张柬之年纪虽然大了一些,但办事干练,是个不错的宰相人选,于是就向武则天推荐了他。武则天采纳狄仁杰的意见,提拔张柬之担任洛州(今河南洛阳)司马。

过了几天,狄仁杰上朝,武则天又向他提起推荐人才的事,狄仁杰说:"上次我推荐的张柬之,陛下还没用呢!"

武则天说:"我不是已经把他提拔了吗?"

狄仁杰说:"我向陛下推荐的是宰相的人选,不是想让他当司马呀。"

武则天这才把张柬之提拔为侍郎,后来,又任命他为宰相。像推荐张柬之那样,狄仁杰前前后后推荐了几十个人,后来他们都成为当时有名的大臣。这些大臣都十分钦佩狄仁杰,把狄仁杰看作他们的老前辈。

有人对狄仁杰说:"天下桃李,都出在狄公的门下了。"狄仁杰谦逊地说:"这算得上什么,推荐人才是为了国家,不是为了我个人的私利呀!"

狄仁杰一直活到 70 岁。他公正廉洁,执法严明,深得武则天的信任。狄仁杰担任宰相多年,武则天尊敬地称他为"国老"。狄仁杰多次要求告老还乡,武则天总是不准。在狄仁杰死去后,武则天常常叹息说:"老天为什么这样早就夺走我的国老哇!"

武则天无字墓碑

唐高宗李治和武则天的合葬陵——乾陵——前并列竖着两块大石碑:一块是歌颂唐高宗文治武功的"述圣碑",碑文系武则天亲自撰写;另一块是无字碑,此碑高 7.53 米,宽 2.1 米,厚 1.49 米,碑上不见唐代所刻一字,后人所加文字也模糊不清。

武则天的墓碑为何无字?众说纷纭,大致有以下几种说法:一说她政绩斐然,彪炳史册,在一块碑记里是写不完的,留下空碑一座,用来表示自己功高盖世。一说武则天知道自己在执政中篡权改制,任用酷吏,屡兴大狱,滥杀无辜,罪孽深重,本无功可记,无德可载,与其贻笑后世,不如一字不刻。还有一说,武则天一生聪颖机警,常做惊人之举。传说,武则天临终前曾说:"己之功过,由后人评。"立无字碑之举意在表明其千秋功罪让后人评说。

皇后韦氏乱政

705年,经历了"五王政变"(即神龙政变)后,唐中宗复位,立韦氏(?—710)为皇后,追封皇后的父亲韦玄贞为王。武则天虽然死了,但朝中武氏的势力还很大。武则天的侄子武三思(?—707)这时候已是德静郡王,官拜左散骑常侍。武三思善于见风使舵,通过种种关系,让自己的儿子武崇训娶了韦后的小女儿安乐公主。

武则天在世时,宫中有个叫上官婉儿的女子,很得武则天宠爱。中宗复位以后,上官婉儿被继续任用,并专掌拟定命令,还被拜为昭容(女官名)。武则天在世时,上官婉儿就与武三思关系暧昧。武三思和韦后成了儿女亲家以后,通过上官婉儿在中间的串通,武三思和韦后之间的关系也慢慢不正常起来。武三思经常入宫和韦后下棋,中宗就站在一旁观看。有时武三思和韦后一起坐在龙床上玩游戏,中宗还站在一旁出主意、数筹码。武三思一两天不进宫,韦后就让中宗前去看望。由于武三思和韦后勾结,中宗又对韦后言听计从,甚至朝中大事,中宗都要找武三思商量。中宗还依照韦后的意见,任命武三思为宰相,以至武三思在朝中的势力,比武则天时期还要显赫得多。

中宗的昏庸,韦后的乱政,武三思的得宠,使朝中大臣张柬之等人非常不安。他们多次劝中宗除掉武三思,削弱武氏权力,加强皇室力量。但是,这时的中宗对他们的话无论如何也听不进去了。

韦后的女儿安乐公主也是个野心极大的人,她一心想做第二个武则天。在韦后的纵容下,她跋扈宫中,凌辱大臣,无视王法,为所欲为。神龙二年(706年)七月,在大臣们的强烈要求下,中宗立卫王李重俊为太子。因为李重俊不是韦后亲生的,所以韦后十分讨厌他,而武三思更是对太子非常反感。安乐公主作为韦后的亲生女儿，认为自己才最有资格做天子，所以她野心勃勃，一心想当女皇。她经常与丈夫武崇训欺负这个同父异母的太子哥哥，甚至有时当面就称他为"奴"。她还在丈夫的教唆下，几次奏请中宗废掉太子，立自己为皇太女。

李重俊感到自己的太子地位岌岌可危，他不甘心忍受凌辱，更不想就这样坐以待毙，于是在神龙三年（707年）七月十一日，联合左羽林将军李多祚率领三百名羽林军冲入武三思府中，杀死了武三思父子及其全家。随后，又带兵从肃罩门冲入宫中，想擒杀武三思的同伙上官婉儿、安乐公主和韦后。这时，中宗夜宴刚刚结束，忽听右羽林将军刘景仁报告说太子谋反，急忙带领韦后、安乐公主、上官婉儿登上玄武门。由于刘景仁调动了右羽林军，李重俊等寡不敌众，又由于中宗在玄武门上颁布诏书，宣布赦免起事人员，李重俊的数百名羽林军人心动摇，丧失斗志。结果，太子李重俊攻打玄武门失利。平定了太子李重俊之乱后，安乐公主和韦后更加肆无忌惮。

景龙四年（710年）四月，定州人郎岌上书告发韦后和宗楚客阴谋作乱，韦后居然命令中宗将他乱棍打死。五月，许州司兵参军燕钦融又上书，指责韦皇后生活淫乱，干预国政，阴谋篡权。中宗亲自召见燕钦融，当面对质。燕钦融神态自若，慷慨陈词，中宗被说得低下了头，默不作声。韦后见状，就指使她的心腹——兵部尚书宗楚客派禁军把燕钦融摔死在大殿之下。唐中宗虽然没有下令追查这件事，但看得出来他的脸色十分难看。这时，韦后及其党羽开始有点害怕了。于是韦后找来太医马秦客和御厨杨均商量对策，安乐公主正愁当不上皇太女，就鼓动韦后临朝称帝。他们4人合谋，在唐中宗平时爱吃的蒸饼中下毒，中宗就这样被自己狠毒的老婆和女儿给毒死了。

韦后毒死中宗以后，对外封锁消息，秘不发丧。她总揽了一切大权，召集娘家人和亲信大臣商量办法。他们讨论后决定，由刑部尚书裴谈、工部尚书张锡处理国政，在东都（今河南洛阳）留守；命令左金吾大将军赵承福、左监门卫大将军薛简率领五百精兵前往均川，防备谯王李重福。她先派韦家子弟带兵五万控制了京城，然后让上官婉儿起草伪造了中宗遗诏：立16岁的温王李重茂为皇帝，罢免相王李旦，由韦后临朝摄政。李重茂即位，这就是唐少帝，尊韦后为皇太后，改年号为唐隆。

宗楚客、武延秀等亲信以及韦家子弟都劝韦后效仿武则天，废掉少帝，自己登基。为此,他们把当时京城禁军和政府要害部门全部控制,宗楚客还大肆制造"韦后宜革唐命改朝换代"的舆论,到处宣扬。韦氏一伙深感相王李旦和太平公主是他们的最大障碍,所以,打算在废掉少帝之前先除掉这二人。这个消息被兵部侍郎崔日用偷偷地透露给了相王的儿子李隆基。于是,李隆基找姑姑太平公主商议,决定先下手为强。他们秘密联络禁军将领陈玄礼、葛福顺、钟绍京等人,于六月二十日深夜抢先发动政变,从玄武门攻入皇宫,杀死了韦后和安乐公主,接着又用武力清洗了韦氏和武氏集团。随后由太平公主出面,废掉了少帝,恢复了唐睿宗的皇位。唐朝终于结束了这场长达5年的韦后乱政局面。

太平公主之乱

太平公主(?—713)是我国历史上赫赫有名的人物,不仅仅因为她是中国历史上唯一一个女皇武则天的女儿,更因为她几乎真的就成了"武则天第二"。

武则天一共生有两个女儿,大女儿在襁褓中的时候,就成为母亲争夺皇后宝座的牺牲品,所以武则天的内心一直有所愧疚,后来追封长女为安定公主。

正因为如此,幼女太平公主出生以后,武则天将她视为掌上明珠,宠爱有加。太平公主很有权谋,这一点连她母亲都认为很像自己,于是经常让她参与一些政事的谋划。

太平公主一生多次参与宫廷政变,诛二张、灭韦氏,她都出力很大。从武则天晚年到唐玄宗即位,皇室多变故,政坛风云迭起。在历次政变中,太平公主翻手为云、覆手为雨,起到了举足轻重的作用。

其实,太平公主一生很不太平,她的血管里流动着的是她那极不安分的母亲的血液,在唐睿宗复位过程中,她制造了一场极大的乱子。

原来,太平公主在协助李隆基(685—762)政变,除掉韦氏以后,依仗功大,日益骄奢,不可一世。她的封地面积越来越大,几乎包括了京城附近所有的肥田沃土。她宫中的器物越来越精细繁多,专门为她采购的人在四川、江南和岭南地区的道路上络绎不绝。她使用的车马仪仗和皇宫中帝后们用的没有丝毫区别。她的陪侍中仅少年男子就有数百人，而且都是身披罗绮。至于服侍她的上了年纪的老妇，更有几千人之多。各地送给她的狗马等玩物，不计其数。这时的太平公主在私生活方面越来越堕落。

她还内结将相，外连王公，专谋异计。当时，朝中宰相七人，有五人和太平公主关系密切。

唐睿宗重登皇位以后，将参与诛韦氏、有拥立之功的第三子李隆基立为太子。李隆基精明能干，不满外戚及诸公主干预朝政的行为，这对太平公主形成了潜在的威胁，所以她打算易置太子，立一位软弱无能的人，以利于自己长久专权。她先是指使心腹制造流言蜚语，散布"不是长子不应该成为太子"的舆论，同时在太子身边安插亲信，监视太子的行动。后来她甚至亲自拦住上朝的宰相，要求他们讨论废立太子之事。面对太平公主咄咄逼人的结党营私活动，李隆基深感不安，姑侄之间的矛盾日益加深。

712年，唐睿宗下诏传位于太子李隆基，李隆基就是历史上有名的唐玄宗（又称唐明皇）。太平公主见大势已去，企图做最后的挣扎。她先是勾结宫人元氏，在御膳中下毒，打算毒死李隆基，但是阴谋没有得逞。

第二年七月三日，尚书左仆射窦怀贞，侍中岑羲，中书令萧至忠、崔湜，雍州长史李晋，左羽林大将军常元楷，右羽林将军李慈等，应太平公主之召，来公主府中密谋，议定第二天，由羽林军作乱，发动政变，推翻唐玄宗，拥立太平公主登基当皇帝。

唐玄宗在得知这一阴谋后，决定提前一天发起行动。七月三日深夜，唐玄宗颁布密旨，突然起事，以迅雷不及掩耳之势，率亲信300余人，一举捕杀了太平公主的党羽，然后追捕太平公主。太平公主惊恐万状，先逃入南山寺，3天后返回家中，被唐玄宗下令赐死。随同太平公主一起死的，还有她的儿子及其党羽数十人。

从太平公主家中查抄出来的货物堆积如山，珍奇宝物和皇宫中的相差无几，土地和牲畜遍布许多地方。在太平公主宠幸的惠范和尚家中，也查抄出了价值达数十万贯的家资。

粉碎太平公主政变阴谋的第二天，唐睿宗以喜悦的心情颁发诏谕，宣布把一切权力全部移交给唐玄宗，他自己则高居无为，轻松地当起了太上皇。这样，唐玄宗完全掌握了国家的权力。这一年十二月,改年号为"开元"。

这样,一向以足智多谋而著称的太平公主,虽然在武则天以后的历次政变中都能稳操胜券,涉险安渡,但在最后同自己侄子的较量中,终于遭到了惨败。

救时之相姚崇

开元元年(713年),唐玄宗发动先天政变,诛杀太平公主党羽,后到新丰(今陕西西安市临潼区东北)检阅军队。这是唐玄宗在成功地铲除了太平公主集团之后,第一次在这样隆重的场合亮相。他用这种方式,向天下宣告了自武则天晚年以来中宗、睿宗时期的政治混乱局面从此结束,也借此显示了皇权的威严和他所拥有的至高无上的地位与权力。

当时,姚崇(650—721)正在同州(治今陕西大荔县)担任刺史,距离新丰不到300里。这次到新丰检阅军队,唐玄宗还有一个目的,就是秘密召见姚崇。

军事演习的第二天,唐玄宗借口到渭川打猎,特意召同州刺史姚崇前来陪猎。姚崇是陕州硖石(今河南陕县东峡石镇西石门)人,本名元崇。他为人豪爽,崇尚气节,文武双全,极富才华。他在武则天和唐睿宗统治时期就曾两度担任宰相,都因为得罪了权贵而被贬职。当时,年轻的唐玄宗雄心勃勃,想干出一番振兴唐朝的大事业。但是,当时朝廷事务千头万绪,百废待举,他最需要一个能干的宰相,来帮助他匡救时弊。玄宗马上想到了经验丰富、精明干练的姚崇,于是精心安排了这次会见。

姚崇奉召后,与唐玄宗议论天下大事,侃侃而谈,不知疲倦。面对皇帝的邀请,姚崇却没有应允。唐玄宗很奇怪,问他是什么缘故。姚崇跪下说道:"我有十条建议,恐怕陛下未必同意,所以才不敢接受任命。"

唐玄宗说:"你先说说看,是哪十条建议,朕再决定是否同意。"姚崇说:

第一,治理天下,不能只用刑罚,应当实行仁政,废除严刑峻法;第二,三十年之内,不要轻易动武打仗,息兵休战,不求边功;第三,宦官不得干预朝政；第四，皇亲国戚不得担任台、省职务；第五，无论什么人，不得法外施恩，应当依法惩治，法行自近(*法律的执行首先要自律*)，公平执法；第六，取消租税之外的一切额外征收；第七，停止营建寺庙宫观；第八，对大臣要以礼相待；第九，应当鼓励群臣犯颜直谏，对朝政提出批评建议；第十，严禁外戚干政，以两汉外戚专权为鉴戒。这十条建议，陛下能同意吗？

听了姚崇的十条建议，唐玄宗很爽快地全盘采纳，并全力支持姚崇逐条落实，唐玄宗十分诚恳地说："这十条建议都非常重要，朕完全同意，你就放心大胆地干吧。"姚崇这才叩头谢恩，接受了任命。这就是姚崇提出的著名的施政纲领"十事要说"。

次日，姚崇被任命为兵部尚书、同中书门下三品，封为梁国公，后升任紫微令(官名，唐朝中书令的别称)。姚崇当上宰相以后，佐理朝政，革故鼎新，大力推行社会改革，兴利除弊。姚崇没有辜负唐玄宗对他的信任，仅用了一个半月的时间，就将政局稳定了下来。唐玄宗在姚崇的协助下，办了四件大事：首先，巩固皇权，安定政局。其次，裁撤冗官，整顿吏治。第三，依法惩办豪强贵族，抑制佛教势力。第四，督促地方官员捕蝗，开展赈灾活动。

姚崇任宰相三年，实行了选贤任能、奖励清廉、惩治贪官、爱护百姓的清明政治，他从整饬制度入手，罢去冗职，选用官吏，并抑制皇亲国戚和功臣的权势，注重发展生产，为开元盛世奠定了政治和经济基础。因为他辅佐唐玄宗开创"开元盛世"，因此被称为"救时之相"。

姚崇曾问紫微舍人齐浣："我任宰相，可以和什么人相比？能比得上管仲、晏婴吗？"齐浣道："管仲、晏婴所行政策虽不能传到后世，但在他们执政时期却能一直坚持。您所制定的法度则会随时更改，从这一点来看，您似乎比不上他们。"姚崇又问："那我是个什么样的宰相？"齐浣道："您是个救时之相。"意思是说姚崇是拯救时弊的宰相。姚崇大喜，拍腿而言道："救时之相，也是不容易做到的。"

姚崇为官十分清廉，身为大唐宰相，他在偌大的京城，居然没有自己的住宅，而是一直借居在罔极寺里。开元四年(716年)，姚崇因幕僚受贿之事避位，推荐宋璟接替他的职务。宋璟非常能干，为官刚正无私，赏罚公平。姚崇虽然退下来了，但唐玄宗仍然非常信任他，每日派遣使者数十人，前去探望，每遇军国要事，都命黄门侍郎源乾曜去征求他的意见。

后来,唐玄宗采纳源乾曜的建议,命姚崇搬入四方馆居住,并准许他的家属侍疾。姚崇认为四方馆存有官署文书,不是病人居住的地方,便极力推辞。唐玄宗道:"设置四方馆本就是为官员服务的,朕安排你住进来,是为国家考虑。如果可能,朕恨不得让你住进宫里,你不要推辞!"不仅如此,唐玄宗仍然让他5日上朝一次,十分重视他的意见。

开元八年(720年),唐玄宗封姚崇为太子少保,但他却因病没有接受。开元九年(721年),这位著名的救时之相病逝,终年71岁,唐玄宗追赠他为扬州大都督,赐谥文献。后人评价说:唐代贤相,前有房(玄龄)杜(如晦),后有姚(崇)宋(璟)。

唐玄宗"开元之治"

李隆基,27岁即皇帝位,他死后的谥号为"至道大圣大明孝皇帝",因此后人叫他唐明皇。玄宗是他死后的庙号,所以史书上便称他为"唐玄宗"。李隆基是唐睿宗李旦的第三个儿子。大哥李成器曾被武后立为皇太孙,后来中宗即位,改封为宋王。李隆基诛杀了韦后和安乐公主,使父亲睿宗复位。睿宗在确立东宫皇储时有些为难,按常规来讲,李成器不但年长,而且是嫡子,并做过皇太孙,应被封为太子,但李隆基却在拥立睿宗复位的斗争中立了大功,所以睿宗迟迟决定不下来。李成器看出父亲的心事,就去拜见父亲,流着泪诚恳地表示愿意让位,睿宗很是感动。大臣们也认为李成器过于忠厚老实,不如李隆基能干。于是睿宗终于决定立李隆基为太子,不久就传位给他。

睿宗共有6个儿子,幺子李隆悌儿时夭折,其余5个儿子李成器、李成义、李隆基、李范、李业都是在危难中长大的,因此彼此维护,十分友爱。李隆基做了皇帝后,不忘兄弟间的情谊,更感激大哥的让位大德,便在皇宫外面建了5座王府,让兄弟们居住,并经常去探望他们。

唐玄宗注重内部宗亲的和睦安定,而在外廷之中,他也注意选用贤臣。唐玄宗经历过两次政变才得以掌握政权,所以他很注意从各方面来巩固自己的统治。他即位的第二年就规定:在京官中选拔有才识的人到外地做都督、刺史;选外地都督、刺史中有本事的人到朝廷来任职。这样内外互调,既培养了官员的工作能力,又促进了朝廷与地方的沟通和信任,后来这种调动被作为一种制度固定了下来。

716年,唐玄宗在殿堂亲自复试吏部新选派的县令,把其中不合格的四十多人斥退回家。他重用姚崇和宋璟为宰相,这两个人十分干练,把国事处理得井井有条,人们把他俩跟唐太宗时的宰相房玄龄和杜如晦相比,说"前有房杜,后有姚宋"。

姚崇当了宰相以后,没有辜负唐玄宗对他的信任,治理国家很有成绩。有一次,姚崇为几个低级官员晋级的事去请示玄宗。他连奏三次,玄宗却仰视殿顶,不搭理他,姚崇只好退出。玄宗的近侍太监高力士说:"陛下日理万机,宰相来奏事,陛下应该当面表示可否,这样不理人家好吗?"玄宗说:"朕任命元之(姚崇,字元之)为宰相,如果有国家大事,他自当来奏与朕共议;像郎吏这样的官吏升迁的问题,他决定就行了,为什么还要来麻烦朕呢!"高力士把这话告诉了姚崇。姚崇很高兴,也很感动。

薛王李业的舅舅王仙童,因为抢夺百姓的财物,吞占民田,被御史告到朝廷。王仙童有恃无恐,通过李业,请玄宗赦免自己。玄宗派姚崇处理,姚崇对玄宗说:"王仙童犯法,证据确凿,御史所说的全是事实,不应该赦免。"唐玄宗同意姚崇的意见,依法惩办了王仙童,打击了那些目无法纪的豪强贵族,使他们不得不有所收敛。

开元四年(716年),宰相姚崇因事退隐,宋璟获姚崇推荐,任大唐宰相。宋璟上任后提出"虽资高考深,非才者不取"的准则。他为防奸佞小人私下在皇帝耳边进谗言,提出百官奏事,必定要有谏官、史官在旁的规定。玄宗十分器重宋璟,并以师礼待之——进则迎,出则送,宋璟提出的具有建设性的提议,通常均被采纳。亦因如此,当时朝廷一改以往用人唯亲的恶习,并减少了奸佞小人诬陷好人的情况,使开元初期的政局十分清明。宋璟前后为相4年,他不畏权贵,力革前弊,奉公守法,不徇私情。

相传,他的叔父宋元超当了选人(唐朝以后称候补、候选的官员)后,要求吏部予以优先照顾,宋璟得知后,不但不予优先录用,还示意吏部不能"以私害公"。又据史书记载,唐代规定,每年地方各道要派人定期向皇帝、宰相汇报工作。使者进京,往往多带珍贵宝物,四处送礼,拜结权贵,许多官吏趁机收礼受贿,使者也多有人因此得以晋升。宋璟对此现象非常不满,就面奏玄宗,勒令所有收贿官员将礼品一概退回,以杜绝侥幸谋官之路,削杀收礼受贿之风。

唐玄宗还十分重视水利,在河北、河南、山西等地兴建了不少水利工程,多则灌田30万亩,少则灌田也不下10万亩。开元时期,全国共兴建了50多项较大的水利工程。唐玄宗还注重提高军队的素质,开元时,逐步以募兵制代替了府兵制,军队在边境上大兴屯田,这样既加强了边防,又减少了国家的财政开支,同时提高了战斗力。玄宗在东北设忽汗州都督府和黑水都督府,并重建营州都督府;在西北重建安西、北庭都护府,并收复了武则天时失去的西域重镇碎叶(在今吉尔吉斯斯坦北部),加强了东北和西北的边防;对吐蕃、突厥、南诏等族,采取和亲与笼络政策,从而巩固和发展了多民族国家的统一。

唐玄宗非常重视学术文化的发展。他下令在长安、洛阳建立书院,组织全国著名学者著书立说,还聘请学者来京,如任用张遂(即僧一行)为天文学顾问,李白也应召入宫,这对当时文化界有很大影响。

唐玄宗的时候,和"姚宋"齐名的贤相,有张九龄等人,他们为唐朝的政治经济发展作出了很大的贡献。唐朝从贞观初年到开元末年,经过100多年的发展,出现了前所未有的繁荣景象,达到了全盛时期。一个小的县城也有上万户人家。公家和私人的仓库里都装满了粮食。全国各地都很太平,出远门再也不必挑选好日子。齐鲁地区生产的丝织品一车又一车地在各地畅销,男子耕种,妇女采桑养蚕,人民安居乐业。

这一时期经济持续发展,社会富足安定,因此历史上把开元期间这种全盛的景象称为"开元盛世"。

唐玄宗封禅泰山

开元十二年(724年)底,文武百官、皇亲国戚及四方文学之士,认为唐玄宗治世有功,应该封禅(shàn)泰山,以彰显皇帝的文治武功。于是众人纷纷上书请唐玄宗修封禅之礼并献上为封禅泰山作的赋,前后共有千余篇。但是都被唐玄宗搁置起来,直到第四次请求,唐玄宗才应允。

唐玄宗早年聪明精干,虽有开元盛绩,但他自认为还是"德未加于百姓,化未罩于四海",如果说十几年来,有可以一说的成就,那也只是"宗庙社稷之余庆""群公卿士之任职",至于个人的功绩,是微不足道的,更不能与尧舜禹汤、轩后周文相提并论。他对自己的政绩有清醒的认识,认为现在还没达到自己想要的程度,所以对封禅泰山的请求一力辞谢。可见他对自己的要求是严格的,自我追求的目标是高的。

总而言之,唐玄宗追求的是古代贤王的盛世,所以他说:"抚躬内省,朕何有焉?"检视中国古代政治家的历史,平庸昏聩的帝王不足道,真正有作为的政治家,前期艰难创业、后期却腐败的个人因素之一,便是居功自傲。

毫无疑问,唐玄宗懂得,作为一位封建帝王,封禅泰山,对他在舆论上的意义是多么重要。但是,他也懂得,一位帝王因政治事业上的成就而封禅泰山具有多么重要的意义。唐玄宗十分清楚他在建设封建地主阶级政权方面、在治理社会方面所取得的成就有多大。他之所以对封禅反复谦让,犹疑不决,主要是因为他在对自己的政治业绩与泰山封禅大典是否匹配方面进行分析、评估。

当大臣们第四次奏请皇帝封禅泰山时,唐玄宗认为他的业绩与封禅大典是相称的。于是,他大胆决定实行封禅,"以光我高祖之丕图,以绍我太宗之鸿业"。为此,唐玄宗在诏书中对封禅事宜做了明确的指示:"所司与公卿诸儒详择典礼,预为备具,勿广劳人,务存节约,以称朕意。所缘封禅仪注,兵马陪集,并皆条奏,布告遐迩(广泛告知远近众人)。"由此可见,唐玄宗对封禅既重视又认真,他还公开宣称:"朕今此行,皆为苍生祈福,更无秘请。"一反前代帝王私心重重的态度。从文化心态的角度来说,唐玄宗心胸开阔,眼界高远,他的目的十分明确:"谢成于天。子孙百禄,苍生受福"。

开元十三年(725年)十一月,唐玄宗率领一支队伍浩浩荡荡地从东都洛阳出发,来到泰山,一场亘古未有的封禅大典即将在这里隆重举行。随行的有朝廷百官、王公贵戚、各族和各国来宾。每到一处,几十里内满山遍野都是随从人员和牲畜,满载物资的车队连绵数百里。

十一月十日清晨,天空格外清朗,泰山沐浴着万道霞光。微风轻拂,祥云缭绕,封禅典礼正式举行。唐玄宗庄严地伫立于岳顶封台,在坛前恭恭敬敬地祭拜皇天上帝。玄宗首先献祭,其次是邠(bīn)王李守礼,最后是宁王李成器陪祭。玄宗象征性地喝下了一杯祭献用的"福酒"后,将装有金字玉册和玉牒的两个玉盒子,封存在祭坛石匣中。接着,玄宗面向位于封坛东南方的一座燎坛,下令将堆积的柴草点燃。熊熊燃烧的大火直冲天空,在阳光的映照下,烟云升腾,环绕山顶。群臣高呼"万岁",巨大的声浪从山上一直传到山下,此起彼伏,震天动地。这时,在山下祭祀五帝百神的群臣百官也完成了仪式。

唐玄宗在一片"万岁"声中,情不自禁地说:"如今封禅大礼刚刚举行,吉祥的征兆就已经降临,这都是在众大臣的努力辅佐下取得的成就。祝愿你我君臣相保,像现在一样,不要骄傲自满,心生懈怠,而是勤勉国事,不辜负天意。"宰相张说跪奏:"像今天这样的封禅盛典,自古以来都没有听说过。陛下又能联想到慎终如一,使百姓能有长久之福,天下人真是太幸运了。"由此可见,封禅其实是借向皇天上帝汇报之名,向普天之下宣告天下大治、盛世伟业的巨大成功,也表达了玄宗居安思危、永葆太平的真诚愿望。

封祀礼毕,玄宗、诸王、宰臣及礼官们开始陆续下山。大约在中午时分,他们一行人到达社首山帷宫。迎候銮驾的百官、贵戚及各国来宾,争先祝贺,仿佛个个都想聆听皇上从皇天上帝那里带来的"福音"。这时,阳光更加灿烂,天空愈加明亮。遥望泰山之巅,紫烟冉冉上升,祥云久久不散,帷宫内外一片欢腾。

唐玄宗封禅泰山,还在泰山上留下了巨大的摩崖石刻——《纪泰山铭》。据有关资料显示,今天我们所见到的泰山摩崖石刻,文是唐玄宗作的,字是唐玄宗写的。从这些石刻文字不仅能窥见他的书法才能,也可见其文学功底。

《纪泰山铭》在所引"铭文"之前,有一段序文,叙述与泰山有关的历史和神学思想,解释了唐玄宗决定封禅的经过。所引的铭文,先讲述了唐朝的光荣历史,再叙述封禅目的,最后贬抑历代封禅而陈述己意。"道在观政,名非从欲",是他的结论,也是他的自信。唐玄宗认为,秦始皇封禅"灾风雨",汉武帝封禅"污编录",实在是因为"德未合天",所以才有"灾风雨""污编录"之辱,只有他封禅才是成功,不仅无"灾""污"之辱,还充分享受了祥瑞之气。开元之治的盛况,使他踌躇满志,而他的政绩——开元盛世,确实值得他引以为豪。

唐代天文学家僧一行

唐代的天文学也很发达,著名的天文学家是一行和尚(673或683—727)。

一行,原名张遂,传说他有过目不忘的本领。唐代有名的道人尹崇把一本《太玄经》借给张遂,他只看了几天便把书还给了尹崇。尹崇以为张遂拿这本书去只是装装体面,就提问了几个书中的问题,没想到张遂都回答了上来,并且还背出了书里的一些段落。

张遂年轻的时候,正值女皇武则天执政。她的侄子武三思虽然是一个不学无术的人,但是为了提高自己的身份,他常常结交一些比较有名的学者。武三思听说张遂很有才华,于是就想把他招到自己的身边来。张遂知道武三思这个人只是爱慕虚荣,并不是一个真正爱才之人,便在家装病。但是武三思并不放过他,总是派人来请。张遂见躲不过,便出家当了和尚,取法号一行。

一行在寺庙研究天文和历法。他听说浙江天台山的国清寺里有一位老和尚对天文和历法很有研究,于是就到国清寺拜师。在老和尚的指点下,他在天文和历法上取得了很大的成就,成了很有名望的大学者。

唐玄宗知道他的才学后,派人到寺庙里去请一行到朝廷当官。一行不想当官,就婉言谢绝了。唐玄宗见请不动这个大学者,便找到了一行的叔叔礼部郎中张洽,让他无论如何把一行接到皇宫来。张洽找到一行,叙了一番家常以后,便邀请侄子一行坐上在外面等候多时的马车回家。俩人一边走一边说,等到马车走得很远了,张洽才跟一行道出了这次来访的实情。一行进退两难,只好随叔叔来到长安。唐玄宗召见了一行没几天,一行便在长安的华严寺里继续研究他的学问。

一天,朝廷里的天文馆预报当天有日食,结果日食并没有出现。后来唐玄宗把历法官责问了一通。可历法官是根据历法推算日食的,到底错在哪里呢?答案无从得知。唐玄宗叫人请来一行,经过一番推算,最后得出的结论是历法书太旧了,已经不能用了,所以要赶紧制定出一部新的历法才行。

唐玄宗便把修订历法的事交给了一行。首先,他和天文仪器制造家梁令瓒共同制造了观测天象的黄道游仪。黄道,就是人们从地球上看太阳,观测到的太阳在宇宙空间一年中的运行轨道。测定日、月在轨道上的位置和它们的运行情况,对提高历法的精确度有决定性作用。过去的测量都是间接进行的,测量结果还需要再进行换算,误差很大。黄道游仪解决了这个问题,测量更准确了。

一行利用这个仪器发现恒星的位置和古代所测的位置有很大不同,从而首先发现了恒星移动的现象,大大推动了人类对恒星的观测和研究。一行从724年到725年,在全国12个地点测量北极高度和冬至、夏至、春分、秋分当天中午的日影长度。一行从各地的测量数据中计算出了子午线的长度,它虽然与现代测量出的子午线长度有一定误差,但这是世界上第一次测量子午线的记录,对于研究天文学史有十分重要的价值。

一行和梁令瓒在汉代科学家张衡设计的地动仪的基础上,制造了水力运转浑象。这个浑象上画着星宿、赤道,当水灌进去冲动轮子时,仪器就转动起来,每昼夜自转一周,和天象相符合。仪器中还有两个木人,一个木人每刻钟击鼓一次,一个木人每个时辰敲钟一次,都是由仪器中的轮轴操纵的。这是世界上最早的自动计时器。

一行编制了新历法,即《大衍历》。这是当时一部很先进的历法,它比较正确地掌握了太阳运动的规律,对太阳和月亮每天的位置和运动、每天见到的星象和昼夜时刻,以及日食、月食和五大行星的位置都做了说明。在明朝末年,西方的历法传入我国以前,我国一直沿用着这部历法。

《大衍历》刚刚完成,一行就因为劳累过度,与世长辞了。一行的发明创造和他编制的新历法,在我国天文学史上占有重要的地位,他也是世界上著名的古代天文学家之一。

诗仙李白

中国几乎没人不知道李白(701—762),因为李白是站在盛唐诗坛之巅的一位大诗人,在中国诗歌发展史上有着重要的地位和深远的影响,堪称中国诗坛第一人。他是中国历史上伟大的浪漫主义诗人,被后人称为"诗仙"。

李白,字太白,号青莲居士,祖籍陇西成纪(今甘肃静宁县西南),其先祖于隋末因战乱逃至碎叶(今吉尔吉斯斯坦北部托克马克附近)。701年,他出生在碎叶。幼时随父迁居到现在四川江油的青莲镇。

李白很小的时候,父亲让他到山上的学堂里去读书。在学堂里,调皮的李白不好好用功,经常逃学,所以学习成绩不好。传说有一次,老师批评了他一顿。他想反正学习也不好,还不如早点儿离开这个倒霉的地方!想着想着,他便挎起书包偷偷溜出了学堂。出了学堂的李白很高兴,觉得自己终于解放了,可以好好地玩一玩了。他一路小跑,下山去了。

不一会儿,他就到了山脚下。山下有一条弯弯曲曲的小河,李白以前也经常到这里来玩。他顺着小河向前走去,发现有一位头发花白的老奶奶坐在河边的一块石头边,手里拿着一根铁棒在石头上来回地磨着。李白觉得很奇怪,于是他就站在那里目不转睛地看了好半天,他想:这位老奶奶磨一根粗粗的铁棒做什么用呢?铁棒那么硬,怎么磨得动呢?

于是,他很有礼貌地问道:"老奶奶,您辛辛苦苦地磨这么粗的铁棒干什么?"老奶奶说:"我要用它做绣花针哪!"说完,抬头看了看眼前站着的这位少年。"做绣花针?"李白更觉得奇怪了,这么粗的铁棒,怎么能磨成细细的绣花针呢?即使能磨成,那要磨到什么时候哇!他对老奶奶说:"若是磨不成,您可就白费力气了!"老奶奶听了却很有信心地对李白说:"孩子,铁杵磨成针,功到自然成啊!"

李白故意调皮地说:"那您今天能磨成吗?"老奶奶回答说:"今天磨不成,还有明天;明天磨不成,还有后天;后天磨不成,还有大后天……只要我不间断地天天来磨,总有一天会磨成功的。只要有决心,做什么事都能成功。"

李白一听恍然大悟,觉得老奶奶的话很有道理。这和读书一样,天下的好书很多,虽然不好读,可是只要天天认真地读,10年,20年……总有一天能够把所有的书都读完哪!老奶奶的话,就像一把重重的锤子猛击在了李白的心上。他对照自己最近的行为,扪心自省,感到自己辜负了父亲的期望。

从那儿以后,他又回到学堂里读书了。他用铁杵磨针的精神提醒自己要加倍努力勤学,再也不偷偷逃学了;不论老师留下多少作业,他一定认真地按时完成。

后来,李白到戴天山中的大明寺去读书,写了一首《访戴天山道士不遇》,这首诗成为他早期的著名诗篇之一,当时他只有十几岁。

由于李白勤奋努力,终于成了一位著名的大诗人。

742年,已经名闻天下的李白应诏到长安,做翰林供奉,唐玄宗也给他以特别的恩遇。李白以为建功立业的机会已到,可以一展抱负了。但在翰林院中,除文辞、经学之士外,还有其他精通卜、医、棋、术等专门技艺的人员。他们定期入值当班,待诏于院中,以备皇帝召见,陪伴天子下棋、作画、写字,并为其占卜、治病。总之,他们各以自己的专长为皇帝游居宴乐服务,没有什么实际作用。玄宗只是把李白看作御用文人,让他写一些华丽的点缀升平的诗歌,增加宫廷乐趣而已。这种工作很快就让李白感到寂寞和愤懑。宫廷生活,使李白看透了政治的腐化和罪恶。于是,他感到厌倦了,便请求玄宗让他离去,玄宗准许了他的请求。

出京不久,李白与杜甫在洛阳相识,之后又与杜甫、高适同游梁、宋。接着又与杜甫同游鲁中名胜。李白夫人许氏死后,他又续娶宗氏,并以梁园、东鲁为中心北游燕赵,南游广陵,往来于宣城、金陵等地。在此期间,他广泛接触民情,对社会有了更深入的认识,他希望能重新开始,实现自己"济苍生,安社稷"的政治抱负。

755年,安史之乱爆发,在此期间,李白正隐居庐山,但他仍希望有机会为国家平叛立功,于是他加入了永王李璘的幕府。永王兵败被杀后,李白也被逮捕并判了死罪,后幸得友人相救,才免于一死,最后被判流放夜郎。他到白帝城时,遇到朝廷下令大赦,才免除流放之罪。于是李白返回浔阳,途经扬州、南京等地,投奔到族叔当涂县令李阳冰家里。

762年,李白病逝,被葬在当涂县东南的青山西麓。

李白以热烈豪迈的个性、强烈的反抗精神和顽强的斗争意志,奏响了浪漫主义诗歌的最强音。他的诗歌反映了多方面的时代生活:有对帝都长安壮伟气象的热情礼赞;有对壮丽自然景色的描绘,表达对祖国山河的热爱;有对劳动人民生活的描写,表现对人民疾苦的深切同情;有对叛乱势力的斥责,对维护国家统一的战争的讴歌;也有对当时腐败政治的尖锐批判,表现鄙视权贵的傲岸精神,等等。他的诗歌热情奔放,雄奇伟丽,感情澎湃如江河直泻;他的诗歌语言夸张而且自然率真,瑰丽多彩又明白流畅,全无刻意雕琢斧凿的痕迹;他的诗歌的形式和内容完美统一,达到了盛唐诗歌艺术的巅峰。

张旭和怀素

张旭(生卒年不详),字伯高,苏州吴县(今江苏苏州)人,曾担任过金吾长史(统管御林军的官员)等职,所以后世又称他为"张长史"。他为人风流狂放,喜好书法,尤其是他的草书在当时可是数一数二的。据说他写字前总要先喝酒,常常喝得酩酊大醉,醉后呼叫狂奔,然后挥笔书写,有时竟用头发沾着墨汁疾书。

张旭非常注意从自然界和生活中汲取养料、激发灵感。日月群星、鸟兽虫鱼、花开花落、雷霆闪电、音乐歌舞等的运动变化,都被他吸收到书法里了。有一次他和朋友去看杂耍,看到一个叫公孙大娘的舞女在舞剑,那上下翻飞的剑影,变化多端的舞姿,让张旭看得入了迷。他突然联想到了书法,一时灵感就像泉涌一般。正是这种触类旁通、善于学习的方法和精神,使得张旭的草书能够出神入化,他被后世尊为"草圣"。

传说,唐朝文宗皇帝曾向全国发布了一道罕见的诏书,封李白的诗歌、张旭的草书、裴旻的剑舞为天下的"三绝"。

怀素(725—785,一作737—799),是唐朝的又一位卓越的草书大家。他本姓钱,长沙(今属湖南)人。10岁那年,他忽然起了出家为僧的念头,父母怎么也阻止不了,只好让他出家。

怀素一直喜欢书法,尤其是草书,学习非常刻苦。据说因为家里穷,买不起纸,他就做了一块漆盘和一块漆板练字。他在上面写了擦,擦了写,结果把盘、板都写穿了。他用过的笔也不计其数,屋里堆放不下,就埋到山下,还在上面题了"笔冢"两字,以示纪念。

怀素的草书,也从自然造化中受益不小。据说有一次怀素出门,看见天空中一朵朵浮云,在阳光下闪耀着金色的光辉,它们一会儿像奔马,一会儿像大鹏,一会儿像奇峰,变化无穷。他忽然想:"我为什么不能把这些云彩的变化运用于草书之中呢?"从此,怀素的草书艺术有了一个飞跃,并创造性地形成了他自己的狂草风格。

怀素曾千里迢迢来到长安,向颜真卿求教。颜真卿是张旭的学生,他把张旭教的"十二笔意"和自己的一些心得传给了怀素,怀素的草书造诣得到了升华。当他把自己的草书作品拿给颜真卿看的时候,颜真卿高兴地说:"'草圣'的绝技终于有传人了。"

鉴真东渡日本

隋唐时期,中日两国人民的友好往来很是密切。从630年到894年间,日本派出遣唐使十几次,每次都在100人以上,最多的一次有650余人。很多日本留学生进入唐朝的最高学府国子监深造,有的甚至在中国居住了20年以上,还有的留在了唐朝做官。唐朝也有许多学者到日本去,其中最著名的是高僧鉴真(688—763)。鉴真本姓淳于,是扬州江阳(今江苏扬州)人,鉴真是他出家后的法号。

鉴真生于688年,他的父亲是个商人,也是个非常虔诚的佛教徒。鉴真从小受父亲影响,对佛教产生了浓厚的兴趣。14岁那年他就出家当了和尚,曾游历长安、洛阳等地,对佛经很有研究。26岁住扬州大明寺,专门弘扬佛教戒律。

中国当时是世界佛学中心之一,日本受中国影响,大力提倡佛教。他们依照唐朝寺院风格修建佛寺。日本政府还决定派荣叡和普照两位年轻的僧徒到中国学习佛学,并打算聘请中国的高僧去日本传授戒律。

荣叡和普照在洛阳、长安学习佛法,他们听说鉴真是一位德高望重的高僧,就想请鉴真到日本去。742年,荣叡、普照从长安专程到扬州大明寺拜访鉴真,向他说明了来意。当时,海上交通十分艰险,但是鉴真还是果断地说:"为了佛法,何惜生命!"然而,他去日本的计划一次次地受到阻碍。有一次,船出海不久就触礁损坏,只得返回;又有一次被官府扣留,未能成行……他第五次东渡时,遇上狂风恶浪,航向发生偏差,误入海流,竟被风浪卷到了海南岛附近。一路上淡水用尽,每天靠嚼几粒生米充饥。这第五次东渡,也未能成功。

不久,鉴真因患了眼疾而双目失明,但他仍不退缩,754年,他以66岁的高龄,在双目失明的情况下,开始第六次航行。他在海上与风浪搏斗了一个多月,终于登上了日本的九州,实现了他多年的夙愿。

755年,鉴真一行到达日本首都奈良,受到了热情接待,住进东大寺。鉴真的到来,轰动了日本各界,他们从早到晚前来拜谒慰问。奈良城的街道房屋跟长安城的很像,这让鉴真感到十分亲切。

日本天皇把向全国传授戒律的大权交给鉴真,并授给他"传灯大法师"的法号。鉴真在东大寺的佛前设起了戒坛,举行受戒仪式。天皇、皇后、皇太子依次登坛受戒。从此以后,不论什么人,如果没有在经指定的戒坛受戒,就不能取得僧籍。

鉴真在日本天皇赐给他的一块宅地上建造了一座新寺院,叫作"唐招提寺"。他亲自参与唐招提寺的建筑设计。唐招提寺整个建筑结构精巧,布局合理,气势雄伟,反映了唐朝建筑的特点,也是日本现在遗留下来的最宏伟的建筑物,对日本寺院建筑影响很大。从此,鉴真就在唐招提寺中讲律受戒。唐招提寺成为当时日本最有影响的寺院。

鉴真东渡日本不但传播了中国的佛学和受戒制度,而且把当时最成熟的唐代文明介绍给了日本。鉴真精通医学,他带去了许多药方,还亲自给人看病,传授中草药知识。他还带去了中国的绣像、雕像、画像、书帖等,对日本的美术发展影响很深。

鉴真在日本度过了近10个春秋,为中日两国的友谊和两国科技文化的交流作出了杰出的贡献。763年,75岁的鉴真在奈良病逝。日本朋友将他葬在唐招提寺,并且世世代代纪念他。

茶圣陆羽

讲到茶,就不能不提茶圣陆羽(733—约804),他所著的《茶经》被视为我国茶文化的经典作品,也是世界上第一部茶叶专著。陆羽在这本书中对于茶叶的产销、焙制、煮茶方法、饮茶器具等都做了详细介绍,并品评了各地名茶的优劣品级,极大地促进了饮茶之风的盛行。

陆羽出生在733年,相传是复州竟陵龙盖寺智积禅师所收养的一个孤儿。陆羽在寺院中长大,自幼便有机会学习佛经,但他对此毫无兴趣,反而偏好孔孟之说。由于他好学不倦,学问日益深厚,再加上他人很幽默,又是性情中人,很多达官文人都愿意和他交往。

自唐初以来,各地饮茶之风渐盛,但饮茶者并不一定都能体味到饮茶的要旨与妙趣。于是,陆羽决心总结自己的饮茶实践和茶学知识,写出一部茶学专著。

为潜心研究和写作,陆羽结束了多年的流浪生活。经过无数个日夜的努力,他写出了我国第一部茶学专著,也是世界第一部茶文化专著——《茶经》。

陆羽在《茶经》中谈论水的部分非常多,无论是水的来源,还是水的温度及用法,都被后世视为泡茶的准则。陆羽后来被称为"茶圣",唐朝茶文化也达到了一个新的高度。

诗圣杜甫

在唐代诗人中,和李白齐名的是被称为"诗圣"的杜甫(712—770)。杜甫,字子美,因做过检校工部员外郎,所以后人也称他为杜工部。

712年,杜甫出生于一个诗书世家,祖父杜审言是唐朝武则天时代的著名诗人,父亲杜闲做过奉天县(今陕西乾县)的县令。受家庭的熏陶,杜甫自幼好学,在7岁时因作《咏凤凰》而一鸣惊人。杜甫十四五岁的时候,就已经开始和洛阳一些有名的文人交往,成为诗人聚会上不可缺少的常客。20岁以后,他离开家乡,开始漫游祖国山河,参观了许多名胜古迹。在登上泰山日观峰的时候,他写下了著名的五言诗《望岳》。其中"会当凌绝顶,一览众山小"的名句,抒发了他宏伟的志向。

744年,杜甫在洛阳遇到了大诗人李白,两人互相钦佩,一起游历齐、鲁等地,结下了深厚的友谊。之后,杜甫来到长安,想施展抱负,但由于奸相李林甫当道,唐玄宗昏庸,他到处碰壁,遭遇旁人白眼。他到43岁的时候,才得到一个地位很低的官职。

唐玄宗末年,安史之乱的发生给百姓带来了深重的灾难,叛军所到之处,烧杀掳掠,无恶不作。杜甫感受到百姓所受的灾难,就希望唐朝能尽快平定叛乱,于是写下了"国破山河在,城春草木深"等著名诗句。

757年,杜甫逃出长安,直奔凤翔,投奔唐肃宗。此时杜甫衣破露肘,脚穿麻鞋,老瘦不堪。肃宗见他忠心耿耿,任命他为左拾遗,负责对政事提意见。不久,他因疏救房琯触怒肃宗,受到审讯。最终,他被逐出朝廷,贬到地方。

杜甫把一路上的所见所闻,写成一首五言叙事诗《北征》。诗中记载了阡陌之间人烟萧瑟,到处是呻吟流血的伤兵和难民的景象,令人触目惊心。杜甫用诗忠实地记录了安史之乱所造成的残酷后果,更直言不讳地叙述了人民遭受的苦难。杜甫长年生活于百姓之间,十分了解百姓的疾苦:征兵、征粮、连年战争,逼得百姓家破人亡。他悲愤而沉痛地用一首首诗歌勾画出一幅幅社会历史图画。著名的"三吏"(《新安吏》《潼关吏》《石壕吏》)、"三别"(《新婚别》《垂老别》《无家别》)就是杜甫在此时期创作出的作品。

杜甫浪迹天涯,想访求一个容身的小天地。他先到秦州(今甘肃),继而又南下同谷(治今甘肃成县),经栈道,穿剑门(治今四川剑阁东北)入蜀,然后到了成都,才安定下来。途中,他写了许多诗歌,有的记述其行踪,有的描绘祖国的名山大川,也有的反映社会现实。

后来,杜甫在朋友严武等人的帮助下,在成都西郊外的浣花溪畔建起一座茅屋,定居下来,这座茅屋就是著名的成都杜甫草堂。在这风景优美的草堂边,他植树栽竹,养鸡养鸭,生活虽艰苦,但能和农夫邻居交朋友,心情倒也愉快。

一年秋天,秋风怒号,草堂顶上的茅草被卷走了。风刚停,雨又开始下起来了,屋里漏得没有一块能落脚的地方。在这难眠的长夜,杜甫写下了著名的诗篇《茅屋为秋风所破歌》,诗中写道:"安得广厦千万间,大庇天下寒士俱欢颜,风雨不动安如山。呜呼!何时眼前突兀见此屋,吾庐独破受冻死亦足。"他想到社会上广大的"寒士",慷慨激昂地表示,为了天下的"寒士"免于饥寒,他冻死也心甘情愿。

后来,他的好友严武病死,他失去了依靠,只好带着妻儿老小到处奔波。他经过夔州(今重庆奉节县),暂居一段时间后又离开。此时,北方兵荒马乱,江南的朋友也无音讯,他只好以船为家,在湘江上漂泊,生活越来越贫困,身体状况也越来越差。770年冬天,他病死在湘江的小船上。

杜甫的诗较多地反映了当时社会的真实情况,他是我国历史上伟大的现实主义诗人。他以大量的诗篇,揭露了唐朝封建社会的种种矛盾,用诗描绘了一个复杂多变的历史时代,深刻地反映了当时的社会现实及人民的苦难,所以,人们把他的诗称作"诗史"。

画圣吴道子

吴道子(生卒年不详),又名道玄,阳翟(今河南禹州)人,他是唐代杰出的画家。

童年的吴道子极为不幸,双亲早故,生活孤苦。迫于生计,他向民间画工和雕匠学习技艺。由于刻苦好学,又才华出众,他在20岁左右已是一位颇有名气的画家了。

虽然吴道子一心想作画,但还是必须先养活自己。他在韦嗣立幕下做过小吏,后又在一个小地方任过县尉。后来他决定到当时的经济、文化中心之一的洛阳去,从此开始了浪迹洛阳的生活。这段时间,他潜心于寺院道观的壁画创作,很快他的名声就传遍了洛阳内外。不过,他的社会地位依然很低。

直到唐玄宗李隆基知道了他,把他召入宫中,他才结束了漂泊不定的生活。

朱景玄的《唐朝名画录》中有记载:开元年间,吴道子随唐玄宗去洛阳。在那里,他遇到了自己的书法老师张旭和舞剑名手裴旻将军。三人各自表演了自己的绝技。洛阳士庶,大饱眼福。后来,裴旻将军请吴道子在天宫寺为他的亡亲作佑福的壁画,吴道子欣然答应,说道:"我不要将军任何金帛作为报酬,如果将军愿意,请为我舞剑一曲,足以为作画之酬。我欣赏到你的壮怀之气,就可以挥毫作画。"于是裴旻立即持剑飞舞,左旋右转,最后掷剑入云,高达数十丈,宝剑落下来时,有如电光射下,刚好落进裴旻手持的剑鞘之中。围观的人多达数千,无不惊叹。

吴道子看完裴旻的精彩表演,激动无比,挥毫涂壁,飒然风起,有如神助,一气呵成。这幅壁画成为吴道子一生中最得意的作品。

天宝年间,唐玄宗因为喜欢四川的美丽山水,特遣吴道子前去写生。吴道子漫游嘉陵江,心情畅快。再加上时间从容,山水优美,风光无限,他游目骋怀,把一切体会和感受都深深铭刻在了心里。

返回京城后，玄宗问他情况，他直截了当地回答说，自己没有画底本，只是把它们全部记在了心里。"并记在心"是画家默记素材的一种方式，也是中国古代画家进行写生的一种传统方法。他所记的不是山川表面的一切，而是一山一水一丘一壑那引人入胜的境界。

这一天，玄宗命他在大同殿（唐代长安城兴庆宫的宫殿名）壁上描绘嘉陵山水。吴道子根据心中所记所感，极为迅速地画出了嘉陵江上300余里的美丽风光。在此之前，善于画山水的画家李思训，也曾在大同殿画过山水，不过他是用了好几个月。所以，吴道子的画画好了之后，玄宗不禁称赞道："李思训数月之功，吴道子一日之迹，皆极其妙。"这则故事也成为画史上脍炙人口的美谈。

吴道子性格豪爽，不拘小节，他"每一挥毫，必须酣饮"，因此，他经常是在醉中作画。传说他在壁画中描绘佛头顶上的圆光时，不用尺规，挥笔而成。他画画时画得很快，像一阵旋风，一气呵成。当时的都城长安（今陕西西安）是全国文化中心，汇集了许多著名的文人和书画家。吴道子经常和这些人在一起交流，这使他的作画技艺不断提高。

吴道子是一个多产的画家，他的作品数量很多。据说寺廊壁画有300余幅，有记录的卷轴画有100多件。其中以佛教、道教题材居多，还有山水、花鸟、走兽等，可惜今已无存。著名画作《天王送子图》是宋人对他作品的临摹。它所表现的是释迦牟尼降生为净饭王子以后，其父净饭王抱着他拜谢天神的佛经故事，反映出了吴道子的基本画风。

吴道子的画打破了长期以来沿袭的顾（恺之）陆（探微）"紧劲连绵，如春蚕吐丝"的那种游丝描法，因为游丝描的线条虽然圆润挺健，但如铁线一般毫无变化。吴道子开创的兰叶描，用笔起伏变化，雄峻而疏放，表现了内在的精神力量。同时，他敷色比较简淡，甚至不着色。他在创作的时候，处于一种高度兴奋与紧张状态，很有点表现主义的味道。这些，似乎都透出了后来疏笔水墨画的先声。

吴道子在艺术上富有创造精神，一说山水画之变由他开始。他用状如兰叶或莼菜条的笔法表现衣褶，圆转而有飘举之势，宋代郭若虚在《图画见闻志》中称之为"吴带当风"。他焦墨勾线，薄施淡彩的画风，世人称之为"吴装"。他通过墨线的肥瘦抑扬，表现出物象的运动感和量感，为白描画的发展作出了贡献。因其笔法流转洗练，"笔才一二，像已应焉"，后人将他与张僧繇合称"疏体"代表画家，以区别于顾恺之和陆探微紧劲连绵的"密体"画家。苏轼评他的艺术"出新意于法度之中,寄妙理于豪放之外",并且将他作为唐代绘画的代表,与诗人杜甫、散文家韩愈、书法家颜真卿并列,极赞道:"画至于吴道子,而古今之变,天下之能事毕矣。"吴道子被后世尊为"画圣",被民间工匠尊为祖师,他对以后的绘画,尤其是人物画和白描画风影响极大。

755年,当吴道子的艺术生涯正值辉煌之时,发生了安史之乱。生性刚正不阿、疾恶如仇的吴道子誓死不与乱军合流,随即在画坛销声匿迹。

千古"画圣"吴道子在艺术上取得的卓著成就,是祖国古代艺术殿堂中永远璀璨的一颗明珠。

围棋天才王积薪

唐玄宗时期,中国出现了一名围棋天才,他叫王积薪(生卒年不详)。王积薪自知棋力不差,不久便去投考翰林,果然一战告捷,成为"棋待诏"。以后他就常在宫中陪唐玄宗下棋。

当时还流传着"王积薪深山学围棋"的故事:王积薪成名后,从不以名家自居,每次外出游玩,身边总带着一个竹筒,里面放着棋子和纸画的棋盘。他常把竹筒系在马车的辕上,途中不管遇见谁,哪怕是平民百姓,只要会下棋,都要下马来与之对弈一盘。谁要赢了他,就可以享用一顿由他款待的佳肴。

天宝年间,王积薪的活动很少有记载,直至安史之乱爆发后,唐玄宗仓皇逃往四川。政府各部门大多都没有来得及通知,玄宗只带了一些亲信大臣和随从,其中就有王积薪。在过蜀道时,由于扈(hù)从众多,道路狭窄,一次休息时,附近不多的几间驿馆旅舍,甚至是民房,都被达官贵人们所抢占。像王积薪这样一个小小的棋待诏,自然找不到一处可以歇脚的地方,他只好独自一个人沿着一条小河,向荒山野岭深处走去,希望能找到一处可以寄宿的地方。

他好不容易才找到一户人家,但这户人家只有一个孤老太太,带着一个媳妇。

两个女人给王积薪烧了一些热水,给了他一些必需品,同意让他借宿。王积薪躺下后,翻来覆去睡不着。夜深人静的时候,他突然听见屋子里传来说话声。他侧耳细听,原来是婆媳俩躺在床上也睡不着,便在黑暗中下起了围棋。王积薪非常纳闷,屋子里既无灯烛,两人又各住一室,她们用什么办法来下围棋呢?这时,他听到媳妇在她的屋子里说:"起东五南九置子矣。"睡在另一间屋子里的婆婆应道:"东五南十二置子矣。"媳妇又说:"起西八南十置子矣。"婆婆又应道:"西九南十四置子矣。"每下一子,两个人都要思考很长时间。

就这样,两人一直下到了四更天,才下了三十六着(下棋时下一子或走一步叫一着)棋,王积薪都偷偷记了下来。这时候他听见婆婆说:"你已经输了,我赢了你九枰(棋盘)。"媳妇在另一间屋子里也坦然认输。原来婆媳二人下的是盲棋。

天亮以后,王积薪整理衣冠,向婆媳二人说明了自己的身份,恭恭敬敬地向她们请教。老太太让他随便摆几步棋看看,王积薪不敢含糊,就掏出随身携带的棋具,把平生最得意的布局摆给她们看。老太太只看了不到十步,就对媳妇说:"这个人下得还算凑合,可以教给他一些平常的下法。"那位媳妇就指点了王积薪一些攻守、杀夺、救应、拒防等棋法。王积薪全部牢记在心,还想多学一些招数。老太太说:"就凭这些,你就已经可以无敌于人间啦。"王积薪特别感谢她们,辞别走出一段路之后,又返身回去,却怎么也找不到那户人家了。

王积薪后来将婆媳两人对弈的过程在棋盘上复原,他竭尽心力,怎么也弄不明白为什么在三十六着之后婆婆就会取胜,而且是胜出九枰。王积薪还将这盘棋命名为"邓艾开蜀势"。从现代下围棋的角度来看,三十六着才基本上算是完成了布局,通常情况下正式厮杀还没有完全展开。这时就能精确地计算出胜负,只有神仙才能做到。

王积薪的高超棋艺和他虚心向民间棋手学习、不断提高下棋水平是分不开的。

据《酉阳杂俎(zǔ)》记载,一次,王积薪在宰相张说家遇到著名科学家僧一行。僧一行精通天文、历法、算术,悟性极高,他虽然并不很精通围棋,但当王积薪与张说对弈时,他在一旁观战,竟然很快就领悟了围棋精义,并且当场就敢和王积薪对弈。这对王积薪的启发很大。

王积薪虽然已经是国手级棋手,但他性情豁达,不拘小节,在棋艺上精益求精，勤勉好学。王积薪在当时之所以名震天下，不仅因为他棋艺高超，还由于他根据前人和自己的实践经验，总结出了一套围棋理论，编成《围棋十诀》一书，书中写道："不得贪胜，入界宜缓，攻彼顾我，弃子争先，舍小就大，逢危须弃，慎勿轻速，动须相应，彼强自保，势孤取和。"这十条棋诀，用简练的语言准确而通俗地概括了围棋实战中的战略战术，总结了全局和局部、进攻和防守中的一些重要原理，对后世的围棋教学影响很大。王积薪另有三本围棋专著，已经失传，其中《金谷九局图》记录着开元年间，王积薪与棋手冯汪在太原尉陈九言家里下的九局棋，可惜已经失传。

著名诗人刘禹锡在《观棋歌送儇师西游》诗中说："自从仙人遇樵子，直到开元王长史。前身后身付余习，百变千化无穷已。"王长史即王积薪，可见当时学弈者，都以王积薪为法。即使是在今天，《围棋十诀》仍是下围棋者必须遵循的取胜之道。

李林甫口蜜腹剑

李林甫（？—752），小字哥奴，是唐朝宗室、宰相，长平王李叔良的曾孙。开元二十二年（734年），李林甫任礼部尚书、同中书门下三品，后晋封晋国公。

李林甫担任宰相19年，是唐玄宗时期在位时间最长的宰相。他大权独握，蔽塞言路，排斥贤才，导致朝廷纲纪紊乱。他还建议重用胡将，使得安禄山日渐坐大，被认为是使唐朝由盛转衰的关键人物之一。李林甫担任宰相时，对于才能功业在他之上而受到玄宗宠信，威胁到他相位的官员，一定要想方设法将其除去，尤其忌恨以文才进仕途的官员。他表面和善，言语动听，却在暗中阴谋陷害人，世人都称他是"口有蜜，腹有剑"。

起初，唐玄宗想任用李林甫为宰相，征求宰相张九龄的意见。张九龄看出李林甫为人不地道，就直言不讳地说："宰相关系到国家的安危。陛下让李林甫这样的人做宰相，只怕以后会祸害国家呀。"张九龄非常瞧不上李林甫的行径，经常说：

"李林甫议事,就像喝醉酒的人说的话一样,根本不值一提。"李林甫听说了这些事,虽然心里对张九龄恨得要死,但表面却不动声色,反而假装讨好张九龄,伺机报复。

最初张九龄因见识高远、文辞出众、气度不凡而受到唐玄宗的赏识,被誉为"一代辞宗""文场元帅"。张九龄还有杰出的政治才干,他审理案件时,能做到明察秋毫,处置公允,连囚犯都心服口服,当时人称"张公口案"。他担任宰相后,更是专心政事,忠直无私,奖掖后进,疾恶如仇,敢言直谏,激浊扬清,有"开元贤相"之称。

李林甫担任宰相以后,千方百计地揣摩唐玄宗的心意,挑拨唐玄宗和张九龄的关系。而唐玄宗对张九龄的固执己见,也越来越不耐烦。一天,武惠妃为了给她生的儿子寿王李瑁谋求太子之位,诬告太子李瑛和鄂王李瑶、光王李琚结党,想谋害她们母子俩,还说他们说了唐玄宗许多坏话。唐玄宗一听,勃然大怒,指示宰相要废掉太子。张九龄据理力争,就是不同意,惹得唐玄宗很不高兴。李林甫当面没有表态,私下里却对唐玄宗说:"这是皇上的家事,何必要征求外人的意见!"这话正符合唐玄宗的心意,从此唐玄宗对张九龄更加疏远了。

有一次,唐玄宗打算提拔朔方(治今宁夏灵武西南)节度使牛仙客为尚书,张九龄还是当场反对,李林甫又是当面不说,私下里对玄宗说:"牛仙客有宰相之才,何况是个尚书!九龄真是书生之见,不识大体。"唐玄宗听后,心里很高兴。第二天,重新商议此事,正直的张九龄固执如初,唐玄宗则满脸怒气,李林甫又在事后说:"天子想用人,有什么不能用的!"于是,几天以后,牛仙客被任命为宰相。开元二十五年(737年),监察御史周子谅弹劾牛仙客连字都不识,滥居相位,无所事事。李林甫乘机挑拨,说周子谅是张九龄推荐的。结果周子谅被当朝痛打了一顿,然后流放外地,结果在流放途中死了。张九龄也被贬出京城,不久就病死在了外地。

李林甫独揽大权后,嫉贤妒能。天宝元年(742年)三月的一天,唐玄宗在勤政楼垂帘观看乐舞。兵部侍郎卢绚扬鞭策马从楼下缓缓而过。他风度翩翩,一表人才,唐玄宗看到后赞美不已。李林甫得知,担心卢绚被玄宗重用,便将卢绚的儿子召来,对他说:"你父亲素有名望,岭南道的交州(今越南河内附近一带)、广州等地现在缺乏有能力的官员,陛下有意让你父亲前去。如果他不肯远赴岭南,肯定会被贬官。我给你出个主意,不如让他到东都洛阳去做太子宾客或太子詹事,这也是清贵显职。"卢绚听了儿子转述李林甫的话之后,果然不肯前往岭南,便按照李林甫的建议,主动到洛阳任职。李林甫担心自己违背众望,便任命他为华州刺史,不久又奏知玄宗,称其患病不能理事,将他贬为了太子员外詹事。

严挺之因为替人求情而被贬官,唐玄宗曾问李林甫:"严挺之现在在哪里,这个人还可以用。"严挺之之前被贬出朝廷,这时正在绛州(在今山西南部)担任刺史。李林甫担心他重新受到重用,便召见他的弟弟严损之说:"陛下非常看重你哥哥,何不让你哥哥上书,就说得了风疾,请求回京就医。这样他就可以回到朝中了。"严挺之不知是计,果然按他的建议上书唐玄宗。李林甫拿到他的奏疏后,对唐玄宗说:"严挺之年事已高,近来又患风疾,应该给他一个闲散官职,让他安心养病。"玄宗嗟叹良久,将严挺之打发到洛阳担任太子詹事。严挺之被排挤到洛阳,郁郁不得志,最后忧愤成疾,病死了。

李适之升任为宰相后与李林甫争权,但因性格粗疏,经常中李林甫的圈套。李林甫曾对李适之说:"华山有金矿,开采可以富国,皇帝还不知道。"李适之便在一日上朝时,将华山金矿之事奏知唐玄宗,唐玄宗又询问李林甫。李林甫道:"臣早就知道,但是华山是陛下的本命山,乃王气所在,不宜开凿,臣便没有提及。"唐玄宗认为李适之虑事不周,从此逐渐疏远他了。

李林甫专权祸国长达19年,在李林甫死后仅仅两年,"安史之乱"就爆发了。本来十分强盛的唐朝,从此走向衰败。

千古贤宦高力士

高力士(684—762),本名冯元一,是中国唐代的著名宦官之一。他是高州良德(今广东高州)人。他幼年时入宫,由高延福收为养子,遂改名为高力士。高力士成年以后,相貌堂堂,口齿清晰,为人精明,办事谨慎而细致,深受武则天赏识,任宫闱丞,负责传达诏令。唐中宗复位后,高力士投在临淄王李隆基的门下,成为其心腹。他善于骑射，曾助唐玄宗平定韦皇后和太平公主之乱，立有大功，被任命为右监门卫将军、知内侍省事，成为宦官首领，负责掌管内务、皇宫警卫及传达圣旨。唐玄宗在位期间，其地位达到顶峰。他深得唐玄宗宠信，终于官至骠骑大将军、进开府仪同三司。高力士一生忠心耿耿，对唐玄宗不离不弃，被誉为"千古贤宦第一人"。

高力士对唐玄宗曾说过这样的誓言："臣出生在少数民族地区，成长于和平安定时期，跟随陛下30多年。我曾发誓甘愿粉身碎骨，来帮助陛下治理国家，竭尽忠诚气节，报答皇上恩典。"这是高力士的肺腑之言。他年长唐玄宗一岁，从青年时代起就跟随在唐玄宗左右，长达50多年，两人形影不离。在长期的接触中，他揣摩透了唐玄宗的脾气性格，对唐玄宗的好恶了如指掌。他虽然顺从迎合唐玄宗的意志，忠贞不贰，但又不是一味地歌功颂德，不讲缺点，而是经常巧妙地提些意见，指出存在的问题。

高力士平素谨慎，又善于观察时势，所以久受宠任，在朝廷内外亦没有大的恶名。而且他言事有个特点，叫"顺而不谀，谏而不犯"。早在安史之乱之前，唐玄宗就逐渐沉迷声色，又任用奸邪之人，被皇帝信任的他不仅仅伺候皇帝和贵妃的起居，更重要的是，他曾多次提醒唐玄宗应提防安禄山，因为安禄山拥兵自重，心怀叵测，他劝唐玄宗收回边事大权。

唐玄宗入蜀后，先前与高力士同受宠信的官居三品的内侍监袁思艺投降了安禄山，高力士则因从幸成都、护驾有功而晋封为齐国公。唐肃宗即位后，唐玄宗高兴地说："吾儿顺天应人，改元至德，不忘孝乎，尚何忧？"高力士回答："两京失守，生人流亡，河南汉北为战区，天下痛心，而陛下以为何忧，臣不敢闻。"的确，不仅唐肃宗即位时的战况不容乐观，在复杂残酷的宫廷斗争中，唐玄宗返回长安后唐肃宗对父亲的态度，也绝非唐玄宗所希望的"不忘孝"。疾风知劲草，危难之际，高力士既对唐玄宗忠心耿耿，又能在大是大非的问题上把握时机，及时进谏，提醒唐玄宗，在当时的社会条件下，可谓难能可贵。

西京被收复后，高力士随唐玄宗返回长安。安史之乱平息以后，唐玄宗被迎接回朝，并尊为"太上皇"。儿子唐肃宗不希望太上皇管朝政，肃宗的皇后张良娣就和宦官李辅国暗中配合，常常挟制迫害唐玄宗。一般旧臣，早就忙着投靠新主子邀宠去了，只有高力士仍然陪伴在备感寂寞的唐玄宗身边。

上元元年（760年），因拥戴唐肃宗而有功的大宦官李辅国挑拨唐玄宗、唐肃宗父子之间的关系，诬奏唐玄宗与高力士"日与外人交通"，又借口"请太上皇到太极宫游玩"，强行把唐玄宗迁往西内（即太极宫）。

　　唐玄宗骑马行至睿武门，却被忽然拥来的五百名手执出鞘兵刃的禁军拦住了去路，为首的正是李辅国，他傲慢地说："陛下说，太上皇居住的兴庆宫太过狭小不便，请您去太极宫居住！"唐玄宗受了惊吓，几乎掉下马来。高力士连忙扶住唐玄宗，走上前去厉声面斥李辅国："五十年太平天子，李辅国汝旧臣，不宜无礼，李辅国下马！"李辅国不由得就放了缰绳下了马，又看了他一眼，遂冷笑道："高公公，真没想到事到如今，你怎么还那么不懂事？"说罢便一刀砍死了高力士身边的一名小宦官。

　　高力士面对李辅国的威胁面不改色，直接对那五百名骑兵说："太上皇诰曰，大家辛苦了！你们在太上皇面前拔刀拦路，就不怕犯王法吗？"他的气势把李辅国和五百名禁军镇住了，大家都慌忙收刀下马，跪倒在地，齐呼："太上皇万福。"局面算是初步稳定了下来，但高力士是个明白人，知道重回兴庆宫已是不可能了，唯一能做的只有保护唐玄宗的安全了。怎么办呢？他就直盯着李辅国道："李辅国拢马！"李辅国看了看他，只好悻悻然过去把缰绳拉住，这样一来，他与李辅国两人一左一右牵着唐玄宗的马，平安地把唐玄宗护送到了太极宫。宫门关上之后，李辅国才带兵离去。此时，唐玄宗握住高力士的手，已是泪流满面，说："微（假如没有）将军，阿瞒（玄宗小名）已为兵死鬼矣！"

　　高力士的行为，得罪了李辅国，不久李辅国就勾结张良娣私下诏书，将高力士强行从唐玄宗身边拖走，并将他流放。平素行事谨慎的他，为了唐玄宗，不惜得罪权势滔天的李辅国，这是怎样的忠心？应当说，这个大起大落的著名宦官，在当时的历史环境里，做到了一个古代忠臣所能做的一切。

　　宝应元年（762年）四月，唐玄宗和唐肃宗相继去世，李豫即位，也就是唐代宗，他下令大赦天下。流放于巫州（治今湖南洪江西南）的高力士也遇赦回京。六月，他得到唐玄宗去世的噩耗，"号天叩地，悲不自胜"，"每一号恸，数回气绝"。七月，到朗州（今湖南常德、桃源一带）时由于悲伤过度，他哽咽成疾。八月十八日，在朗州开元寺的西院去世。唐代宗因为高力士为前朝耆旧，保护先帝有功，遂诏令恢复他过去的官爵，并赠扬州大都督，让他陪葬于唐玄宗的泰陵。

唐玄宗与杨贵妃

唐玄宗在宰相姚崇和宋璟的鼎力帮助之下,20多年来国泰民安。但是,自从姚崇去世、宋璟告老还乡、李林甫任宰相以后,唐朝慢慢地开始衰落下来了。

开元二十五年(737年),唐玄宗最宠爱的妃子武惠妃死了,他十分伤心。那时候,后宫佳丽三千,玄宗竟没有一个喜欢的。三个月以后,唐玄宗过生日(习惯上称之为"万寿节"),妃嫔、儿女和文武大臣们照例要给皇上贺礼。行礼人员一批一批给唐玄宗祝寿,玄宗心情郁闷,只是勉强应付着。

轮到儿女们来向他贺寿了,忽然,他眼前一亮,发现站在他的第十八个儿子寿王李瑁身边的一个王妃装束的女子是那样美丽动人,特别是她那双眼睛,顾盼之间,光彩四射。玄宗皇帝怦然心动,问高力士:"李瑁身边的那个女子,是寿王妃吗?"高力士回答说:"是的。寿王妃姓杨,叫玉环,是陛下和武惠妃替寿王选的妃子。奴才记得她是17岁入寿王府的,今年22岁。"尽管这女人是他的儿媳,可玄宗还是决心把她收为自己的妃子。

高力士给皇帝出主意,说直接把王妃宣进宫来怕人议论,不如先让杨玉环(719—756)到道观里当女道士,暗中接她入宫。玄宗同意了。于是,高力士就去动员杨玉环"出家"。杨玉环不敢抗旨,终于被迫请求"出家"了。她"出家"的地点是太真宫,这是宫廷庙宇之一,因此杨玉环的道号便叫"太真"。

杨玉环坐上一乘轿子,却没进太真宫,而是直奔骊山。那里有一座温泉,叫作华清池,事实上这是一座叫温泉宫的离宫,皇帝正在那里等她。第二年八月,唐玄宗册立杨玉环为贵妃。那时宫中没有皇后,杨贵妃便成了后宫中地位最高的妃嫔。

唐玄宗把杨贵妃住的地方叫作"贵妃院",专门给贵妃制作衣料的丝织匠和绣花匠就有七百人之多。皇亲国戚都争着向贵妃进献价值最昂贵的食品,每次进献都是几十盘、上百盘的。皇宫里设有"检校进食使"的官职,专门负责评比各家食品的精美程度。地方官员们更是拼命从民间搜刮奇珍异宝、新奇玩意儿和名贵服饰，把它们源源不断地送到长安，献给杨贵妃。凡是贡献最多最好的人都升了官，或者从地方上调到长安来做了京官。

杨贵妃和唐玄宗纵情享乐之余，不乏共同的爱好，两人都深爱音乐艺术，真正成为情投意合的知音夫妻了。

唐玄宗多才多艺，精通各种乐器，又会作曲，他击羯（jié）鼓的技艺尤为高超。唐玄宗一生参与创作的音乐作品很多，如《还京乐》《夜半乐》，是唐玄宗为了纪念由他主导的诛杀韦氏集团的宫廷政变而作的。唐代歌舞中最著名的要数《霓裳羽衣舞》了，这也是唐玄宗创作的，这是一部具有浪漫主义色彩的作品。有人说此舞反映的不仅是唐代宫廷宴乐的黄金时代，同时也反映了当时封建社会鼎盛时期的历史全貌。

唐玄宗晚年时整日与杨贵妃沉湎在歌舞之中，不理国事，导致政权落入奸臣之手，终于在755年爆发了安史之乱。

安史之乱

在唐玄宗统治后期，政治日益腐败。唐玄宗整天和杨贵妃在一起过着骄奢淫逸的生活，宰相李林甫和杨贵妃的堂兄杨国忠乘机先后把持朝政，专权恣肆，这最终导致了安史之乱的发生。

"安史之乱"指的是安禄山（703—757）、史思明（703—761）发动的一次叛乱。安禄山是混血胡人，通晓多种少数民族语言，史思明是他的同乡，两人一块儿长大，后来又都在幽州节度使张守珪部下当军官。

安禄山对上司惯于溜须拍马，逢迎谄媚。有一次，张守珪对他说："你什么都好，就是长得太胖，让人看了不太喜欢。"安禄山诚惶诚恐，以后吃饭就只吃半饱。张守珪听说了很感动，干脆将他收为义子，并且越发重用他。每当朝廷派人来边镇办事，安禄山就送上众多财物以贿赂他们。这些人回去以后，自然要在唐玄宗面前称赞安禄山。唐玄宗听了,认为安禄山是个人才,提拔他当了平卢、范阳、河东三地节度使。

安禄山不满足于已经得到的权位和势力,还想爬上更高的位置。于是他就挖空心思来进一步博得唐玄宗的欢心。有一次,安禄山上殿给唐玄宗进献珍宝,跪在台阶下假惺惺地说:"我生自蕃戎,皇上对我这样信任,我没有什么可效劳陛下的,只愿为陛下献身。"唐玄宗信以为真,对他很是怜爱。

为了进一步取得唐玄宗的信任,安禄山竟厚颜无耻地拜年轻的杨贵妃为"干娘",以后每次进京,他都先去拜见杨贵妃,再去朝见唐玄宗。唐玄宗责怪他不先向自己朝拜,安禄山取宠地说:"我们那里的人都是先拜母后拜父的。"唐玄宗越发觉得他憨厚可爱。

安禄山深知唐玄宗好大喜功,就多次使用阴谋诡计,诱骗和坑杀成千上万的奚人和契丹人,或者把他们押送到京城献俘,或者割下他们的脑袋去报捷。为了迎合唐玄宗和杨贵妃奢侈享乐的欲望,安禄山派人把从各地搜刮来的奇禽、异兽、珍宝、玩物络绎不绝地送到长安的皇宫里。

安禄山的心思果然没有白费。750年,唐玄宗封安禄山为东平郡王,这是唐朝自开国以来封给少数民族人的最高爵位。唐玄宗还下令在京城里给安禄山建造了极其豪华的府第。安禄山生日,唐玄宗和杨贵妃赏给了他许多价值昂贵的衣服和宝器。就在这种种活动中,安禄山对唐玄宗的荒淫昏聩,对唐王朝政治上的腐败、军事上的虚弱,都了解得十分清楚。他的欲望,就一步步地发展成为起兵灭唐的野心。

安禄山把一个心腹部将留在长安城里当坐探,以便随时把朝廷中的动静密报给他,为叛乱做准备。他以范阳(治今北京西南)为根据地,在城北建了一座雄武城,广招兵马,制造武器,屯储军粮。他还从部将中提升了五百多人任将军,两千多人任中郎将,用这种办法来收买人心,培植叛乱的武装力量。他又从亲信当中挑选了史思明等人,充当谋士和心腹,作为指挥叛乱的核心力量。

安禄山叛乱的迹象逐渐明显起来,朝廷的一些大臣和其他的一些节度使也逐渐察觉到了。他们多次提醒唐玄宗,要玄宗采取措施,加强防范。宰相杨国忠更是视安禄山为眼中钉、肉中刺,多次奏明玄宗,说安禄山要谋反。可是玄宗怎么也不相信,反倒说:"安禄山这个人,我待他不薄,他怎能反叛我呢?咱们东边和北边的边境,还要靠他来守,你们不必多心。"

在玄宗的纵容下,安禄山的势力逐渐壮大,他统率着十几万重兵,占当时边镇军队的三分之一还多。杨国忠感到自己的宰相职位已经岌岌可危了,他一方面加紧在唐玄宗面前游说,另一方面暗中查访安禄山安插在京城的探子,查出之后就处死他们,这下激怒了安禄山。

755年秋,安禄山派到京城奏事的一个官员从长安回到范阳,向安禄山密报朝廷的情况。安禄山与心腹密谋之后,召集他的15万大军,出示了一份据说是由使者带回来的圣旨,宣称:"有圣上密旨,令禄山带兵入朝铲除杨国忠!"不久,安禄山以讨伐杨国忠为名,发兵15万,在范阳兴兵,向长安方面进发,揭开了"安史之乱"的序幕。

腐朽的唐王朝这时在军事上毫无准备,既无可用之兵,又无可用之将,只好命大将封常清、高仙芝招收市井无赖之徒,前往前线抵抗。但新招之兵都没有经过严格的训练,安禄山连败唐军,一路攻陷陈留、荥阳、洛阳,直逼长安。

叛军得胜的消息接二连三地传到长安,这时候,唐玄宗才相信安禄山是真的反叛了。他连忙调兵遣将、部署兵马来平定叛乱。可是这临时凑起来的部队,仓促上阵,哪里是叛军的对手!尤其是潼关失守后,长安失去了最后一道屏障。

杨国忠主张出逃蜀中,于是唐玄宗带着杨贵妃和一些皇亲大臣匆忙出走四川。行至马嵬坡时,随行军士鼓噪不前,骚乱中杀死了杨国忠,并强迫唐玄宗处死杨贵妃。唐玄宗无可奈何,忍痛赐杨贵妃自缢。随后,唐玄宗逃到了四川成都。安禄山的军队占领了长安。

安禄山的军队十分残暴,每到一处,就抢掠民财,烧毁房屋,甚至把杀人当作儿戏。叛军进入长安后,纵兵大肆抢掠,长安成了一片火海。由于叛军的暴行,黄河中下游的许多城镇村庄变成了一片瓦砾废墟。

756年,唐玄宗退位,太子李亨即位,这就是肃宗,改元至德。肃宗任用郭子仪等大将,调集了西北各路军队,准备反攻长安。757年,安禄山集团发生内讧。安禄山的长子安庆绪本应为继承人,但安禄山却想立段氏生的儿子为继承人,安禄山被其长子安庆绪杀死。唐军趁机收复长安、洛阳。安禄山留守河北的大将史思明也暂时投降了唐军。

758年,唐朝正打算消灭安庆绪力量,史思明又起兵反叛,占据魏州(今河北一带)。同年,唐肃宗派郭子仪等率 20 万大军包围邺城(今河北临漳县、河南安阳一带),史思明带兵直趋邺城,援助被围的安庆绪,打败了唐军。史思明胜利后,乘机杀了安庆绪,接着又攻陷洛阳。不久,史思明被其子史朝义所杀。安史之乱集团内部的争权残杀,使其力量大为削弱。

762 年,唐肃宗死,其子李豫继立,也就是代宗。代宗调集各路兵马,又借回纥骑兵,以其子李适为天下兵马元帅,以仆固怀恩为副元帅,率军相继收复洛阳等地。

763 年初,史朝义手下的几员大将先后投降了唐朝,史朝义走投无路自杀(一说是被部将诱杀)。至此,历时 7 年多的安史之乱终告结束。

李林甫与安禄山

李林甫与安禄山之间的关系是相当微妙的。

安禄山初见李林甫的时候,他仗着有玄宗的恩宠,态度傲慢,对李林甫相当不恭敬。李林甫瞧在眼中,却不动声色。当时大夫王鉷(hóng)也专权用事,和杨国忠齐名,李林甫借故把王鉷叫来,让安禄山站在一旁。当时王鉷身兼二十余职,恩宠无比,他见了李林甫也只能卑辞趋拜,满脸媚笑。李林甫向王鉷问问题,十分精审,王鉷对答,百倍地恭敬。安禄山在一旁不觉瞪大了眼睛,态度也恭敬起来。王鉷说话越谨慎,安禄山的态度也就越恭敬。

李林甫看见安禄山态度的转变,这才胸有成竹地对安禄山说道:"安将军此次来京,深得皇上欢心,可喜可贺。将军务必好自为之,效命朝廷。皇上虽春秋已高,但宰相不老。"安禄山听了李林甫的话,心中很害怕。此后李林甫每次和安禄山讲话都能猜透安禄山的真实心思,安禄山心里暗暗惊服。安禄山善于拍马屁,将玄宗哄得服服帖帖,对满朝文武倨傲无礼,任意侮慢朝臣,唯独畏惧李林甫一人。只要李林甫开口说话,虽值盛寒之时,安禄山也不免冷汗淋漓。李林甫问安禄山任何事情,安禄山丝毫不敢隐瞒,将李林甫奉若神明。

李林甫也有自己的小算盘,他并不敢轻易得罪安禄山,见安禄山意屈,也不免暗自得意,之后便恩威并施。慢慢地,二人关系亲密起来,安禄山亲切地称呼李林甫为"十郎"。安禄山在范阳时,每逢派人向朝廷奏事,便一再叮咛要去问候李林甫。奏事之人从长安回来,所问的第一句话不是别的,而是问"十郎何如"。安禄山曾对亲近的人说:"我安禄山出生入死,天不怕地不怕,当今天子我也不怕,只是害怕李相公。"他对李林甫的忌惮之心可见一斑。这话也道出了当时的局势:天子忙于享乐,朝政则尽被李林甫把持。鉴于此,后世不少人认为,安禄山后来的谋反,与继李林甫为相的杨国忠不能像李林甫一样对安禄山既拉又打、恩威并用,只知道一味靠强力相逼有很大关系。

安禄山派其心腹部将刘骆谷常驻京城长安,负责窥探侦察朝廷的一举一动,并及时将朝廷的各种动态飞马通报。李林甫的奏本与玄宗准备起用蕃将担任边关大帅这一重大举动,当然也很快被通报给了安禄山。

安禄山得知这一情况后,喜出望外,一面加紧贿赂张利贞等出巡幽州的朝廷命官,一面马不停蹄、日夜兼程地给玄宗和李林甫进献战俘、各类杂畜、珍禽异兽、珍珠宝物。并及时入朝向玄宗表白自己的忠贞,向李林甫倾诉自己只愿做宰相的骁将而不敢给宰相捧书、献墨的心声。因此进一步使玄宗感到称心,使李林甫觉得放心。这样,安禄山一路平步青云,直至被赐铁券、封王爵。

安禄山能够快速起家,既与安禄山本人性情阴险狡诈、善于逢场作戏,外表却给人一种憨直、诚朴的印象有关,又与宰相李林甫的自私、狭隘、嫉贤妒能分不开,更与玄宗的好大喜功、偏听偏信直接相关。在当时的局势下,安禄山正逢其时。谁又能料得到,唐朝廷一手捧上来的宠儿,竟然会造成大唐帝国由盛而衰、由兴而亡的势态。

马嵬驿兵变

　　安史之乱爆发后,唐玄宗派大将哥舒翰领兵镇守潼关(在今陕西潼关县东北),安禄山则派叛将崔乾佑攻打潼关。叛军在潼关外屯驻半年,无法攻打下来。宰相杨国忠疑忌哥舒翰手握重兵,就奏请玄宗命令哥舒翰出兵收复失地。哥舒翰、郭子仪、李光弼等大将都坚持说潼关为兵争要地,必须固守,大军切不可轻出。这样,玄宗和杨国忠更加猜忌他们,接连派宦官催逼哥舒翰带兵出潼关。哥舒翰明知必败,捶胸痛哭一场,便迫不得已率兵出关。在灵宝西部遇到了叛军伏兵,一战大溃,几乎全军覆没,哥舒翰也成了俘虏。

　　756年夏,叛军进入潼关,长安顿时混乱不堪。形势急迫,杨国忠慌忙跑进皇宫,向皇帝提出"幸蜀"的建议。玄宗还在犹豫,因为不到万不得已,他还不愿做一个流亡皇帝。他吩咐杨国忠,召集百官举行会议,听听大臣们的意见。大臣们齐集朝堂,不少人惶恐不安,有的连眼泪也淌了下来。大家闭口不言,实际上也都没有办法可想了。

　　一天晚上,玄宗皇帝终于经不住贵妃和几位夫人的缠磨,答应去四川避难。杨国忠秘密宣召龙武大将军陈玄礼,带他的左右龙武军前来护驾。杨国忠赏给将士们大量财帛,等到黎明时分,悄悄打开皇宫西门延秋门,潜行出走。随玄宗同行的除贵妃几姐妹及杨国忠夫妻外,还有太子和住得近的妃嫔、皇子、公主和皇孙。偌大的皇宫,那些住得偏远的妃嫔、皇孙和公主来不及通知,就都被丢弃不管了。

　　一行人经过咸阳桥,第二天傍晚来到马嵬驿(在今陕西兴平西)。这儿的驿使和百姓都已不见踪影。玄宗等人住进驿馆,将士们则在外露宿。将士们走了一天,又累又饿,一个个口吐怨言,愤愤然喧嚷着要跟杨国忠算账。那时正有几名吐蕃使者来京办事,路过这里遇到杨国忠,站在驿馆外面谈话。有个军士故意喊:"杨国忠勾结吐蕃,想谋反啦!"一时士兵们齐声喊起来,有的就向杨国忠奔去。

杨国忠见势不妙,急忙跑进驿馆西门。几名士兵追进去,杀了杨国忠,把他的脑袋用枪尖挑着走了出来,军士们大声喊"好"。之后,为平众怒,龙武大将军陈玄礼秘密启禀太子李亨,诛杀了其他几个宠臣。事后,众军士仍聚而不散。玄宗派高力士出去询问众军士为何不散。众人对答:"国贼还活着!"言下之意,玄宗身边的杨贵妃也应诛杀。

玄宗不由得老泪纵横。他贵为天子,却落得如此下场,无奈之下只得忍痛割爱,赐杨贵妃自缢。将士们这才继续护驾。

杨贵妃的三姐虢国夫人见势不妙,忙拉着嫂子——杨国忠的老婆和儿子、小侄子躲藏在马嵬坡的草丛中。等士兵走了之后,这四人连夜向西逃跑。虢国夫人一行逃了几天,来到陈仓(今陕西宝鸡),在城外小饭店买饭吃。有人发现他们行踪可疑,便报告了县令薛景仙。薛县令带领役吏追赶已逃离小饭店的虢国夫人等四人,弄清身份后,将虢国夫人杀死了。

马嵬驿事件后不久,玄宗让位给太子李亨,自己当了太上皇。太子李亨从马嵬驿一路收拾残余的队伍北上,在灵武(治今宁夏灵武西南)即位,这就是唐肃宗。762年,太上皇李隆基病故,他当了45年皇帝。

杜环西域之行

天宝十年(751年),世界文明史上发生了一场具有重大意义的战争——怛(dá)罗斯之战。唐朝名将高仙芝统帅大军深入中亚700多里,到达怛罗斯城(今哈萨克斯坦东南江布尔城),与阿拉伯大食帝国阿拔斯王朝(黑衣大食)的军队遭遇而发生了军事冲突。双方僵持了5天,阿拉伯援军赶到,唐朝雇佣军葛罗禄临阵叛变,与大食军前后夹击唐军。唐军顿时阵脚大乱,高仙芝只好率领剩下的几千人逃回安西,其余将士大都战死或被俘,这场战役以阿拔斯王朝胜利告终。

怛罗斯之战是当时世界上最强大的两个东西方超级帝国之间发生的一次正面碰撞。由于被俘的唐军士兵中有一些是造纸工匠,中国的四大发明之一造纸术由此传入阿拉伯世界,并进而远播欧洲,对世界文明进程的发展产生了巨大的推动作用。

被俘的唐军士兵中有一个人叫杜环(生卒年不详),又称杜还,京兆万年(今陕西西安)人,是《通典》的作者杜佑的族侄,出身望族。他在怛罗斯城被俘后,被送到库法,受到优待,使他得以周游西亚,并跟随着阿拉伯使团经过埃及、苏丹而到达埃塞俄比亚的摩邻国。他在阿拉伯地区生活了11年,远游至中亚、西亚、北非的许多地方,行踪直到地中海,成为第一个到过非洲并有著作的中国人。

唐朝是中国与西方各国接触频繁的时代,杜环身为一个游历的文人,于751—762年遍游了黑衣大食国全境,也因此留下了丰富的游记资料,其中最重要的是伊斯兰的医药部分,包括拔汗那国(费尔干纳)产的庵罗(明代李时珍于《本草纲目》中有所收录),地中海南岸突尼斯产的鹘莽(波斯人对椰枣的称呼),亚俱罗河洲产的香油、扁桃,末禄国所产的甜菜、茴香等。杜环还曾游历埃及的亚历山大城,并且称赞了当时地中海的医学。关于阿拔斯王朝,杜环说:"其气候温,土地无冰雪。人多疟痢,一年之内,十中五死。"足见当时阿拉伯地区的生活条件远不如唐朝。

杜环还到过中亚地区的许多古国。拔汗那国,在怛罗斯南面1000里,离疏勒1000多千米,有几十座城市,几万军队。天宝三年(744年),唐玄宗将和义公主下嫁,与该国和亲。这个国家生长有成片的波罗树林,在林下有供人打马球的球场。康国,又名萨末建,这个国家虽然很小,但土地肥沃,人民富庶,信仰火祆(xiān)教。石国,又名赭支,亦称大宛,出产良马名犬。

天宝九年(750年),安西节度使高仙芝曾俘虏这个国家的国王及王后,并将他们押解回京城。石国王子西奔大食求援,由此引发了第二年的怛罗斯之战。末禄国都城周围15里,国境东西140里,南北180里,国家富饶,挖渠灌溉,出产水果有红桃、白柰(nài)及其他各种瓜果,尤其葡萄最多,蔬菜有蔓菁、长葱、茴香、胡芹、瓠芦等,牲畜动物有黄牛、野马、水鸭、石鸡等。节日有打球节、秋千节等。

杜环是历史上第一个有名可指到过非洲的中国人。杜环跟随阿拉伯使团从耶路撒冷启程,经过埃及、努比亚到了埃塞俄比亚的阿克苏姆王国。据说阿克苏姆人崇敬的三大神中,除了天神、地神之外还有海神摩邻,杜环便叫它摩邻国。在进入非洲后,杜环亲眼见到在埃及、努比亚和埃塞俄比亚流行的大秦法(基督教),

而埃及的国教和努比亚沿海的阿拉伯人则信大食法(伊斯兰教),尼罗河以东苏丹境内从事转口贸易的牧民贝贾人则崇奉寻导法(原始拜物教)。

杜环看到的摩邻国人是肤色黝黑、以椰枣为主食的厄立特里亚沿海居民。他在游览埃及时,印象最深的是当地基督教医生最擅长治疗眼病和痢疾,许多病都有预防的办法,而脑外科手术尤其惊人。他在《经行记》中记载:"其大秦,善医眼与痢,或未病先见,或开脑出虫。"当时阿拉伯医学中心在埃及和叙利亚,基督教徒的医生主宰着阿拉伯医术,杜环称他们为大秦医生,是因为他们沿袭着拜占庭的医疗传统,反映了当时地中海地区高超的医术。

宝应元年(762年)夏天,杜环返航的地方是埃塞俄比亚的马萨瓦港,搭船经海道由波斯湾、阿曼湾、印度洋,过马六甲海、南中国海回到中国。这是一条海上丝绸之路,也是当时中国海外交通贸易的最远航路。

杜环回国后,将自己这段不平凡的经历以及在西域、西亚等地的见闻,撰写成《经行记》一书。可惜此书已失传,只有杜佑在《通典》(801年成书)卷一百九十三《边防典》摘引了数段,才让后人对该书有了大概的了解。杜佑在这部分的"西戎总序"里说:"族子环随镇西节度使高仙芝西征,天宝十载至西海,宝应初,因(凭借)贾(gǔ)商船舶自广州而回,著《经行记》。"《经行记》是中国最早记载伊斯兰教义和中国工匠在大食传播生产技术的古籍,还记录了亚非若干国家的历史、地理、物产和风俗人情。

杜环的西域之行,走过了当时东西方陆路和海道两条丝绸之路,全程约计八万里。他的行踪范围之广,游历时间之长,在中国和世界历史上都是少有的。他是最早到达西亚、北非和地中海的中国唐朝旅行家。他不仅向人们介绍了中业、西亚、南亚和北非地区的风土人情、地理概况,增进了人们对世界的认识,而且促进了东西方人民之间的相互了解及经济、文化等方面的交流。

郭子仪单骑退敌

郭子仪(697—781)是唐朝著名的大将,他68岁那年单骑退回纥的故事,千百年来一直广为流传。

763年,由吐蕃、吐谷浑、党项、氐、羌等族组成的20万大军,进攻唐大震关(今甘肃清水县东陇山东坡),边关告急,而把持朝政的内侍太监程元振竟不向皇上禀报。进扰大军攻破大震关,继续深入内地,泾州(今甘肃泾川县北)刺史高晖投降吐蕃,并充当进扰大军的向导,这加快了各族大军的进攻速度。进扰大军一路长驱直入,逼近京都长安。

代宗皇帝得到消息时,进扰大军早已深入内地,他想找一位强将带兵抗敌都找不出来,著名的将领郭子仪早因太监程元振和鱼朝恩进谗言而被解职在家。无奈之下,代宗命他为副元帅组织抵抗,又命各镇节度使到京师救助。各镇节度使接到命令都按兵不动,因为程元振曾害死同华节度使,他们怕入京同样受到程元振的暗害。

进扰大军逼近长安时,代宗皇帝已经逃离,进扰大军攻占长安后找了一个人,将其立为名义上的皇帝,准备长期霸占中原。

老将郭子仪奉诏上任,但却没有一兵一卒,他没有知难而退,而是积极召集将士。他先找了二十多名老部下,这二十多人又到处招兵买马。各州县官府的败兵闻听郭子仪复出带兵,都感觉有了主心骨,纷纷赶来投奔。节度使白孝德也在判官段秀实的说服下起兵抗敌,短短的时间内,郭子仪便组织起了一支大军。

以吐蕃为首的各族进扰联军,听说郭子仪为帅带兵抗击,连忙丢弃长安,退回青海去了。这次长安之危,仅凭郭子仪的名声威望便得以解除,这使皇帝和大臣们更加认识到郭子仪的价值。

大将仆固怀恩对朝廷心存怨恨,764年,为了报复朝廷,他勾结回纥、吐蕃联军进军关中。代宗自然又派老将郭子仪为帅带兵抗敌。仆固怀恩见郭子仪军队训练有素，自己的后方给养又供应不上，便不战而退。

765年，仆固怀恩再次勾结吐蕃、回纥、党项、吐谷浑等进军长安。途中仆固怀恩病死，吐蕃、回纥叛军继续南下，一直打到泾阳（今属陕西）。郭子仪率军驻扎在泾阳，仅有一万余人，而叛军有十万多人马，且对郭子仪军队呈合围之势。

郭子仪想，以自己区区一万人去与十万人斗，就算是全军拼死战斗，也难以取胜，应晓之以理、动之以情，劝他们退兵。于是，郭子仪派李光瓒出城同回纥谈判。

李光瓒回来告诉郭子仪说："回纥首领药葛罗不相信我是您派去的，他们要亲眼见到您本人才行。"郭子仪沉思了一会儿，说："现在敌人的兵力比我们强大得多，如果真要打起仗来，我们很难取胜。记得我朝曾经跟回纥定了互不进犯的约定，不如我亲自去和他们谈一谈，还有可能说服他们倒戈。"于是他不顾众人反对，一个人前往回纥军营。

药葛罗得到消息，率众出来迎接，见到郭子仪后，他惊喜万分，连忙带头下马叩头行礼。郭子仪握着他的手，很严肃地说："我们曾经一起平息安禄山的叛乱，并且曾经有友好盟约，难道你们忘了吗？现在竟然还和吐蕃一起来攻打大唐。一旦打起仗来，我们一定会跟你们血战到底！"

药葛罗连忙解释说："我们受骗了！是你们朝中的一个官员说唐朝的皇帝已驾崩，还说将军您也不在人世。他说现在中原地区没有人统领，叫我们和吐蕃赶快乘机进攻，所以我们才敢来呀！现在我知道了事情的真相，哪里还敢跟您交战呢？"说完，立刻传令准备撤兵。会见结束后，郭子仪和回纥首领药葛罗一起举杯，对天发誓："谁要是违反友好相处的誓言，就让他死在战场上，家族灭绝！"

回纥退兵的消息很快传到吐蕃军营，吐蕃当天夜里也撤了兵。

颜真卿刚直不屈

经过安史之乱,唐王朝从强盛转向衰落。各地节度使乘机割据地盘,扩大兵力,造成了藩镇割据的局面。779年,唐代宗去世,他的儿子李适即位,就是唐德宗。唐德宗想改变藩镇专权的局面,结果引起藩镇叛乱。唐德宗派兵讨伐,结果叛乱不但没有平定,反而蔓延开来了。

782年,有五个藩镇叛乱,其中淮西(治今河南汝南县)节度使李希烈兵势最强,自称"天下都元帅",向其他唐朝州县发动进攻。

五镇叛乱使朝廷大为震惊。唐德宗找宰相卢杞商量,卢杞说:"不要紧。只要派一位德高望重的大臣去劝导他们,不用一刀一枪就能把叛乱平息下来。"唐德宗问卢杞说:"你看派谁去合适?"卢杞推荐年长的太子太师颜真卿(708—784),唐德宗应允了。

颜真卿是当时一位很有威望的老臣。安史之乱发生以前,他担任平原(治今山东陵县)太守。安禄山发动叛乱后,河北各郡大都被叛军占领,只有平原城因为颜真卿坚决抵抗没有陷落。在抗击安史叛军中,颜真卿立了大功。唐代宗的时候,他被封为鲁郡公。所以,人们又称他颜鲁公。

颜真卿为人正直,常常被奸人诬陷排挤,只是因为他的威望高,一些奸人不得不表面上尊重他。宰相卢杞是个心狠手辣的人,他忌恨颜真卿,平时没法下手,这一回,趁藩镇叛乱的机会,他让唐德宗派颜真卿去做劝导工作,是存心陷害他。

那时,颜真卿已经是七十多岁的老人了,许多官员听说朝廷派他去平息叛乱,都为他的安全担心。但是,颜真卿却不在乎,带了几个随从就到淮西去了。李希烈听说颜真卿来了,想给他一个下马威。见面的时候,李希烈叫他的部将和养子都聚集在厅堂内外。颜真卿刚刚开始劝说李希烈停止叛乱,那些部将、养子就冲了上来,个个手里拿着明晃晃的尖刀围住颜真卿,摆出要杀他的架势。颜真卿毫不畏惧,面不改色。

李希烈假惺惺地站起来护住颜真卿,命令他们退出,接着,把颜真卿送到驿馆里,企图慢慢软化他。过了几天,四个叛镇的头目都派使者来跟李希烈联络,劝李希烈即位称帝。李希烈大摆筵席招待他们,也请颜真卿参加。

叛镇派来的使者见到颜真卿来了,都向李希烈祝贺说:"早就听说颜太师德高望重。现在元帅将要即位称帝,不是有了现成的宰相吗?"

颜真卿扬起眉毛,朝着四名使者骂道:"什么宰相不宰相!我快八十了,要杀要剐都不怕,难道会受你们的诱惑,怕你们的威胁吗?"四名使者被颜真卿凛然的神色镇住了,都说不出话来。筵席的气氛让李希烈很尴尬。

李希烈拿颜真卿没办法,只好把他关起来,派兵士监视。兵士们在院子里掘了一个一丈见方的土坑,扬言要把颜真卿活埋在坑里。第二天,李希烈来看他,颜真卿对李希烈说:"我是死是活已经定了,何必玩弄这些花招。你把我一刀砍了,岂不痛快!"

在被关押期间,颜真卿写下遗表、墓志、祭文,随时准备为国捐躯。

过了一年,李希烈自称楚帝,又派部将逼颜真卿投降。兵士们在关押颜真卿的院子里堆起柴火,浇足了油,威胁颜真卿说:"再不投降,就把你放在火里烧死!"颜真卿二话没说,就要纵身往柴火跳去,叛将们连忙把他拦住,向李希烈禀报。

李希烈想尽办法也没能使颜真卿屈服。最后,银须飘飘的一代书法大师还是被李希烈杀害,悲壮殉难。

骄横的唐朝藩将

唐朝时,边疆地区的军事统帅被称为节度使。节度使管辖的范围称为"镇"。安史之乱后,朝廷任用了一批降将,让他们就地担任节度使,内地州郡也尽由节度使管辖。这些节度使多的管辖十几个州,少的也有三四个州。

有些地方的节度使看到朝廷实力空虚,便依恃自身的兵力,在地方上招兵买马,修筑工事,封官许愿,网罗党羽,征收赋税,形成一股股割据势力。有的节度使无视朝廷,擅自把职位传给儿子或亲信,朝廷只好在事后追认。历史上称这些势力为"藩镇"。

781年,成德(治今河北正定县)节度使李宝臣死后,其子李惟岳请求继承父位,遭到朝廷的拒绝。李惟岳就和魏博、淄青、山南东道等节度使共同反叛。淮西节度使李希烈的兵力最强,他派兵围困了襄城、洛阳,震惊了京城长安。唐德宗命令泾原节度使姚令言前去救援。泾原兵开到长安后又发生叛乱。他们杀死宦官,直冲皇宫。德宗急忙从后花园逃走,直奔奉天(治今陕西乾县)。叛军在长安拥立朱泚为泾原节度使,攻打皇帝。德宗无可奈何,只好对李希烈等强藩妥协。朱泚率领叛军攻打奉天城。德宗调朔方节度使李怀光前来救援,谁知李怀光又和朱泚联合起来,一起反唐。德宗在内无粮草、外无援兵的危急情况下又逃到了梁州(今陕西汉中一带)。

786年,李希烈死后,这种大动乱的局面虽然暂时平息下来,但是藩镇割据依然存在,战乱长期不息。藩镇割据和叛乱,大大削弱了唐朝的中央集权统治,使人民陷于水深火热之中,人口大量减少。朝廷只得以高官厚赏来换取骄兵悍将的暂时安稳。

柜坊、飞钱和邸店

相传,开元年间,有两名年轻人一起在泰山学道,他们分别姓张、李。由于李生出身于皇室,时间一长,就想进入仕途,于是告别张生下山。天宝末年,李生已经官至大理丞。安史之乱爆发以后,李生逃出长安,流落到扬州,这时巧遇张生。基于多年前的交情,张生十分同情李生,就想帮助他。于是,张生问李生大概需要多少钱,李生说有30万钱就好了。谁料张生没有给李生钱,而是交给他一项旧草帽,说:"你拿着这顶草帽,去集市上找一家王老开的药铺,就说是张生让拿来取钱的,他们就会支付给你。"

第二天，李生按照张生的指点，拿着草帽找到了王家药铺，说明来意。王老让家人查验是否属实，王老的女儿看后肯定地说："没问题，以前我缝在草帽上的绿线还在。"王老当即就支付给李生30万钱。李生好奇地向王老打听张生究竟是什么人，王老说："他是近50年来经常来店里采购茯苓的老主顾，有200多万钱一直存放在药行中。"李生这才领到钱回家去了。

这个故事中的王家药铺，除了经营药材生意之外，还兼营银钱存放和兑现业务，这就是我国最早的一种货币汇兑方式——柜坊和飞钱。

唐朝时期，市场中流通的货币主要是铜钱和绢帛，无论重量还是体积都非常大，而唐朝的交通条件很差，仅仅依靠骆驼、马这类交通运输工具运输钱财又十分显眼。

唐朝商品经济快速发展，导致货币严重缺乏。建中元年（780年），由宰相杨炎建议推行的两税法，实质上就是以户税和地税来代替租庸调的新税制。两税法使得农民的赋税简化为地税和户税两种，采用以钱定税、以钱完税的方式，扩大了货币流通的范围，增加了社会对货币的需求。因此，两税法的实行是当时钱币不足的直接原因之一。

唐朝的佛教文化非常盛行，大量的佛像礼器制作需要大量的铜。唐代宗时期，"五台山有金阁寺，铸铜为瓦，涂金于上，照耀山谷，计钱巨万"。由此可见，唐朝对铜的消耗量是非常大的，再加上当时的开采水平并不高超，这就势必使钱币铸造量急剧上升，从而导致铜荒。铜荒的出现使铜的价格不断上涨，不少人常常销钱成器，从中牟取暴利，这无疑又加剧了铸币数量的缺乏。

在这些原因的促使下，当时的商人、诸军、诸使、富豪之家到长安进行贸易，就不用"以货易货"这种笨办法了，而是改为"货物交换，价格计算""互开证券""轻装趋四方，合券乃取之"的办法。

这些社会原因促使了柜坊和飞钱的产生。

柜坊的产生和唐朝商人居住、存货、交易的邸店有关。

邸店是什么呢？唐朝法律规定，"邸店者，居物之处为邸，沽卖之所为店"。可知邸店是货物存放和沽卖合一的地方，它是供客商居住、堆货和交易的店铺和货栈。它的服务对象是流动的客人。邸店又叫"邸舍"，简称"邸"。邸店早在南朝时就已经出现，到隋唐时期，更是遍布于全国各城市和交通要道。邸店店主称

"居停主人",有时也兼营商货批发或付息的消费借贷。有一个落魄子弟杜子春,曾经在长安东市西门一带游荡,遇到一个拄拐杖的老人,让他到西市"波斯邸"寻求帮助,两次分别资助他三百万钱和三千万钱,可见当时邸店的经济实力是相当雄厚的。

柜坊也称"僦柜",是都市中专门代客商保管财物,并且可以凭帖或信物,替存钱者支付款项,以收取柜租的商铺。唐代使用的货币是铜钱,每贯钱重6斤4两,商人们外出经商做买卖时,携带大量铜钱,既不方便,也不安全。因此,类似钱庄的柜坊就应运而生了。柜坊的出现让人们可以把钱预先存进去,需要用的时候再取出来,这样就有利于商业贸易的顺利开展。

飞钱也叫作"便换",是我国最早的货币汇兑方式,出现在唐宪宗时期,最初由私人创设。来京贸易的商人,把钱交给各地藩镇设立的驻京办事处——进奏院,或者各地军府、节度使和有信誉的富商,领取半联票券,然后再持券到各地指定地点,凭券合契领取现钱。这样就解决了长途搬运大量铜钱的问题。\

唐朝城市生活中的邸店、柜坊、飞钱等"新生事物",是前所未有的。首先柜坊的产生是唐朝商品经济发展的结果,统治者不再像汉朝那样重农抑商,而是出台了许多保护商人的政策。再加上唐朝国内外贸易日益发展,此时中国的疆域也空前广大,因此运输货币的劳累和风险程度增加,从而催生了柜坊和飞钱。

飞钱产生之初,大多数是商人经营的,但飞钱这种先进的经营方式很快就吸引了政府的注意力,政府将飞钱的经营权控制在国家手中,并下达了所有商人只能向户部、度支、盐铁三司"飞钱"的命令,每一千文要收取高达百分之十,也就是一百文的手续费。这种方法遭到了商人的强烈反对,最后朝廷也只能取消了这笔费用,但是民营汇兑业务仍然十分活跃。

韩愈反对迎佛骨

韩愈(768—824),字退之,是唐朝杰出的文学家、思想家、哲学家,河南河阳(今河南孟州南)人。他出身贫寒,通过科举考试得以担任监察御史等官职。

韩愈认为自从魏晋南北朝以来,社会风气不好,连文风也衰落了。许多文人写文章,喜欢堆砌辞藻、讲求对偶,只重形式,而缺少真情实感。他决心对这种文风进行改革。他从自身着手,创作的作品力求新奇,重气势,在当时影响很大。唐宋时期发生了一场以提倡古文、反对骈文为特点的文体改革运动,称作"古文运动"。他和柳宗元都是"古文运动"的倡导者。

韩愈不但擅长写文章,还是个直言敢谏的大臣。尤其在中唐时期的反佛斗争中,他是最积极的一个。

唐宪宗到了晚年,迷信起佛法来。他听说凤翔的法门寺里有一座宝塔,叫护国真身塔。塔里供奉着佛骨,据说是释迦牟尼佛祖留下来的,每30年开放一次,如果对此塔瞻仰礼拜,就能够求得风调雨顺、人人平安。

唐宪宗知道后,特地派了30人,到法门寺把佛骨隆重地迎接到长安。他先把佛骨放在皇宫里供奉,再送到寺里让大家瞻仰。一班王公大臣看皇帝这样认真,不论信或是不信,都要来凑个趣。许多人千方百计想获得瞻仰佛骨的机会,有钱的,捐香火钱;没钱的,就用香火在头顶、手臂上烫几个香疤,以表示对佛的虔诚。

韩愈是向来不信佛的,更不要说瞻仰佛骨了。他对这样铺张浪费来迎接佛骨的行为很不满意,于是就给唐宪宗上了一道奏章,劝谏宪宗不要干这种浪费的事。他解释说,佛法的事,中国古代是没有的,只在汉明帝以后才从西域传了进来。

唐宪宗看到这道奏章后大发脾气,立刻把宰相裴度叫了来,说韩愈诽谤朝廷,非要把他处死不可。裴度连忙替韩愈求情,唐宪宗慢慢平了气,说:"韩愈说我信佛过了头,就凭这一点,我不能饶他。"

后来,替韩愈求情的人越来越多,唐宪宗没能杀韩愈,就把他降职,命他到潮州(今属广东)去当刺史了。

韩愈反佛是站在儒家思想的立场上进行的,他反佛的目的是要建立一套正统的儒家学说。韩愈不仅是唐朝著名的文学家和"古文运动"的倡导者,同时他的哲学思想对宋明理学有着重大影响。

诗坛伯乐

随着韩愈的名气越来越大,朝廷将他派往东都洛阳国子监任教。韩愈在洛阳致力于"古文运动",宣传儒学,而他到洛阳后最大的收获是发现了少年才子李贺(790—816)。

807年,李贺带着自己的作品,从近郊昌谷来到城中拜谒韩愈。当时,适逢中午,韩愈宽衣解带正准备午休,门人递上了李贺的诗稿。韩愈在困倦中不经意地看了一眼,却一下子来了精神,首篇《雁门太守行》的开首两句"黑云压城城欲摧,甲光向日金鳞开"就使得韩愈惊叹不已。他立即请李贺到屋内上座。他们叙说良久,大有相见恨晚之势。

在韩愈的推荐下,李贺顺利通过地方的初试,被地方保举到长安参加进士考试。但当时一些人忌妒李贺少负盛名,以李贺父名"晋肃"与"进士"谐音犯讳为由,剥夺了他参加殿试的资格。韩愈听说以后,特地写了《讳辩》一文为李贺打抱不平。文中说:"父名晋肃,子不得举进士;若父名仁,子遂不得为仁乎?"尽管韩愈的辩护很有力,但没有多大效果。最后,李贺只能失望而归。

韩愈与贾岛的故事也是一段文坛佳话。有一天,贾岛骑着毛驴到京都郊外野游。曲江池边的树上有很多小鸟,离池子不远处很幽静,还住着一户人家,他触景生情,赋诗一首,诗中说:"闲居少邻并,草径入荒园。鸟宿池边树,僧推月下门。"但他对后一句用"推"字还是用"敲"字犹豫不能决定。因此,他在回去的路上,骑着毛驴苦思冥想。

毛驴驮着他进城以后,他没有觉察,不知不觉迎头闯进了已经身为高官的韩愈的仪仗中。仪仗官员赶忙迎头拦住毛驴,而这时的贾岛还在思考"推"字和"敲"字,根本没有注意到毛驴已把他驮到了韩愈的马前。

韩愈的卫士大喝一声,将贾岛拖下毛驴,带到韩愈马前。韩愈一看是个神志不清的读书人,就询问原因。贾岛老老实实讲了自己面临的难题。韩愈一听,不但没有责怪他,反而饶有兴趣地停住马和贾岛讨论了好一会儿,最后,对贾岛说:"还是用敲字更好。"说完,韩愈请贾岛骑上毛驴和自己并辔而归。之后,韩愈将贾岛留在府中多日,共同探讨关于诗歌的学问。两个人最终成了挚友。

白居易

唐代诗人白居易(772—846),字乐天,号香山居士、醉吟先生,是唐代杰出的诗人。他原籍山西太原,后迁至陕西渭南。晚年官拜太子少傅,谥号"文",世称白文公。

白居易生于772年,他生长在书香门第,祖父和外祖父都是诗人。

白居易天性聪颖,他还不会说话的时候,乳母抱着他在屏风前玩耍,屏风上画满了画,乳母就指着画和题字告诉他这是什么,那是什么,他虽然还不会说话,但是脑子已经有了记忆。再到屏风前,乳母问他什么,他都能用小手准确地指出来。家人都认为这个小孩子是有悟性的,便不断地给他讲故事、念诗。

白居易6岁开始上学,读书很认真,先生每教授一篇诗文,他不但用功背诵,而且还细细领会其中的含意。因为深受家庭文化的熏陶和影响,他爱好文学,尤其喜欢诗歌,对古人的名篇百读不厌,不仅吟咏还用笔抄写,兴致来了,还背诵下来。不管是三伏天还是数九严寒,从不间断。有的同学劝他:"何必那么用功呢?不要当拼命三郎吧!"他就告诉人家:"要学诗,先要背诗,不下苦功怎么行呢?"

白居易勤学苦练,学问大有长进。6岁时他就开始写诗,到9岁的时候,他就已经懂得声韵,能依照复杂的韵律写格律诗了。他写了诗以后就念给小伙伴们听,有时大人们也来听。因此村子里的人都夸小白居易诗写得好,大家都叫他"小诗人"。

白居易想:"大家能听懂我的诗就没有白写。如果写的诗大家都听不懂,那写得再好又有什么用呢?"于是他每写一首诗就念给村里的人听,有时还专念给一些年纪大的人听。如果别人听不懂就修改,然后再念一遍,经过反复修改,直到别人听懂为止。大家都说这个办法好。日后白居易写的诗由于吸取了大量的民间口头语言,通俗易懂,村里的放牛娃、小姑娘都能背上几首,因此受到了广大劳动人民的喜爱。

白居易出生不久,河南一带发生了战事。藩镇李正己割据河南十余州。眼看还要继续乱下去,由彭城县令升任徐州别驾的白季庚,便送儿子白居易到南方避乱。

白居易小小年纪就离家避难,随后南北奔走,备尝艰辛。所以他15岁时便写下了记录当时真情的一首绝句:

故园望断欲何如?楚水吴山万里余。
今日因君访兄弟,数行乡泪一封书。

后来又有一首寄兄弟与妹妹的七律,也写得很好,历来被人称道,诗云:"田园寥落干戈后,骨肉流离道路中……共看明月应垂泪,一夜乡心五处同。"从这些诗中可见白居易当时的生活状况和心理感受。从他家骨肉分离的情况也可以反映出当时社会动荡不安、人民流离失所的景象。白居易的少年时代就是在这样的环境中度过的。

当时,长安有一个文学家叫顾况,很有点儿才气,但是脾气高傲,遇到后生晚辈常常倚老卖老。白居易16岁时,带着自己的诗稿到顾况家去请教。顾况看了看名帖,看到"居易"两个字,打趣说:"近来长安米价很贵,只怕居住很不容易呢!"顾况拿起诗卷随手翻看,翻着翻着,手忽然停了下来,轻轻地吟诵起来:

离离原上草,一岁一枯荣。
野火烧不尽,春风吹又生。

顾况脸上显露出兴奋的神色,他拉住白居易的手说道:"啊!能够写出这样的好诗,住在长安也不难了。刚才跟你开个玩笑,你别见怪。"

打这以后,顾况逢人就夸,说白家的孩子怎么了不起。一传十,十传百,白居易在长安出了名。

811年,因母亲去世,白居易回乡守孝,而他的爱女金銮子也在这一年夭折。居住渭村三年多,白居易又贫又病,好友元稹时常接济他,帮他渡过难关。814年,白居易任太子左赞善大夫,后因上疏请求快速抓捕刺武元衡的人,为宰相所害,被贬为江州刺史,又为中书舍人王涯所谗,追诏再贬为江州司马。

此次连续被贬,对白居易是一个重大的打击和教训,使他的思想发生了很大变化。为远避祸嫌,他"不复愕愕直言","世事从今口不言"。在江州,他自称为"天涯沦落人",以游历山水、作诗为事,慕起陶渊明来,希望做个隐逸诗人,并转而事佛,企图从佛教中求得解脱。总之,被贬为江州司马是白居易人生道路的一大转折。

从白居易一生仕途看,他虽多为官,但总不顺利,老是处于一种忧愤不安的状态中。作为一个诗人却成就极大,可以说名动朝野甚至妇孺皆知。大概因为他青少年时期的颠沛流离和以后的数次被贬,经历极广,对社会有较深刻的了解,才使他得以成为千古不朽的大诗人。

白居易在文学上主张"文章合为时而著,歌诗合为事而作"的现实主义道路,创作了大量的新乐府诗歌,语言通俗清新、明白晓畅,广泛地反映了民间疾苦,因而广为流传。代表作有《新乐府》五十篇和《秦中吟》十首等。他的长篇叙事诗《长恨歌》《琵琶行》将抒情与叙事完美地结合在一起,是千古传诵的名篇。他有《白氏长庆集》传世。

作为一个天才诗人,白居易的创作才能是多方面的,他的诗歌不但在艺术形式上是多样的,在思想内容和艺术风格上也是多样的。白居易的诗有一个最大的特点,就是语言通俗易懂、明白晓畅,但同时又经过千锤百炼,进行了许多艺术加工。白居易的诗对后代诗歌产生了重大而深远的影响。

李商隐

李商隐(约813—约858),字义山,号玉谿生,又号樊南生,晚唐诗人,与杜牧齐名,并称"小李杜"。李商隐的诗风与杜甫更为接近,"唐人知学老杜而得其藩篱者唯义山一人而已"(王安石语),杜牧的诗风则更近似李白。

李商隐与李贺一样,都是唐室宗亲,然而因为年代久远,他的家境已经十分贫寒。李商隐从小颖悟,16岁即以《才论》《圣论》两篇古文"出诸公间",并受到令狐楚的赏识。令狐楚是当时写骈体文的高手,李商隐得他悉心指点,很快青出于蓝,这一技之长也成为他后来谋生过程中很重要的一项技能。

文宗开成二年(837年),李商隐得令狐父子之援而中进士;838年,李商隐入泾原节度使王茂元幕下,后娶其女为妻,琴瑟和谐。但当时的牛(僧孺)李(德裕)党争激烈,令狐楚属牛党,王茂元则属李党。李商隐娶王茂元之女,被视为投靠王茂元,因此他被令狐楚之子令狐绹(táo)指责为"放利偷合",此后他一生都在牛、李两党的倾轧中度过。

李商隐在艺术上有着杰出的成就,他的诗以七律成就最高,绝句、七古、五古等也多有名篇,多出名句。他的诗重意境,幽微含蓄,深情绵邈,隐晦曲折,寄托极深,浓艳绮丽;他的诗善于利用历史典故和神话传说,通过想象、联想和象征,形成丰富多彩的艺术形象。

在李商隐的诗歌中,最著名的是他的《无题》诗。诗以"无题"命名,是李商隐的创造。这类诗作并非成于一时一地,多数描写爱情,其内容也许不便明言,也许难用一个恰当的题目表现,所以命为"无题",其中有的也可能别有寄托。

李商隐的诗情真意切,绵邈曲折,散文却峭直刚劲,独出机杼,锐不可当,驳尽世俗定见,直抒胸臆。李商隐的工本章奏则典丽工整,不受文体所限而善于表情达意,对后世影响很大,被奉为四六文的金科玉律。

宦官专权

唐朝后期,政治隐患丛生,矛盾激化,特别是宦官掌握着禁军实权,把持着朝政,不仅朝廷大臣的升降需由宦官首肯,就连皇帝的废立也由宦官操纵。自唐宪宗李纯之后,除唐敬宗李湛是以太子身份继承皇位外,其他诸帝无不由宦官拥立。除拥立皇帝之外,宦官还操有弑杀之权。唐宪宗为宦官陈弘志所杀,唐敬宗为宦官刘克明等所杀。

唐文宗(809—840)即位以后,鉴于祖父宪宗、兄敬宗皆被宦官杀害,自己也是由宦官所立,不得自由,于是决心除掉宦官。当时朝中宦官首推王守澄、仇士良。大臣李训、郑注首先向王守澄开刀,利用仇士良因受到王守澄的压迫而产生的怨恨心理,提升仇士良为左神策军中尉,使他与王守澄可以分庭抗礼。这样一来,仇士良对李训、郑注有了好感,与王守澄之间发生了冲突。然后,李训、郑注以文宗的名义,赐酒毒死了王守澄。于是,仇士良既得了好处,又少了一个对手,对此保持了沉默。

835年,一天早朝前,李训与文宗商议好行动计划。在左金吾卫衙门后院中埋伏下甲士,在宫门外布置好军卒,然后命金吾卫大将军韩约依计而行。

早朝开始,大臣分班就列。韩约启奏:"左金吾卫衙门后院内的石榴树,夜来降有甘露。"宰相李训则提议:"天降祥瑞于皇宫,是大唐再兴的吉祥之兆,皇帝应亲往礼拜上天,以求国运。"于是文宗皇帝带兵马暂驻于含元殿,命宰相、中书省、门下省官吏先往观看。众吏看后奏称,不像天降的甘露。文宗再命仇士良、鱼弘志等率领全体宦官前去察看虚实,即刻回报。

仇士良机敏过人,他一进大门,就听到一声极弱的金属撞击声,马上感觉不妙。他夺门逃回含元殿,控制了文宗。不一会儿,宦官率领五百名禁军冲向宫门,见人就杀,一连杀了六七百名官吏。一时,长安城内受牵连被杀者无数。这一事件史称"甘露之变"。

甘露之变以后，由于官吏大批被杀，朝臣空员极多，无人理事。宦官更加专横，更加受辱，不久就含恨而死了。

朋党之争

唐代后期，宦官专政，朝中的大臣们也结成"朋党"。一派以牛僧孺、李宗闵为首，他们大多是通过科举考试进入朝廷的；另一派以李德裕（787—850）为首，他们大多是公卿子弟。两派在政治主张方面并没有太多的区别，也不代表什么阶级或利益集团，只是两帮政客为了争权而斗来斗去。

朋党之争是从唐宪宗时开始的。

808年，宪宗举行考试，选拔直言敢谏的人才。牛僧孺、李宗闵在考卷中极力批评朝政，主考官韦贯之看了，大加赞赏，把他们推荐给了宪宗。那时的宰相是李德裕的父亲李吉甫，他本来就看不起科举出身的官员，现在牛、李二人又议论朝政，使他更加生气，他对宪宗说："牛、李二人被推荐，完全是因为和考官有私人交情。"唐宪宗相信了，便把韦贯之等人都贬了官，牛、李二人也没有得到提拔。两派由此结怨。

李吉甫去世后，他的儿子李德裕成了公卿派的首领。李德裕从小熟读诗书，写得一手好文章，但他和他父亲一样，看不起科举出身的官员，认为科举考试未必能选出真正有才学的人才，而公卿子弟熟悉朝廷的礼仪制度，有利于从政，应该让他们担任较重要的官职。他的这些看法，决定了他必须与牛僧孺等人继续对立。

李吉甫做宰相时，李德裕按唐代的"门荫"（因祖辈的功绩，子弟被授予官爵）制度，被补官校书郎。穆宗即位后，他又被召为翰林院学士。

821年，朝廷又举行了选拔进士的考试。西川（今四川成都）节度使段文昌等人，要求主考官钱徽照顾与他们有关系的人。但他们的要求没有得到满足，于是他们向穆宗告发考试选拔不公。那年，牛党李宗闵的女婿也参加了考试，而且被录取了。穆宗向翰林院学士询问有关情况,李德裕等人便回答:"段文昌说的是事实。"穆宗很生气,下令复试,并把钱徽贬为江州刺史,李宗闵则被贬为剑州(今四川剑阁、梓潼一带)刺史。

当时,李德裕和牛僧孺都很有名气,都有当宰相的可能。但当时的宰相李逢吉不喜欢李德裕,他任命李德裕为浙西观察使,推荐牛僧孺做了宰相。

唐文宗大和年间,李德裕被召回京城,担任兵部尚书。四朝元老、宰相裴度认为他很有才干,极力举荐他做宰相。可是担任吏部侍郎的李宗闵因为走了宦官的门路,抢先做了宰相。李宗闵又向文宗推荐牛僧孺,把当时担任鄂州(治今湖北武汉市武昌区)刺史的牛僧孺调回来任兵部尚书,后来文宗又提升朱僧孺为宰相。牛、李二人恨裴度举荐李德裕,先是让裴度丢了相位,后来又把他调为兴元节度使。李德裕则被调到西川(治今四川成都),任节度使。从此,牛、李"权赫于天下"。

李德裕到了西川后,经过整顿,西川的情况有了明显的好转,吐蕃、南诏不仅不再来骚扰,而且在831年,南诏主动放还了被他们掳去的四千人,吐蕃的维州(今四川理县)守将悉怛谋率部到成都投降。李德裕一面上报朝廷,一面迅速占领了维州,将这个城市重新纳入唐朝的版图。

悉怛谋投诚时,正巧吐蕃也派使者去长安,表示愿意停战修好。文宗将这些事交给大臣们评议,大家都同意李德裕的做法,只有牛僧孺要求将维州还给吐蕃,悉怛谋等人也要交给吐蕃处置。文宗本无主见,便听了牛僧孺的话。结果,维州再次失守,悉怛谋等人也惨遭杀害。

因为政绩显著,李德裕于832年再次任兵部尚书。文宗很讨厌党争干扰朝政,曾和李德裕谈论此事,李德裕说:"朝中大臣,三分之一是朋党。"不久,文宗就把属于牛党的官员杨虞卿、张元夫都贬到外地去了。当文宗再次议论朋党时,李宗闵说:"我素来知道有这件事,所以像杨虞卿他们,我是不把要职给他们做的。"李德裕听了很不客气地说:"如果给事中、中书舍人不是美官,那还有什么官是美官!"不久,李宗闵便被调出京都,任山南西道(治今陕西汉中东)节度使去了。

834年,郑注为文宗引荐李训,但李德裕认为李训是奸邪小人,坚决反对授予他官爵。这使文宗很不满意,也使宦官王守澄心生怨恨。于是他们召回李宗闵辅政,把李德裕贬为镇海(在今浙江东部)节度使。

唐武宗即位后,李德裕当上了宰相。844年,他帮助武宗平定了刘稹的叛乱。刘稹是昭义节度使刘从谏的侄子,刘从谏病死后,他要求袭任节度使,朝廷没有答应,他便举兵反叛。李德裕在平叛后上奏武宗,说刘从谏在牛僧孺、李宗闵为宰相时,曾入朝,牛、李二人不将他留下来,反而让他回去了,这是放虎归山,所以刘稹反叛,罪在牛、李。武宗听了大怒,牛、李二人因此全都被贬。

846年春,武宗病逝,宣宗即位。他听政的第二天,就把李德裕贬出了朝廷。第二年,他又找了个差错将李德裕贬为潮州司户。848年,李德裕到潮州不久,又被贬为崖州(今海南海口东南)司户,后死于任上。牛僧孺虽升任太子少保,但847年就病死了。李宗闵在武宗时被贬到封州,后又为郴州司马,但他还没来得及离开封州就死去了。

持续了40多年的"朋党之争"终于结束了,而大唐政权也已进入了风雨飘摇的末期。

黄巢起义

待到秋来九月八,我花开后百花杀。

冲天香阵透长安,满城尽带黄金甲。

这是唐末农民起义领袖黄巢(?—884)写的一首歌咏菊花的诗。黄巢年轻时,到京城应考,没有考中。他在京城看到了朝廷的腐败,愤慨地写下了这首诗,表达自己立志推翻唐王朝统治的决心。

唐朝末年的皇帝,特别是唐宣宗以后的懿宗、僖宗,只知道寻欢作乐。朝廷政治黑暗,民间赋役繁重。875年,濮州(治今山东鄄城北)人王仙芝领导几千人在长垣(今河南新乡)起义,自称"天补均平大将军兼海内诸豪都统",很快攻占了曹州(治今山东曹县)和濮州。附近农民纷纷参加,起义队伍一下子发展到几万人。

黄巢是曹州冤句（今山东曹县西北）人，他的家乡也属于王仙芝起义军占领的地区。黄巢精通武艺，读过书，贩过私盐，结交了不少江湖好汉。他本来就想推翻唐朝，这时看到王仙芝起义，于是也起兵响应，组织了几千人加入了王仙芝的起义队伍。

后来，由于王仙芝一心想投降朝廷做官，黄巢便与他分道扬镳。大家推黄巢为"黄王"，号"冲天大将军"。黄巢开始设置官职，管理义军内部的事务。从此，起义军才算有了初步的组织。

黄巢率领起义军，转战南北，起义军很快发展到几十万人，成了一支强大的队伍。他们一路上势如破竹，把各地的官军打得溃不成军，并很快渡过了长江，随后又渡过了淮河。

880年，黄巢打到了洛阳，洛阳官员马上就开城投降了。起义军进城以后纪律严明，洛阳城里店铺照常营业，街上完全跟平常一样。

黄巢又下令向潼关进军。潼关左面有个山谷，谷中有条小路直通关后。起义军通过这条小路，绕到关后，前后夹攻，一下子攻破了潼关。潼关失守，整个长安乱成一团。唐僖宗骑了一匹快马，由几百个士兵护卫着，慌慌张张地逃往成都去了。

当天下午，黄巢就带领起义军开进长安。长安百姓兴高采烈地欢迎起义军进城，街道两旁站满了欢迎的人。

黄巢的部下大将尚让，对欢迎的人说："黄王起兵，都是为了百姓。我们决不像唐朝皇帝那样，不把你们当人看待。大家放心好了。"人们听了，都很是感动。起义军对罪大恶极的官僚，捉到就杀；看到路旁的穷人，就常把自己的东西分给他们。

881年，黄巢在长安当了皇帝，建立政权，定国号"大齐"。新政权建立了，但黄巢控制的地方却非常小，只有长安及其附近的几小块地方。原来起义军一直流动作战，所打下的地方都没有派兵把守。他一走，这些地方又被唐军占领了。

唐僖宗逃到成都以后，就集结军队，把长安包围起来。几十万起义军挤在长安这一小块地方，日子一长，粮食都吃光了。就在起义军出现严重困难的时刻，黄巢手下的一个大将朱温（852—912，又名朱全忠）投降了唐朝。

这时，唐僖宗又调来了沙陀族首领李克用的骑兵。李克用带领沙陀骑兵，和唐军一道作战,击败了起义军。

黄巢见形势不利,便撤出了长安。一路上,他屡战屡败,最后退到泰山狼虎谷,因兵败而自杀了。

这次大起义历时近10年,从根本上动摇了唐朝的腐朽统治。没有多久,唐朝就灭亡了。